«En un panorama empresarial en constante evolución, las marcas de todas las industrias deben buscar constantemente nuevas formas de hacer negocios para seguir siendo relevantes y exitosas. *Retail disruptivo* equipa a los lectores con una guía invaluable y casos prácticos que permitirán navegar con éxito por las complejidades del mundo actual».

Stéphane de La Faverie, presidente ejecutivo de The Estée Lauder Companies

«Uno de los desafíos clave para las organizaciones es cómo combi–nar el poder de la inteligencia de datos y la creatividad humana para ofrecer el valor más significativo a nuestros clientes. *Retail disruptivo* ofrece ideas muy valiosas y respuestas relevantes a este aspecto esencial».

Greg Hoffman, exdirector de marketing de Nike, autor y *speaker*

«En un panorama en rápida evolución e intensamente competitivo, las organizaciones tienen que equilibrar la presión para explotar las fuentes de fortaleza existentes con la exploración de nuevas perspectivas de negocio. Phil y Giuseppe han delineado con eficacia 10 principios rectores que merecen una seria consideración por parte de todos los gerentes».

Michael G. Jacobides, Sir Donald Gordon profesor de Emprendimiento e Innovación y profesor de Estrategia, London Business School

«En este libro descubrí numerosos conceptos que se alinean con mi filosofía de liderazgo y reflejan la dinámica dentro de organizaciones como Coca-Cola Company. El enfoque de los autores me impresionó, ya que combinaron eficazmente su experiencia empresarial en el mundo real con una visión académica autorizada. El marco estratégico de Kotler y Stigliano está excepcionalmente bien elaborado, y definitivamente recomendaré a mis equipos que lo adopten».

Nikos Koumettis, presidente de Europa de The Coca-Cola Company

«*Retail disruptivo* destaca como uno de los libros más completos y originales sobre el tema que he encontrado en años. Sus valiosas ideas lo dejarán intrigado e informado».

Martin Lindstrom, autor, consultor y *speaker* internacional

«Creemos que una selección intencionada de socios puede ser un complemento estratégico para un enfoque DTC (*Direct-to-Consumer*). El objetivo es amplificar la llegada a audiencias significativas de una manera que sea aditiva y que ayude a construir nuestro alcance con un enfoque claro. Cuando todos los puntos de distribución tienen una razón de ser, el resultado es más que la suma de las partes. Cualquier cosa menos corre el riesgo de crear confusión y experiencias de compra decepcionantes».

Lucia Marcuzzo, vicepresidenta sénior de Levi Strauss & Co.

«Las marcas de belleza, entre otras, se enfrentan al reto de encontrar el equilibrio adecuado entre la influencia de la tecnología y el toque personal de la interacción humana. *Retail disruptivo* proporciona información valiosa para los gerentes sobre cómo abordar este problema crítico».

Vasiliki Petrou, CEO del Grupo Unilever Prestige

«En tiempos difíciles, las empresas a menudo se centran en los resultados financieros a corto plazo para salvaguardar su cuota de mercado. Sin embargo, este enfoque puede hacer que pierdan de vista un elemento fundamental: los seres humanos a los que deben servir. Los principios rectores esbozados por Philip y Giuseppe sirven de inspiración eficaz para los líderes y gerentes, ayudándoles a lograr un equilibrio entre los resultados financieros y la sostenibilidad a largo plazo de su negocio, manteniendo al mismo tiempo un enfoque centrado en el ser humano».

Mauro Porcini, vicepresidente sénior y director de diseño de PepsiCo

«Este mundo necesita empresas que se centren en maximizar la calidad de los productos que fabrican, preservando al mismo tiempo la dignidad moral de todas las partes interesadas involucradas en sus operaciones. Este libro se destaca por motivar a los líderes empresariales a adoptar nuevos principios rectores para armonizar la ética y la rentabilidad».

Riccardo Stefanelli, CEO de Brunello Cucinelli

«El consumidor moderno va más allá de las limitaciones de las experiencias en la tienda, móviles, espacios digitales y virtuales, superando los límites tradicionales del marketing. Este libro ofrece a los gerentes 10 principios rectores perspicaces para comprender a los consumidores con una perspectiva más integral y holística».

Giovanni Valentini, gerente general de Lancôme USA

«Las personas de todo el mundo requieren que las empresas fusionen sin problemas los servicios fuera de línea (*offline*) y en línea (*online*), que sean personales, diversas e inclusivas, que comprendan y respeten los matices culturales de los diferentes mercados. En un panorama tan complejo, este libro y sus principios rectores representan un faro para la comunidad empresarial».

Sandro Veronesi, fundador y presidente del Grupo Calzedonia (Calzedonia, Intimissimi, Tezenis, Falconeri, Signorvino)

«Los grandes almacenes de lujo han sido parte del panorama de la venta minorista durante generaciones. Los 10 principios rectores presentados en este libro ofrecen información invaluable que puede empoderar a estos establecimientos icónicos para mantener su relevancia».

Michael Ward, gerente general de Harrods

PHILIP KOTLER
GIUSEPPE STIGLIANO

RETAIL DISRUPTIVO

10 PRINCIPIOS PARA EL COMERCIO MINORISTA EN UN MUNDO POSDIGITAL

Traducción y adaptación por
Reynaldo Rivera y Martín Zemborain

Título original: *Redefining Retail*

correo electrónico: info@hoepliediciones.es
www.hoepliediciones.es

ISBN 979-12-5499-071-1

Primera edición: marzo de 2025

Proyecto editorial: Maurizio Vedovati — Servizi editoriali
Revisión de la traducción: Belén Martul y Carlos Gumpert
Imagen de portada: Shutterstock/CQ Ma

Impresión: Rotomail Italia S.p.A. - Vignate (MI)

Impreso en Italia - Printed in Italy

Sumario

Prólogo

El equilibrio de este «cóctel» lo es todo. Confiar demasiado en la tecnología conlleva el riesgo de deshumanizar las decisiones y crear experiencias frías e impersonales. Por otro lado, ignorar el potencial de las máquinas significa quedarse atrás frente a quienes saben aprovecharlas al máximo. Como todo gran cóctel, la receta perfecta requiere dosis precisas: un toque de automatización, una generosa cantidad de empatía y una chispa de creatividad.

En este escenario, la creatividad y la intuición no solo son importantes: se vuelven centrales. El ser humano sigue siendo insustituible cuando se trata de dar un sentido profundo a los datos, interpretar matices que las máquinas no pueden captar e imaginar soluciones que aún no existen. Como dijo Einstein: «La imaginación es más importante que el conocimiento, porque el conocimiento es limitado, mientras que la imaginación abarca el mundo».

El secreto estará en integrar ambos elementos: escuchar a la máquina, pero decidir como humanos. Construir experiencias tecnológicas avanzadas que tengan el alma de las relaciones humanas. Para los líderes, esto significa asumir un papel doble: guardianes de la tecnología y protectores de la humanidad.

En el futuro, la competencia será ganada por quienes sepan utilizar mejor las máquinas para amplificar lo que hace único al ser humano, y no por quienes posean las máquinas más poderosas.

Este libro no se limita a describir el futuro del retail: nos invita a formar parte de él activamente. Es una llamada a innovar con conciencia, a poner a las personas en el centro y a construir un mundo posdigital tanto tecnológicamente avanzado como profundamente humano. Ya sea para un detalle pequeño o para una revolución completa, cada líder encontrará en estas páginas ideas valiosas para transformar su negocio.

Use este libro como un mapa para navegar el mundo posdigital. Pero recuerde, los mapas indican la dirección: el viaje depende de usted. Sea curioso, ambicioso y humano, y construya un futuro donde la tecnología y la humanidad puedan coexistir en armonía.

¡Buena lectura y buen viaje en el retail posdigital!

Marco Di Dio Roccazzella
Director general de Jakala, consultora internacional con sede principal en Italia (https://www.jakala.com/)

Introducción. El cambio es la única constante

«Cuando pensábamos que teníamos todas las respuestas, de repente, todas las preguntas cambiaron».
Mario Benedetti, periodista, novelista y poeta uruguayo (1920-2009)

No es ninguna novedad que el cambio es inevitable. De hecho, en el siglo VI a. C. el filósofo griego Heráclito dijo que «la única constante en la vida es el cambio». Sin embargo, la velocidad, profundidad y amplitud de la transformación desencadenada por la tecnología digital, acelerada por la pandemia del COVID-19 y exacerbada por la volatilidad del contexto macroeconómico, constituye un innegable cambio de paradigma. La comunidad empresarial ha utilizado durante mucho tiempo el acrónimo VICA (Volátil, Incierto, Complejo y Ambiguo) que procede del inglés VUCA (*Volatile, Uncertain, Complex and Ambiguous*) para describir el estado de flujo que ha reemplazado la sensación de certeza, estabilidad y familiaridad a la que la gente estaba acostumbrada anteriormente.[1] Sin embargo, otro acrónimo capta mejor los tiempos en los que vivimos hoy en día: BANI (Bien frágil, Ansioso, No lineal e Incomprensible) del inglés BANI (*Brittle, Anxious, Nonlinear and Incomprehensible*) acuñado en 2016 por Jamais Cascio, antropólogo, futurista y autor estadounidense. El término BANI enfatiza aún más la insensatez de confiar en el concepto

1. Este término deriva del trabajo de los economistas y profesores universitarios Warren Bennis y Burt Nanus en su libro de 1985, *Leaders: The Strategies for Taking Charge*. Gavin Wright e Ivy Wigmor, «VUCA (Volatility, Uncertainty, Complexity and Ambiguity)», WhatIs?. com, TechTarget, actualizado por última vez en febrero de 2023 de https://www.techtarget.com/whatis/definition/VUCA-volatility-uncertainty-complexity-and-ambiguity.

de estabilidad. En palabras de Cascio: «Es un marco para articular las situaciones cada vez más comunes en las que la simple volatilidad o la complejidad no son lentes suficientes para entender lo que está ocurriendo. Situaciones en las que las condiciones no solo son inestables, sino caóticas. En el que los resultados no son simplemente difíciles de prever, sino que son completamente impredecibles. O, para usar el lenguaje particular de estos marcos, situaciones en las que lo que sucede no es simplemente ambiguo, es incomprensible».[2] De hecho, el futuro ya no es una optimización marginal del pasado, sino un escenario en constante cambio que evoluciona a una velocidad sin precedentes. Un ejemplo: en 2022 los editores del Collins *English Dictionary* eligieron como palabra del año *permacrisis*, definida como «un período prolongado de inestabilidad e inseguridad».[3]

Este escenario representa una importante amenaza para las organizaciones públicas y privadas y socava su capacidad para planificar su propio futuro. Los supuestos macroeconómicos y las certezas geopolíticas que se han mantenido durante décadas se han visto drásticamente sacudidos. Ya no podemos sostener que las fronteras deben ser inviolables, que las materias primas estarán disponibles a un costo razonable, que la producción se puede deslocalizar en las partes más convenientes del mundo, que las cadenas de suministro serán estables, que se garantizará el suministro de energía, que se contendrá la inflación y que el PIB mundial será sostenido por las economías emergentes. En *The Age of Discontinuity: Guidelines to Our Changing Society*, Peter F. Drucker —celebrado unánimemente como el padre del *management*—, fue uno de los primeros autores en llamar la atención sobre la imposibilidad de predecir el futuro en un contexto en el que la proyección anticipada de las tendencias actuales corre el riesgo de llevarnos a ninguna parte o, peor aún, al lugar equivocado.[4]

2. Jamais Cascio, «Facing the Age of Chaos», Medium, 29 de abril de 2020, https://medium.com/@cascio/facing-the-age-of-chaos-b00687b1f51d
3. David Shariatmadari, «A Year of "Permacrisis"», Word of the Year 2022, Collins Language Lovers Blog, 1 de noviembre de 2022, https://blog.collinsdictionary.com/language-lovers/a-year-of-permacrisis/.
4. Peter F. Drucker, *The Age of Discontinuity: Guidelines to Our Changing Society* (Nueva York: Harper & Row, 1969), p. 34.

En un escenario tan impredecible, ¿cómo pueden los gerentes compartir con los accionistas un pronóstico preciso, ofrecer resultados predecibles y satisfacer las necesidades de los clientes mejor que la competencia? La respuesta corta es que no pueden. O al menos no pueden hacerlo si usan las mismas prácticas en las que siempre han confiado. El problema es que nadie que esté actualmente al frente de una organización o liderando un equipo ha sido entrenado para la inestabilidad. En realidad, es todo lo contrario. Los gerentes están capacitados para lograr economías de escala, alcance y aprendizaje en un contexto relativamente estable que permita el máximo margen de ganancia y retorno de la inversión. La mayoría de los cursos de capacitación no enseñan cómo lidiar con la volatilidad extrema. La única solución es hacer lo que exige la nueva normalidad: desarrollar un enfoque flexible, aprender haciendo y seguir nuevos principios rectores que estén diseñados de forma nativa para este mundo y, por lo tanto, sean inherentemente adaptativos. Parafraseando a Drucker, la única manera de decodificar esta complejidad es comprender la naturaleza profunda de las discontinuidades subyacentes.

Retail: una perspectiva diferente

Desde que las tribus mesopotámicas inventaron la práctica del trueque en el año 6000 a. C., la lógica en la que se basa el comercio ha sido el intercambio de valor entre dos partes. El comprador puede ser el usuario final del producto o un intermediario que lo revenderá a un tercero. Por lo general, nos referimos a estos dos escenarios como B2C (*Business to Customer*) y B2B (*Business to Business*), y el retail (o comercio minorista) se asocia inequívocamente al primero. De hecho, el término «minorista» se refiere a la venta de bienes, servicios o experiencias de individuos o empresas a usuarios finales. Los minoristas están en el negocio de adquirir productos de mayoristas, fabricantes u otros minoristas y luego venderlos a los consumidores finales para obtener una ganancia. Como consecuencia, las empresas B2C y B2B han adoptado históricamente modelos operativos y estructuras organizativas muy diferentes. Los actores B2B no interactuaban directamente con los consumidores y no necesitaban disponer de tiendas, por lo que, en lugar de tener que mantener grandes presupuestos de ventas y marketing, podían centrarse en el abastecimiento, la producción y la logística. Las empresas B2C, por otro lado, necesitaban sobresalir en la creación de la experiencia del cliente, ya que la capacidad de aumentar la calidad percibida de lo que las personas compran determina el éxito, por lo que se centraron en la marca, el servicio al cliente, las comunicaciones de marketing y las promociones. Las empresas de consumo como Coca-Cola, Estée Lauder, Procter & Gamble o Unilever han operado tradicionalmente como una especie de híbrido, funcionando tanto en el ámbito B2B utilizando distribuidores y minoristas para llegar a los consumidores finales, como adoptando una fuerte orientación B2C a través de sus esfuerzos de marketing.

Sin embargo, la transformación digital que experimentamos durante las dos olas consecutivas a las que nos referimos como retail 3.0 y retail 4.0 (se dará más información sobre ambas más adelante) desafiaron esta dicotomía y el papel de todos los actores involucrados en el proceso. Durante 8 000 años, con la excepción de la venta por correo, para ser un minorista era necesario interactuar físicamente con un cliente, ya sea en un mercado tradicional, en la calle o en una ubicación física. Pero cuando se fundaron Amazon y eBay, en 1994 y 1995, respectivamente, el mundo del comercio cambió. La presencia y la localización se desagregaron por primera vez: no es necesario ir a algún lugar para tener presencia de manera efectiva. A partir de ese momento, un minorista podría ser también un jugador digital puro o incluso un «consumidor» que decide comerciar con sus pares. Y en las dos décadas siguientes, la aceleración exponencial de la tecnología amplificó tanto esta oportunidad para los recién llegados que planteó desafíos estratégicos a las empresas establecidas. La ubicuidad del comercio, combinada con la posibilidad sin precedentes de que la gran mayoría de la población mundial pudiera acceder a productos y servicios, independientemente de su ubicación, redefinió el panorama competitivo. Por primera vez, fue posible que los fabricantes y cualquier empresa B2B exploraran el mercado por su cuenta, evitando todos los intermediarios e interactuando directamente con los consumidores finales. Nos referimos a este cambio como B2Cización, un proceso a través del cual una empresa u organización que tradicionalmente opera en un contexto B2B, adopta estrategias comúnmente asociadas con las interacciones B2C. Esto puede implicar la incorporación de enfoques centrados en el cliente, la creación o el refuerzo del departamento de marketing, la inversión en CRM (servicios de *Customer Relationship Management*), relaciones públicas y otras formas de interacción directa con los usuarios finales, de forma similar a como las empresas B2C interactúan con los consumidores.

Una aplicación inmediata de esta nueva posibilidad es una estrategia llamada D2C (*Direct to Consumer*), un modelo de negocio en el que una empresa (por ejemplo, un fabricante) vende su producción directamente a los consumidores sin intermediarios como minoristas o mayoristas. Aunque este enfoque permite a las empresas adquirir datos e información de primera mano (lo cual es clave en un futuro en el que podrían desaparecer las *cookies* de terceros en los navegadores) y tener más control sobre su marca, la experiencia del cliente y la distribución, es un arma de doble filo, como analizaremos más adelante en el libro. Aunque tiene un gran potencial, también altera la dinámica existente del mercado y plantea amenazas críticas a las prácticas comerciales establecidas, lo que requiere operaciones diferentes y esfuerzos de marketing más estructurados, modificando esencialmente todas las variables del modelo de negocio. Lo que es relevante en esta coyuntura es el hecho de que un gran número de empresas que no están diseñadas para gestionar las relaciones con los usuarios finales se vieron obligadas a reestructurar su organización y desarrollar nuevas habilidades. ¿Cómo es posible vender algo a un cliente empoderado y conectado si no se mejora la imagen de marca, se tiene al menos un sitio web de comercio electrónico, servicio al cliente y presencia en las redes sociales? E incluso si se decide no vender, sino únicamente mantener la vigencia de la marca (y tal vez construir una comunidad en una plataforma de redes sociales), ¿cómo se pueden gestionar las interacciones con un público más amplio (en comparación con los profesionales de la industria) si no se desarrollan internamente capacidades específicas de B2C?

En última instancia, las empresas deben lidiar con el hecho de que en un mundo conectado, donde los canales digitales son omnipresentes y los clientes son expertos en tecnología y están empoderados, la línea entre B2B y B2C se está difuminando inexorablemente.

Este es un punto crítico, ya que obliga a los agentes B2B más conservadores a desarrollar un conjunto de habilidades completamente nuevo en lugar de contar con intermediarios para gestionar la interacción con el usuario final. Dado que Internet permite a cualquier consumidor cuestionar públicamente a cualquier empresa, es evidente que tenemos que reescribir las definiciones de «comercio minorista» (*retail*) y «vendedor minorista» (*retailer*). Los minoristas establecidos también deben tener en cuenta el hecho de que puede ser relativamente fácil para los recién llegados establecer un modelo D2C, lo que deja a los operadores tradicionales luchando por competir. Dependiendo del grado de B2Cización, los esfuerzos incluyen consolidar la cadena de valor, rediseñar sus procesos, contratar empleados con diferentes competencias, reinventar su modelo operativo, incluso redefinir su cultura organizacional (trataremos este tema en detalle en el capítulo 13 y ofreceremos múltiples medios para abordar este problema).

Hay dos puntos esenciales a destacar aquí: (1) hoy en día, un minorista puede definirse como cualquier entidad que trata con un comprador (o cliente) —en cierto sentido, las empresas B2B puras ya no existen en un mundo conectado—; y (2) los principios que guían a las empresas B2C también deben ser estudiados, absorbidos y aplicados por las empresas B2B. Este libro está diseñado para proporcionar a todas las empresas, independientemente de su tamaño, industria o ubicación, un manual de prácticas flexible con el que navegar por la complejidad del mundo posdigital.

Posdigital: cuando la novedad (lo *hype*) se encuentra con la realidad

A pesar de que varios cataclismos, como guerras, desastres naturales y, de hecho, pandemias, han dado forma a la experiencia humana a lo largo del tiempo, la mayoría de las veces asistimos a transformaciones progresivas. En otras palabras, el futuro se construye *con* el pasado, no *sobre* el pasado. Por ejemplo, aunque usamos mucho menos papel que antes de la digitalización, los libros, periódicos y revistas de papel todavía se usan ampliamente. Aunque el *streaming* (transmisión de contenidos a través de Internet) y el almacenamiento en la nube son la nueva normalidad, muchos siguen guardando archivos en dispositivos físicos, y las compañías discográficas continúan lanzando DVD e incluso vinilos. Sí, el comercio electrónico está creciendo de manera constante, pero las tiendas físicas siempre existirán. En otras palabras, a medida que los nuevos productos y formatos encuentran su lugar, los formatos que alguna vez fueron dominantes pierden relevancia, pero no desaparecen de la noche a la mañana, o completamente. Todo esto es aplicable también a países en vías de desarrollo como los de América Latina, en los que la mayor parte de la población accede (con diferencias entre países) a la conectividad básica y móvil.

Aun cuando decimos que la nuestra es una era «posdigital», eso no significa que estemos entrando en una era en la que todo lo que sabemos sobre lo digital será superado por algo diferente. Usamos este término para referirnos al comienzo de una fase de madurez donde lo *hype* o lo novedoso se encuentra con la realidad. Una fase en la que las personas, las instituciones y las empresas desarrollan una relación más madura con lo que antes se veía (incluso solo un par de décadas antes) como una revolución tecnológica disruptiva. En la era posdigital, damos por sentada esa disrupción y nos centramos en la creación de una nueva realidad.

No hace falta decir que la pandemia de Covid-19 aceleró esta transición a nivel mundial. Tanto las empresas como los mercados se vieron obligados a adaptarse a la movilidad restringida y, por lo tanto, dependieron aún más de lo digital. Y muchas empresas reacias se vieron obligadas a dejar de procrastinar y emprender una digitalización drástica para evitar la quiebra. A principios de 2020, conceptos como el comercio social, el comercio por comandos de voz (*V-commerce*) y la realidad virtual eran considerados futuristas por muchos consumidores. Hoy en día, esos conceptos son parte integrante del tejido comercial.

Por supuesto, este fenómeno no es nuevo. Cada vez que los mercados se ven modificados por nuevas tecnologías y competidores, la gran mayoría de las empresas tradicionales luchan por mantenerse al día. Simplemente no están preparadas para aprovechar la misma innovación transformadora que los nuevos actores adoptan de forma nativa. En el libro *The Exponential Age: How Accelerating Technology Is Leaving Us Behind and What to Do About It,* Azeem Azhar se refiere a la versión actual de este fenómeno como una «brecha exponencial», el abismo entre las nuevas formas de tecnología —junto con los nuevos enfoques de los negocios, el trabajo, la política y la sociedad civil que la tecnología genera— por un lado, y las corporaciones, los empleados, la política y las normas sociales, por el otro, que quedan retrasadas.[5] El ritmo exponencial al que se inventan y escalan las tecnologías, al mismo tiempo que disminuyen de precio y aumentan su disponibilidad, exacerba la brecha y amplía el abismo entre la tecnología y la sociedad. Nuestras reglas existentes en torno al poder de mercado, el monopolio, la competencia y los impuestos se volvieron obsoletas, si no anacrónicas, en comparación con el tamaño gigantesco de empresas del ecosistema como Alphabet, Apple, Amazon o Meta. Las leyes y prácticas laborales existentes no se alinean con las nuevas expectativas de los trabajadores. La estructura actual del mercado en muchos sectores, incluido el comercio minorista, es tal que tanto los reguladores como los gestores se sienten más inadecuados que nunca.

Pero, una vez más, eso no es nada nuevo; cuando surge un nuevo paradigma, los que prosperaron en el anterior siempre han necesitado reinventarse para evitar la extinción, ya sea que estemos hablando de toda la cadena de suministro construida en torno a la sal (desde que los egipcios la usaron por primera vez para conservar alimentos en el año 2000 a. C.) o del negocio de la fabricación de velas del siglo XII que se vio interrumpido tras el desarrollo de la electricidad. La tecnología de la información es una tecnología de propósito general (GPT o *General Purpose Technology*) que, según la definición de los economistas Richard Lipsey y Kenneth Carlaw, puede afectar a toda una economía

5. Azeem Azhar, *The Exponential Age: How Accelerating Technology is Transforming Business, Politics and Society* (Londres: Penguin Random House, 2021).

y tiene el potencial de alterar drásticamente las sociedades a través de su impacto en las estructuras económicas y sociales preexistentes.[6] Otros ejemplos son las máquinas de vapor, los ferrocarriles, los coches y, por supuesto, los ordenadores (computadoras).

Nuestra suposición es que hoy nos encontramos en una de esas encrucijadas que determinan el comienzo de una nueva era, una que se construye *con* la anterior, pero que también tiene el potencial de conducir a un escenario muy diferente. La peculiaridad es que los GPT contemporáneos son exponencialmente más poderosos, por lo que su impacto transformador puede ser asombroso. En su libro *Marketing 5.0: Technology for Humanity,* los autores Philip Kotler, Hermawan

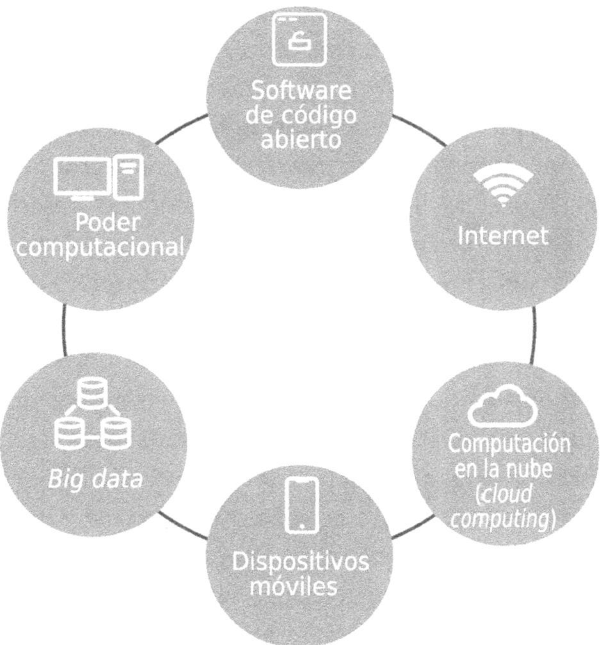

FIGURA 1.1 Los seis facilitadores de la tecnología del futuro. Fuente: *Marketing 5.0.*

6. Richard G. Lipsey, Kenneth Carlaw, Clifford Bekar, *Economic Transformations: General Purpose Technologies and Long-Term Economic Growth* (Oxford: Oxford University Press 2005).

Kartajaya e Iwan Setiawan argumentan que esta nueva ola ha sido posible gracias a la madurez de seis facilitadores: (1) el enorme aumento de la potencia informática, (2) el software de código abierto que mejora constantemente gracias a la colaboración de personas y empresas de todo el mundo, (3) la amplia difusión de Internet, (4) el procesamiento de información en la nube en forma de acceso compartido a software y almacenamiento, (5) la ubicuidad de los dispositivos móviles y (6) el fácil acceso a *big data*.[7]

Además, estas tecnologías son más propensas a la combinación que las del pasado, lo que crea un ciclo que se refuerza mutuamente y que redefinirá el mundo tal y como lo conocemos. Esto nos lleva a la pregunta esencial: dado que la transformación provocada por la combinación de estas tecnologías es en este momento el tejido de conexión de la nueva normalidad, ¿cómo pueden las empresas establecidas, los minoristas y las marcas de consumo sobrevivir y prosperar en un mundo posdigital?

Sostenemos que hemos superado la fase inicial hiperbólica en la que las posiciones tienden a polarizarse: estamos entrando en la etapa de madurez. Todas las innovaciones tecnológicas descritas existen desde hace décadas. Es hora de que los mercados y las empresas se enfrenten a la realidad y hagan un inventario completo de esta nueva era. Por ejemplo, considere la empresa de vehículos eléctricos de lujo Tesla. A principios de 2022 Tesla había alcanzado un nuevo hito: con un valor de mercado que superaba los 1,2 billones de dólares, dejó atrás a su competencia. Pero solo un año después, Tesla se había quedado muy atrás, valorada en menos de un tercio de lo que había sido valuada anteriormente. Como se señaló en *The Economist,* «la razón principal de la reevaluación de las perspectivas de Tesla por parte del mercado es la comprensión incipiente de que la compañía es un fabricante de automóviles de nueva generación [...] no es una empresa de tecnología».[8]

7. Philip Kotler, Hermawan Kartajaya e Iwan Setiawan, *Marketing 5.0: Technology for Humanity* (Hoboken, NJ: John Wiley & Sons, 2021), p. 91, figura 6.1.
8. *The Economist*, «Investors conclude that Tesla is a carmaker, not a tech firm», The Economist Group Limited, 4 de enero de 2023, https://www.economist.com/business/2023/01/04/investors-conclude-that-tesla-is-a-carmaker-not-a-tech-firm.

Del mismo modo, tras el *hype* del Metaverso, Meta, el más feroz defensor del nuevo mundo virtual inmersivo, tuvo que enfrentarse a la realidad y pivotar después de haber perdido 13 700 millones de dólares en Reality Labs en 2022. E incluso empresas como Google, Microsoft y Amazon, tuvieron que aceptar que, aunque sus modelos de negocio están inherentemente más en línea con el nuevo *statu quo*, no están exentas de la presión ejercida por la inflación, la recesión y la desaceleración económica generalizada.

La madurez también debería haber llevado a la comunidad empresarial a comprender plenamente que la transformación digital es, ante todo, un cambio cultural.[9] Si las empresas quieren lograrlo adecuadamente, no basta con «digitalizarse» (utilizar un procesador de textos en lugar de lápiz y papel y enviar correos electrónicos en vez de cartas), sino que deben adoptar de forma holística un nuevo *modus operandi*. Basándonos en nuestro análisis de las transformaciones digitales más exitosas de la última década, así como en nuestros cientos de conversaciones con altos ejecutivos de todo el mundo, concluimos que la mayor parte de este esfuerzo no se puede lograr a través de la tecnología. La transformación digital debe ser llevada a cabo por las personas. Esto significa entrenar, capacitar y mejorar y volver a capacitar a la fuerza laboral como un requisito previo indispensable, combinado con la reorganización de las líneas jerárquicas, la revisión de la estructura de incentivos, la actualización de los KPI y el desarrollo de nuevas formas de trabajo. Todas estas son condiciones necesarias para liberar todo el potencial de cualquier innovación tecnológica que uno espera aportar a una organización. La tecnología es tan buena como su eslabón más débil, y su eslabón más débil suele incluir a sus usuarios.

Finalmente, la madurez significa aceptar que solo porque se *pueda*, no significa que se *deba* hacerlo. En algunos casos, una transformación digital completa puede no ser la opción más adecuada, ya que algunas empresas pueden carecer de los recursos necesarios para acometer una transformación sostenible. Tal vez sean demasiado pequeñas o no

9. Freek Vermeulen, «What So Many Strategists Get Wrong About Digital Disruption», *Harvard Business Review*, January 3, 2017, https://hbr.org/2017/01/what-so-many-strategists-get-wrong-about-digital-disruption.

estén integradas debido a una organización fragmentada en silos. O tal vez sus líderes no estén totalmente alineados o carezcan de la mentalidad correcta.[10] En esos casos, la solución simplemente se encuentra en otro lugar.

Por ejemplo, una empresa puede decidir transformar su modelo de negocio y funcionamiento operativo obsoleto en una propuesta de valor específica, sin ninguna actualización tecnológica. Imaginemos una pescadería que renuncia al comercio electrónico y apuesta por potenciar su presencia física, ofreciendo a los clientes el equivalente marino de una gama de productos de nicho. O pensemos en una casa de moda que decide invertir en talleres tradicionales para ofrecer un servicio muy personalizado de persona a persona a clientes seleccionados de alto nivel socioeconómico. Como nos dijo Marcello Pace, CEO de Pittarosso, un minorista de calzado italiano líder con más de 200 tiendas en Europa: «Adoptar la digitalización es ciertamente importante para nuestro negocio, pero debemos tener cuidado al asignar nuestros recursos, ya que la mayoría de nuestros clientes todavía tienen un recorrido de cliente relativamente lineal y principalmente analógico. Sería un gran error suponer que querrían cambiar a Internet demasiado rápido. El reto en nuestro caso es mantener el modelo de negocio actual y, al mismo tiempo, probar nuevos canales de comunicación y venta, preparándonos para la próxima generación de clientes».[11]

Para algunos, la solución puede residir en la adopción de un enfoque híbrido, aprovechando lo digital de diferentes maneras según la línea de servicio o la categoría del producto. Simon Fox, director ejecutivo del grupo editorial y de ferias de arte Frieze, y exdirector ejecutivo de la editorial británica Reach, compartió este escenario con nosotros:

> «Es importante entender la diferencia entre la digitalización de productos y el aprovechamiento de los canales digitales para descubrir, conocer o comprar productos físicos. La digitalización es cuando el producto en sí se convierte en digital, como un álbum

10. Stephen J. Andriole, «Five Myths About Digital Transformation», MIT Sloane Management Review, 6 de febrero de 2017, https://sloanreview.mit.edu/article/five-myths-about-digital-transformation/.
11. Marcello Pace, entrevista personal con los autores, 20 de octubre de 2022.

> de música que pasa de un CD a un archivo digital. Mientras que el uso de una plataforma digital para descubrir un producto físico requiere un conjunto diferente de habilidades de la cadena de suministro. Es importante comprender profundamente las necesidades del cliente. Por ejemplo, en la categoría de libros, los libros infantiles, de cocina y de arte siguen siendo los preferidos en su forma física, mientras que la ficción suele preferirse como descarga digital a un Kindle u otro dispositivo. Por lo tanto, se trata de comprender el recorrido del cliente, elegir la combinación de canales y comprender el propósito de cada compra».[12]

En resumen, esta nueva fase de madurez llama a aceptar que hemos evolucionado más allá de la mentalidad de «digitalizarse o morir» que marcó el inicio del siglo XXI. En esta fase, las empresas pueden evitar los errores que nacen de asumir demasiada transformación (por miedo a perderse algo) o de asumir muy poco (por evitar los desafíos que implica y preferir no ver la realidad).

Este escenario determina un nuevo horizonte para las personas y las empresas, en el que debemos dar por sentado que la tecnología de la información avanzada es una *condición sine qua non* para la nueva normalidad. El futuro del comercio se encuentra en la intersección de una plétora de tecnologías críticas como la Inteligencia Artificial (IA), el Internet de las Cosas (IoT, por *Internet of Things*), el Aprendizaje Automático (ML, por *Machine Learning*), la Realidad Virtual (VR, por *Virtual Reality*), la Realidad Aumentada (AR, por *Augmented Reality*), el Procesamiento del Lenguaje Natural (NLP, por *Natural Language Processing*), las Interfaces Vocales (VI, por *Vocal Interfaces*), el *Blockchain*, los Tokens No Fungibles (o NFT, por *Non-Fungible Tokens*) y el Metaverso. Antes de la pandemia del COVID-19, todas estas tecnologías estaban al menos a una docena de años de convertirse en tendencias generalizadas. Ahora constituyen el tejido de la nueva normalidad. Como tal, las implicaciones para los minoristas, los fabricantes y las marcas de consumo son profundas.

12. Simon Fox, entrevista personal con los autores, 17 de noviembre de 2022.

Cómo llegamos al retail 5.0

El retail 5.0 será posible gracias a la convergencia tecnológica descrita en el párrafo anterior. Pero antes de profundizar en los detalles de este nuevo reino, repasemos la evolución de las cuatro fases anteriores. Para ello, nos beneficiamos del marco ofrecido en el informe de McKinsey & Company «Retail 4.0: The Future of Retail Grocery in a Digital World», escrito por Parag Desai, Ali Potia y Brian Salsberg.[13] Y es importante tener en cuenta que, aunque las diferentes olas desencadenaron una secuencia de cambios tectónicos en el mundo del comercio minorista, lo nuevo nunca reemplazó a lo viejo.

Retail 0.0: los orígenes del comercio

Como se señaló anteriormente, podemos argumentar que el comercio minorista nació en Mesopotamia en el año 6000 a. C., cuando nuestros antepasados comenzaron a hacer trueques o intercambiar servicios o bienes sin usar moneda.

Desde entonces, muchas otras civilizaciones de todo el mundo adoptaron la práctica, hasta que fue sustituida en la mayoría de los casos por el dinero. Los elementos clave de esta fase son: (1) el hecho de que la transacción requiere que las partes se reúnan físicamente para negociar el intercambio de valor (sin precios fijos), (2) que exista una cierta asimetría de información entre comprador y vendedor, y (3) el papel que juegan las habilidades de los vendedores —cuanto más enfatizaban las virtudes de sus productos y servicios, cuanto más personalizaban la transacción y forjaban relaciones con sus clientes, mayor era la maximización del valor—.

Esta dinámica fue la forma dominante de comercio en todo el mundo hasta principios del siglo XX.

13. Parag Desai, Ali Potia y Brian Salsberg, «Retail 4.0: The Future of Retail Grocery in a Digital World», McKinsey & Company, Asia Consumer and Retail Practice, sin fecha [2014], consultado el 7 de abril de 2023, https://www.mckinsey.com/~/media/mckinsey/dotcom/client_service/retail/articles/the_future_of_retail_grocery_in_digital_world%20(3).pdf.

Retail 1.0: el autoservicio

Sin duda, todos tenemos experiencia (vivida o mediada) de adquirir productos en tiendas sin recorrer sus pasillos sino nombrando y pidiendo los artículos deseados al empleado o empleada detrás del mostrador. Con esta configuración, el minorista es el centro de la transacción. Pero en 1916, en Memphis, Tennessee, nació un nuevo modelo, patentado en 1917, el enfoque de autoservicio que otros han llamado «retail 1.0». Según el minorista de comestibles llamado Piggly Wiggly, la empresa fue «el primer minorista en proporcionar estantes abiertos y puestos de pago, y en marcar el precio de todos los artículos de la tienda». En este escenario, la asimetría de información entre el vendedor y el comprador comenzó a desvanecerse y el minorista cedió el protagonismo al comprador. Componentes como el empaque y el impacto de la marca aumentaron drásticamente en importancia. Una vez que Piggly Wiggly Corporation franquició su modelo, el número de tiendas reales también aumentó drásticamente, de una a 2 500 en todo Estados Unidos en 1932. Desde entonces, el formato se adoptó a nivel mundial en prácticamente todos los sectores, aunque en algunos casos con algunas variantes.

Retail 2.0: «Todo bajo un mismo techo»

Podemos argumentar que el siguiente cambio en el mundo del comercio minorista ha estado representado por la concentración de diferentes tiendas bajo el mismo techo, a menudo ubicadas en áreas suburbanas para facilitar la gestión y acceso a las grandes superficies. Aunque los primeros centros comerciales se construyeron en los Estados Unidos en las décadas de 1920 y 1930, tuvieron un auge mundial en la segunda mitad de ese siglo, en algunas regiones más rápidamente que en otras. Los principales factores que facilitaron el éxito de este formato fueron la profusión de automóviles, que permitían a las personas llegar a lugares remotos y transportar mercancías; la adopción de la electricidad y, por lo tanto, de refrigeradores y congeladores en los que los productos podían conservarse durante más tiempo; y por último, pero no menos importante, el creciente número de mujeres con empleos a tiempo completo que necesitaban comprar de manera más eficiente que antes. El efecto combinado de estas variables redujo drásticamente el tráfico peatonal y la frecuencia de compra, lo que obligó a un ajuste de cuentas sobre las tiendas locales tradicionales.

Retail 3.0: el nacimiento del comercio electrónico

La siguiente parte de nuestro relato comienza con la disrupción de 1994. En ese momento, Internet podría considerarse primordial, conectando aproximadamente a 40 millones de personas con una velocidad de transferencia máxima de 56 kilobits por segundo, en comparación con los 5 100 millones de usuarios en línea que hoy disfrutan de velocidades de entre 100 y 6 000 megabits por segundo.[14] En este contexto aparece Jeff Bezos, quien comenzó vendiendo libros, pero hoy vende de todo, desde pilas AAA hasta bridas. Dos de las características más innovadoras de este nuevo modelo fueron el envío de bajo costo o sin costo y el «ahora famoso motor de recomendación», que McKinsey & Company considera «tan importante para el éxito de Amazon.com como cualquier otra cosa». Su competidor, eBay, se fundó en 1995 y «para 1997 [...] "comercio electrónico" (*e-commerce*) se había convertido en un término de moda que marcó el comienzo de una nueva era del comercio minorista», en la que las personas podían considerarse a sí mismas como «minoristas» ya que usaban un mercado para vender productos a otras personas, y en la que el papel de los minoristas en la recomendación de sus productos retrocedió: su voz quedó amortiguada por el rumor de las recomendaciones entre pares.[15]

Retail 4.0: comercio ubicuo

Sostenemos que el retail 4.0 comienza aproximadamente con el inicio del nuevo milenio y termina con la pandemia mundial del COVID-19.

14. Peter Holslin, «Your Ultimate Guide to Internet Speed: Everything You Need to Know», HighSpeedInternet.com, 16 de noviembre de 2022, https://www.highspeedinternet.com/resources/the-consumers-guide-to-internet-speed.
15. Desai et al., Op. cit., véase nota 13 en p. XXIV.

Esta fase está marcada por la progresiva difusión de los teléfonos móviles antes y de los *smartphones* después, combinada con conexiones e infraestructuras tecnológicas cada vez más potentes. En los primeros 20 años de este siglo, el comercio se ha vuelto omnipresente, todo el mundo puede ser un minorista y cada superficie puede ser una tienda. Otras características de esta fase son la consolidación del comercio *peer-to-peer*, la desmaterialización de los pagos, el auge del comercio electrónico —incluyendo la adopción del D2C— y, por supuesto, la hibridación entre tiendas digitales y físicas en el llamado «figital» (por la combinación de dos realidades: la *offline* y la *online*, lo físico y lo virtual). Este período culminó con los confinamientos, que, a los tres meses del comienzo de 2020, se aplicaron a casi 4 000 millones de personas, aproximadamente la mitad de la población mundial.[16] Este confinamiento obligó incluso a los consumidores más reacios a desarrollar una alfabetización digital, y a todos los minoristas, fabricantes y marcas de consumo a actualizar rápidamente sus habilidades digitales. Durante las fases de confinamiento obligatorio del COVID-19 se podía vender *online* o no se vendía en absoluto. Esto provocó una aceleración imprevista de la digitalización que allanó el camino para una nueva era.

Retail 5.0: comercio posdigital

Vemos varios aspectos distintos con respecto a esta próxima era.

Uno. En retail 5.0, la tecnología será menos visible pero mucho más presente. Un conjunto de sensores minúsculos recopilará y elaborará datos en tiempo real sobre los compradores. Las computadoras capaces de ver, oír y evaluar el mundo que las rodea revolucionarán la forma en que las marcas y los minoristas se comunican y venden, haciendo que cada interacción sea relevante en su contexto y completamente personalizada para el cliente individual. Hasta cierto punto, la

16. Alasdair Sandford y Euronews con AP, AFP, «Coronavirus: Half of humanity now on lockdown as 90 countries call for confinement», Euronews, actualizado el 4 de marzo de 2020, https://www.euronews.com/2020/04/02/coronavirus-in-europe-spain-s-death-toll-hits-10-000-after-record-950-new-deaths-in-24-hou.

relación entre la oferta y la demanda se parecerá al modelo conocido en el que los vendedores reconocen y atienden a clientes individuales. Sin embargo, en este caso, la capacidad de identificar a los clientes y personalizar la experiencia estará impulsada por la IA y, posiblemente, podrá ser escalada sin límites. Paradójicamente, esta personalización masiva se percibirá como más humana en lugar de menos personal, ya que las personas se involucrarán con esta tecnología usando sus cuerpos y voces en lugar de teclados y pantallas. Este aspecto forma parte de una tendencia más amplia llamada «Zero UI» (*Zero User Interface*, o Cero Interface de Usuario) en la que las interacciones con dispositivos o sistemas se producen de forma más natural e intuitiva, a menudo basándose en comandos de voz, gestos, sensores, inteligencia artificial y otras formas de computación ambiental. El objetivo es hacer que la tecnología pase a un segundo plano, permitiendo a los usuarios interactuar con dispositivos o sistemas con la mayor facilidad posible.

Dos. En retail 5.0, las organizaciones reconocerán la sabiduría de concentrarse en los canales y puntos de contacto más adecuados, optimizando los recursos en lugar de ser atraídos a un estado de «ubicuidad» que corre el riesgo de fragmentar los recursos y disminuir la efectividad. La noción de omnipresencia dará paso a la «optipresencia» (presencialidad óptima), lo que permitirá a las organizaciones evitar la paradoja de la elección, en la que un exceso de opciones reduce en última instancia la capacidad general de tomar decisiones inteligentes. Las tecnologías emergentes agilizarán este proceso, lo que impulsará a los actores de todas las industrias a explorar nuevas formas de interactuar con los clientes mientras miden meticulosamente el retorno de la inversión. Esto abrirá nuevas oportunidades para las marcas B2B y B2C, proporcionando un impulso significativo a la estrategia directa al consumidor antes mencionada.

Tres. Las empresas tendrán que redefinir el papel de los seres humanos (empleados, gerentes de tienda, vendedores, cajeros) a la luz de la tecnología. Encontrar el equilibrio adecuado entre lo que debemos delegar en las máquinas y lo que debemos dejar en manos de las personas determinará el posicionamiento estratégico, la ventaja competitiva y dará forma a la experiencia del cliente. En los Estados

Unidos, la cadena minorista Trader Joe's prefiere que su personal abastezca las tiendas *durante* las horas pico de compras para aumentar la posibilidad de que interactúen con los clientes y estén disponibles para ayudar cuando sea necesario. Con este enfoque, los asociados de ventas pueden humanizar la experiencia de compra, optimizarla y, potencialmente, aumentar las ventas al hacer sugerencias de venta cruzada (*cross-selling*).[17]

Cuatro. Otro aspecto crítico que caracteriza a esta quinta ola es la presencia estable de mundos virtuales e inmersivos en segmentos cada vez más grandes de la población mundial. Como consecuencia, nuestro «yo digital», incluidos los avatares, será más importante. La gente gastará cada vez más dinero en productos digitales y experiencias virtuales. Y el recorrido del cliente será en muchos casos tridimensional: físico, digital y virtual. La B2Cización avanzará aún más, impulsada por la creciente accesibilidad de estas tecnologías. Y la «C» en este escenario podría representar a una persona, un avatar o una IA, dependiendo del contexto (más sobre esto en los capítulos 14, 15, 16 y 17).

Cinco. Además, el hecho de que algo no sea físico, no significa que sea menos real. En retail 5.0, lo digital es tan real como lo virtual. Al realizar una transacción digital, el dinero «real» desaparece «realmente» de nuestra cuenta bancaria «real». Si firmamos digitalmente un contrato, o aprobamos un examen durante una videollamada, tiene validez en el mundo real. Lo que escribimos en un correo electrónico que enviamos a la esfera digital se erige como un acuerdo escrito. Si jugamos un videojuego en línea en forma de avatar con un amigo ubicado a miles de kilómetros de distancia, la forma en que nos comportamos tiene un impacto en la relación con ese amigo en todas las dimensiones: real, digital y virtual. Si compramos un accesorio para nuestro avatar virtual pagando dinero criptográfico de nuestra billetera digital, ese dinero es tan real como el producto digital que

17. Catherine Clifford, «From Chatty Employees to $5 Wine: How Trader Joe's Turns Customers into Fanatics», CNBC Make It, actualizado el 20 de julio de 2020, 5:41 p. m. EDT, https://www.cnbc.com/2020/03/09/psychology-behind-how-trader-joes-became-a-favorite-grocery-store.html; véase también «General FAQs», Trader Joe's, s.f., consultado el 9 de abril de 2023, https://www.traderjoes.com/home/FAQ/general-faqs.

usa el avatar virtual en la pantalla. Y nuestros cerebros analógicos se conectan con este concepto: hasta el 60 % de los consumidores declaran que comprarían los mismos productos para sus avatares que comprarían para sí mismos.[18] Analizaremos más ampliamente el recorrido tridimensional del cliente en la Parte II del libro.

En resumen, prosperar en condiciones tan desafiantes requiere una mentalidad diferente, nuevas habilidades y nuevos principios rectores para repensar modelos de negocio completos. Tampoco hay tiempo que perder. Los minoristas con un enfoque de «esperar y ver» se quedarán aún más atrás.

El viaje por venir

En la primera parte del libro, analizaremos las fuerzas motrices que quitan el sueño a los minoristas, fabricantes y marcas de consumo. Los temas se han extraído de 125 conversaciones con ejecutivos de nivel C ubicados en 16 países, en un esfuerzo por representar diferentes perspectivas e inferir principios rectores que podrían ser muy significativos. En la Parte II, presentamos un marco integral basado en 10 principios rectores, cuidadosamente elaborados para inspirar a los líderes minoristas y de marca a medida que se embarcan en su viaje de transformación hacia la era posdigital.

El contenido de este libro, en particular el marco presentado en la Parte II, es aplicable a una gran audiencia, que abarca desde profesionales de negocios experimentados ansiosos por actualizar su visión estratégica, hasta gerentes en busca de un marco de referencia para evaluar sus esfuerzos diarios, empresarios y gestores de pequeñas y medianas empresas, hasta estudiantes de administración y marketing que desean profundizar su comprensión de las fuerzas impulsoras de los mercados a los que pronto se enfrentarán. De hecho, el escenario que presentamos como retail 5.0 no es un horizonte futurista dentro de una década. Es el resultado de fuerzas impulsoras que ya están en

18. Hugh Fletcher, *The Future Shopper Report 2022*, Wunderman Thompson, consultado el 9 de abril de 2023, https://www.wundermanthompson.com/insight/the-future-shopper-2022.

movimiento y que van a tener un profundo impacto en la forma en que los fabricantes, los minoristas y las marcas de consumo llevan a cabo sus negocios.

Algunas de las preguntas que pretendemos responder en este libro son:

- ¿Cómo pueden el propósito, las personas, el planeta y las ganancias crear un círculo virtuoso del que los minoristas, los fabricantes y las marcas de consumo puedan beneficiarse? (Para más información, véanse los capítulos 2 y 12).
- ¿Cuáles son las oportunidades y amenazas de la «desintermediación», es decir, de reducir al máximo la necesidad de intermediarios? ¿Cómo podemos determinar si ir al D2C es una buena idea? (Para más información, véase el capítulo 3).
- ¿Cuáles son las oportunidades que pueden aprovechar los pequeños y medianos minoristas en el mundo posdigital? (Las respuestas a esta pregunta comienzan en el capítulo 4).
- ¿Cómo pueden los minoristas fomentar la lealtad a la marca y aumentar el valor de por vida del cliente en un mundo volátil e impredecible? (Para más información, véanse los capítulos 5, 7 y 20).
- ¿Es la omnicanalidad —una estrategia empresarial destinada a proporcionar una experiencia de compra fluida en todos los canales de venta y comunicación— algo realmente alcanzable y económicamente sostenible? ¿Existe un modelo alternativo? (Las respuestas a esta pregunta comienzan en el capítulo 6).
- ¿Cómo pueden los datos y la información en tiempo real conducir a interacciones hiperpersonalizadas con clientes, proveedores, empleados y socios industriales? (Para más información, véanse los capítulos 7, 8, 14 y 20).
- ¿Qué papel desempeñarán los espacios virtuales y otros mundos digitales explorables e inmersivos en el recorrido del cliente y en el ecosistema minorista en general? (Para más información, véanse los capítulos 7, 8, 14 y 19).

- ¿Cuál es el papel de los asociados de ventas en un mundo cada vez más poblado por computadoras, IA y robots? (Para más información, véanse los capítulos 8, 16 y 19).
- ¿Cómo pueden los minoristas, fabricantes y marcas de consumo establecidos integrar las innovaciones de próxima generación en su modelo de negocio tradicional? (Las respuestas a esta pregunta comienzan en la Parte II).

¡Bienvenido al viaje!

PARTE I

La era posdigital

«El futuro ya está aquí, solo que no está distribuido de manera uniforme».
William Gibson[1]

En esta primera parte, analizamos los principales retos a los que se enfrentan los minoristas y las marcas de consumo en el mundo posdigital. Nos centraremos en las tendencias del mercado, el recorrido del cliente, las demandas emergentes de los clientes y la relación en constante evolución entre la tecnología y las personas.

1. William Gibson sobre la primera vez que dijo esto: «La idea habría precedido por bastante tiempo a su primera declaración pública registrada... Supongo que lo pensé, luego eventualmente se lo dije a mis amigos, y para cuando lo dije en una entrevista (el escenario más probable) se había convertido en una idea que daba por sentada. No fue algo generado para dar una charla, ni fue en algún ensayo o artículo». Cita al investigador, «The Future Has Arrived—It's Not Spreadly Yet» (El futuro ha llegado, pero aún no se distribuye uniformemente), 24 de enero de 2012, https://quoteinvestigator.com/2012/01/24/future-has-arrived/.

CAPÍTULO 1

Correr hacia atrás

Los antiguos griegos creían que, cuando nos acercamos al futuro, caminamos hacia atrás, porque, aunque sabemos de dónde venimos, no sabemos a dónde vamos ni qué esperar en el camino. Nuestro riesgo se incrementa por el hecho de que, cuando nos acercamos a caminos inexplorados y condiciones inciertas, tendemos a basar todas nuestras decisiones en la única certeza que tenemos: la experiencia del pasado. El resultado es que, por muy cautelosamente que procedamos, es probable que fracasemos, o al menos tomemos el camino equivocado y nos perdamos en algún momento.

Este concepto sigue siendo cierto hoy en día. Aunque tenemos mucha más visibilidad del futuro en comparación con la de los antiguos griegos, el escenario actual de BANI —frágil, ansioso, no lineal e incomprensible— es tal que cada predicción incorpora un margen de error considerable. De hecho, podríamos argumentar que, en un mundo que cambia a la velocidad de un algoritmo, el margen de error es exponencialmente mayor. Por eso, no es tanto que caminemos hacia atrás, sino que estemos *corriendo* hacia atrás. Si aplicamos esta metáfora a la forma en que funcionan las empresas y otras organizaciones establecidas hoy en día, nos damos cuenta de que esta tendencia a interpretar la información y hacer planes basados en experiencias previas es una de las principales razones por las que muchas no logran atrapar lo que Steve Jobs llamó «la próxima ola». En un mundo inestable y cambiante, cuanto más confías en el pasado, más fallas en leer el presente y prever el futuro. El problema es que la mayoría de los gerentes han sido capacitados para escenarios más estables, donde una ventaja competitiva duraría decenas de años y las empresas podrían alternar con confianza entre la exploración y la explotación y mantener un retorno positivo de la inversión. Aquellos gerentes que construyeron una carrera exitosa aplicando principios que ya no se emplean se encuentran hoy mal preparados. Aunque desde un punto de vista biológico este enfoque tiene una prioridad significativa (nuestro cerebro está diseñado para tomar atajos, memorizar patrones que resultaron ser ciertos, minimizar la incertidumbre y ahorrar energía), se vuelve muy peligroso en el mundo posdigital, un entorno frágil dominado por la volatilidad. El mundo cambia más rápido de lo que nuestras empresas e instituciones pueden adaptarse, y los seres humanos son instintivamente más propensos a defender el *statu quo* que a forjar caminos inexplorados fuera de su zona de confort. Por lo tanto, la mayoría de las empresas establecidas luchan por hacer frente a los cambios constantes y mantener su posición frente a los competidores de nueva generación y las tecnologías emergentes.

En 1975, Steve Sasson, un ingeniero eléctrico de Eastman Kodak, inventó la primera cámara digital de mano. Aunque Kodak patentó el concepto, optó por no producirlo comercialmente. ¿Por qué? Kodak le había dicho a Sasson que «podían vender la cámara, pero no lo harían, porque se comería las ventas de películas de la compañía». Como Sasson le dijo al *New York Times* en 2015: «Cada cámara digital que se vendió eliminó una cámara de película del mercado». «Ese fue el argumento. Por supuesto, el problema es que muy pronto no se podrá vender película, y esa era mi posición». Otro factor decisivo fue el tiempo de comercialización previsto. Sasson compartió: «Cuando hablas con un grupo de corporativos de un futuro de 18 a 20 años, cuando ninguno de ellos seguirá en la empresa, no se entusiasman demasiado con el tema». Los responsables de la toma de decisiones de Kodak habían elegido la lente equivocada para evaluar el potencial de esa oportunidad (aunque se beneficiaron de su patente sobre el concepto, finalmente se declararon en bancarrota).[1]

1. James Estrin, «Kodak's First Digital Moment», *New York Times*, 12 de agosto de 2015, https://archive.nytimes.com/lens.blogs.nytimes.com/2015/08/12/kodaks-first-digital-moment/.

Sin embargo, en muchos casos un proceso de innovación puede ralentizarse, si no detenerse, incluso cuando la alta dirección de la empresa es consciente de la tendencia del mercado y el tiempo de comercialización está maduro.

Como han señalado Clayton M. Christensen y Michael Overdorf: «No es que los directivos de las grandes empresas no puedan ver venir cambios disruptivos. Por lo general, pueden. Tampoco les faltan recursos para hacerles frente. La mayoría de las grandes empresas tienen gerentes y especialistas talentosos, carteras de productos sólidas, conocimientos tecnológicos de primer nivel y bolsillos llenos».[2] Lo que a menudo les falta a los gerentes es la capacidad, la posibilidad, la intención o el coraje para actuar. Quizás porque la empresa es privada y los propietarios no están dispuestos a pivotar un negocio que está indescriptiblemente ligado al nombre de la familia. O tal vez porque la empresa cotiza en Bolsa, y las repercusiones en el valor de las acciones hasta que la medida se amortice serían difíciles de digerir para los accionistas. O porque la alta rotación de altos directivos en el mercado ultracompetitivo de hoy es tal que la mayoría de los que están a cargo hoy no trabajarán para la misma empresa en cinco o seis años, que es el horizonte temporal típico para que un movimiento estratégico comience a pagar dividendos (de manera similar a lo que le sucedió a Kodak).

Podríamos argumentar que otro rasgo de la era posdigital es la necesidad de una «madurez digital», es decir, la capacidad de separar las voces de los ecos sobre si aprovechar la tecnología digital para transformar un negocio y cómo hacerlo. Por ejemplo, aunque sería terriblemente ingenuo pretender que la transformación digital no tendrá ningún impacto en la forma en que opera una empresa, también es cierto que no todas las empresas, procesos o modelos de negocio requieren una transformación digital completa, como señalamos en la Introducción. De hecho, hay circunstancias en las que es mejor no adoptar plenamente una innovación, incluso cuando esa parece ser la

2. Clayton M. Christensen y Michael Overdorf, «Meeting the Challenge of Disruptive Change», *Harvard Business Review*, marzo-abril de 2000, https://hbr.org/2000/03/meeting-the-challenge-of-disruptive-change.

opción lógica. Como escribe Freek Vermeulen sobre la equivocación de tantos estrategas con respecto a la disrupción digital: «En muchas empresas, la tecnología digital complementará y alterará los recursos y capacidades existentes de los titulares, pero ciertamente no siempre los reemplazará por completo. Por lo tanto, a la hora de hacer estrategia, el foco debe estar en identificar complementos, en lugar de asumir una sustitución completa».[3]

Velocidad de cambio

La decisión de cuánto, a qué velocidad y con qué intensidad necesita adaptarse su organización es lo que marca la diferencia entre el éxito y el fracaso. En el caso de Eastman Kodak, por ejemplo, si bien tiene sentido que no dieran un giro repentino hacia la cámara digital, podrían haber aceptado la posibilidad de una interrupción y comenzar a planificar el nuevo escenario. Citando de nuevo a Vermeulen, «Los modelos de negocio y las ventajas competitivas son sistemas complejos [...] hechos de múltiples elementos [interactuando simultáneamente]».[4] Hay situaciones en las que el cambio se producirá a la velocidad de un algoritmo, y otras en las que la transformación tardará en producir resultados visibles. Los gerentes deben calibrar sus acciones de acuerdo con todas estas variables.

Una buena manera de entender esta compleja dinámica es el marco de recursos-procesos elaborado por Christensen y Overdorf en el año 2000. Las organizaciones establecidas son el resultado de la interacción de sus recursos tangibles (empleados, bienes inmuebles, acciones, vehículos, fábricas, tecnologías, dinero) y recursos menos tangibles (marcas, datos de clientes, software, patentes, contratos, clientes, proveedores) siguiendo *valores* corporativos específicos, que los autores definen como «estándares por los cuales los empleados establecen prioridades que les permiten juzgar si un pedido es atractivo o no

3. Freek Vermeulen, «What So Many Strategists Get Wrong About Digital Disruption», *Harvard Business Review,* 3 de enero de 2017, https://hbr.org/2017/01/what-so-many-strategists-get-wrong-about-digital-disruption.
4. Vermeulen, Op. cit.,véase nota 3 de esta página.

atractivo, si un cliente es más o menos importante, si una idea para un nuevo producto es interesante o marginal, etcétera».[5]

En su experiencia al frente de empresas internacionales de comunicación de marketing, Giuseppe Stigliano se ha encontrado con esta situación varias veces. Por un lado, Internet había alterado el modelo de negocio de la publicidad, y los nuevos competidores nativos digitales estaban ejerciendo mucha presión sobre las agencias tradicionales. Pero, por otro lado, había una incapacidad intrínseca de reacción que se derivaba de la cultura de las organizaciones, esa intrincada mezcla de procesos consolidados perpetuados por las personas a cargo. En un caso particular, surgió la oportunidad de adquirir un pequeño proveedor con el fin de internalizar sus habilidades y revitalizar una de las líneas de servicio. Sin embargo, una vez que finalizaron los procedimientos de *due diligence* y ambas partes habían llegado a un acuerdo verbal mutuamente satisfactorio, la operación fue vetada por la matriz de la agencia ya que el proveedor no cumplía con todos los requisitos formales necesarios. Además, el negocio no impresionó lo necesario como para justificar hacer una excepción: el potencial de la cuota de mercado adicional no parecía lo suficientemente grande como para molestarse. Nueve meses después, ese proveedor fue adquirido por un competidor, y la comunidad empresarial celebró la fusión como una de las adquisiciones más exitosas en el ámbito de la tecnología de marketing de los últimos diez años. La *startup* adquirida floreció dentro de la empresa más grande y desencadenó una ola de crecimiento debido a su capacidad para satisfacer las necesidades de los clientes. La oportunidad perdida manifestaba algo aún peor: los criterios probados por el tiempo de esa agencia establecida la dejaron completamente ciega, durante años, a todo tipo de oportunidades potenciales de fusiones y adquisiciones. Todos esos actores emergentes, supuestamente insuficientes, tenían el potencial de escalar muy rápidamente si se les proporcionaba la infraestructura adecuada de capital y capacidades por parte de una empresa con el conocimiento relevante y la flexibilidad

5. Clayton M. Christensen y Michael Overdorf, «Meeting the Challenge of Disruptive Change», *Harvard Business Review*, marzo-abril de 2000, https://hbr.org/2000/03/meeting-the-challenge-of-disruptive-change.

de visión. Para concluir, cuanto más osificada esté la cultura de una organización, menos probable será que se consideren alternativas y se hagan excepciones, a veces en gran detrimento de la organización. Correr hacia atrás, hacia el futuro, es un enfoque imprudente en tiempos turbulentos.

Preguntas de cierre para la reflexión

- Si forma parte de una organización, pregúntese: ¿La cultura de su organización (recursos, procesos, valores) le permite prosperar en el mundo posdigital?
- ¿Tiene el equipo directivo el poder, la capacidad, los medios y el coraje para desafiar el *statu quo*?
- En lugar de ceñirse a lo que ha funcionado en el pasado, y en lugar de esperar un plan claro antes de actuar, ¿está preparado para aceptar el cambio, abrazar la incertidumbre, experimentar y fallar, y aprender haciendo?
- ¿Cómo puede adoptar la mentalidad correcta para identificar y, por lo tanto, evitar un momento Kodak en su vida personal y profesional?
- ¿Cuáles son los «valores» que le guían a usted y a las organizaciones de las que forma parte?

CAPÍTULO 2

Propósito, personas, planeta, y, por lo tanto, *profit* (ganancia)

En junio de 2023, hicimos una búsqueda en Google de la palabra «purpose» (propósito) y obtuvimos más de diez mil millones de resultados, lo cual es sorprendente dado que la palabra «sexo» produce aproximadamente la mitad de esa cifra. Considere lo siguiente de *Harvard Business Review*: «A pesar de su repentino auge en la vida corporativa, *el propósito* sigue siendo un tema confuso» en parte porque «"propósito" se usa en tres sentidos: competencia (la función que cumple nuestro producto); cultura (la intención con la que dirigimos nuestro negocio); y causa (el bien social al que aspiramos). [...] Un propósito basado en la competencia (como el "First Move the World" de Mercedes) expresa una propuesta de valor clara para [ambos] los clientes y empleados [...]. Un propósito basado en la cultura (como "To Live and Deliver WOW" de Zappos) puede crear alineación interna y colaboración con socios clave. Un propósito basado en una causa (como el de Patagonia "en el negocio para salvar nuestro planeta" o el de Tesla "acelerar la transición del mundo hacia la energía sostenible") promueve la idea de que es posible hacerlo bien haciendo el bien. Los tres tipos pueden crear un *por qué* significativo».[1]

1. Jonathan Knowles, B. Tom Hunsaker, Hannah Grove y Alison James, «What Is the Purpose of Your Purpose?», *Harvard Business Review*, marzo-abril de 2022, https://hbr.org/2022/03/what-is-the-purpose-of-your-purpose. Véase también Thomas W. Malnight, Ivy Buche y Charles Dhanaraj, «Put Purpose at the Core of Your Strategy», *Harvard Business Review*, septiembre-octubre de 2019, https://hbr.org/2019/09/put-purpose-at-the-core-of-your-strategy.

Creemos que una alquimia coherente y original de estos tres enfoques es el núcleo de un por qué significativo: una combinación de elementos poderosos como la razón misma por la que existe una empresa, lo que representa, cómo contribuye al bien social, por qué los empleados deberían estar orgullosos de trabajar para ella, qué motivaría a los proveedores a favorecer a mi empresa sobre otras, y por qué los clientes deben conectar emocionalmente con su marca, eligiendo *su* propuesta de valor entre muchas alternativas posibles.

Elegimos deliberadamente el orden de las palabras en el título de este capítulo para enfatizar que las ganancias (*profit*) nunca deben priorizarse sobre el propósito, las personas y el planeta. Este «nuevo» orden es necesario porque, hasta no hace mucho, el paradigma dominante era exactamente el contrario. Un ejemplo: el ensayo de Milton Friedman publicado en 1970 en el *New York Times,* «A Friedman Doctrine: The Social Responsibility of Business Is to Increase Its Profits» (Una doctrina Friedman: la responsabilidad social de las empresas es aumentar sus beneficios). Friedman, quien solo cinco años después ganó el Premio Nobel de Economía, delineó que una empresa *no tiene* responsabilidad social con la sociedad; su única responsabilidad es maximizar las ganancias para los accionistas.[2] Y esa perspectiva fue ampliamente aceptada hasta que quedó claro para muchos que las ganancias legítimas de cualquier empresa no deben hacerse a expensas de la sociedad, el medio ambiente o las personas involucradas a lo largo de su cadena de valor. El acrónimo ASG (Ambiental, Social, Gobernanza) —en inglés ESG por *Environmental, Social, Governance*— se usa comúnmente para referirse a la atención que una empresa debe dedicar al medio ambiente, la sociedad y su propia gobernanza, asegurando que sus prácticas y desempeño sean respetuosos con varios asuntos éticos, incluida la huella de carbono, el uso del agua, las emisiones de gases, el impacto de la biodiversidad, la deforestación, la diversidad, la inclusión y las condiciones de trabajo a lo largo de la cadena de valor.

2. Milton Friedman, «A Friedman Doctrine: The Social Responsibility of Business Is to Increase Its Profits», *New York Times*, 13 de septiembre de 1970, https://www.nytimes.com/1970/09/13/archives/a-friedman-doctrine-the-social-responsibility-of-business-is-to.html.

El imperativo económico

Pero para la mayoría de las empresas establecidas, las nuevas normas, tanto las exigidas progresivamente por las instituciones como las exigidas por el público, suponen una amenaza para su balance económico. Para adherirse efectivamente a esta nueva visión, las empresas deben (1) trabajar para reducir la opacidad que caracteriza al actual sistema de producción fragmentado y geográficamente disperso, (2) aumentar la transparencia y el nivel de control sobre la cadena de suministro, (3) invertir en la trazabilidad de las materias primas y los productos semielaborados y, cuando sea posible, (4) promover el consumo colaborativo. El aumento significativo de los costos que requiere esta visión amenaza con sofocar cualquier intento de avanzar en esta dirección, especialmente en momentos históricos en los que los presupuestos están agobiados por la crisis financiera y la reducción significativa del poder adquisitivo de los consumidores. Un experimentado ejecutivo en el mundo de la moda y el lujo (que desea permanecer en el anonimato) confirma esta opinión refiriéndose a la sostenibilidad: «Estoy profundamente convencido de que la sostenibilidad es crucial. El problema es encontrar la manera de mantener la misma estructura de costos mientras se implementan las nuevas políticas ASG, ya que a corto plazo requiere inversiones considerables. Y no podemos simplemente cobrar los extras a los clientes». Como resultado, muchos ejecutivos luchan por asignar el considerable presupuesto requerido a corto plazo con la esperanza de que haya una recuperación en el futuro.

Y, sin embargo, los datos muestran que a medio-largo plazo hay una clara recuperación de la inversión para aquellos que apuestan por el nuevo paradigma. Tensie Whelan, Ulrich Atz, Tracy Van Holt y Casey Clark, de la Escuela de Negocios Stern de la Universidad de Nueva York, analizaron más de 1 000 artículos de investigación escritos entre 2015 y 2020, y todos los hallazgos clave confirman que existe una correlación positiva entre un enfoque decidido de ASG y «eficiencias operativas, rendimiento de las acciones y menor costo de capital».[3] El profesor Paolo Taticchi, otra autoridad en este campo, confirma que las iniciativas ASG tienen un valor estratégico y cree que la gestión para un futuro con bajas emisiones de carbono en particular, puede contribuir a una ventaja competitiva en la industria. Como él mismo dice:

> «Numerosos ejecutivos internacionales a los que asesoro me preguntan con frecuencia sobre cómo garantizar la viabilidad financiera de estos esfuerzos. Si bien es evidente que las inversiones en este ámbito son esenciales, la influencia inmediata en la cuenta de resultados a menudo disuade a muchos. En todos esos casos, mi respuesta sigue siendo coherente: el costo de la inacción superará al de la adopción de medidas proactivas hoy. Más allá de los rumores de los últimos años y las impresionantes afirmaciones de varias organizaciones, la RSC (responsabilidad social corporativa) y la sostenibilidad en particular deberían convertirse en la estrategia comercial fundamental para todas las empresas que aspiran a prosperar en el panorama posdigital que han descrito».[4]

Andrea Baldo, director ejecutivo de Ganni, una marca danesa de moda *prêt-à-porter* certificada como B-corp, clasificada entre las 100 empresas más influyentes de *TIME* en 2023,[5] sugirió un ángulo adicional a considerar. Nos dijo:

> «En los últimos cinco años, las firmas de capital privado han integrado factores ASG en sus procedimientos de evaluación. Esta dimensión se sitúa ahora al lado del criterio fundamental

3. Tensie Whelan, Ulrich Atz, Tracy Van Holt y Casey Clark, *ESG and Financial Performance: Uncovering the Relationship by Aggregating Evidence from 1,000 Plus Studies Published between 2015—2020*, NYU Stern Center for Sustainable Business and Rockefeller Asset Management, s.f., https://www.stern.nyu.edu/sites/default/files/assets/documents/NYU-RAM_ESG-Paper_2021%20Rev_0.pdf.
4. Paolo Taticchi, entrevista personal con los autores, 10 de agosto de 2023.
5. «TIME100 Most Influential Companies», *TIME*, junio de 2023, https://time.com/collection/time100-companies-2023/.

> del beneficio, que sigue siendo inequívoco. Este cambio otorga a empresas como la nuestra, dedicadas al propósito, una ventaja estratégica ya que nos hace más atractivos para los inversores. Por lo tanto, sirve como un medio para fortalecer el negocio, preparándolo para el futuro, especialmente en anticipación a las próximas regulaciones gubernamentales».[6]

Y cuando se trata de consumidores, parecen tener un punto de vista muy claro sobre este tema. En una encuesta realizada por Wunderman Thompson, una firma de publicidad global dentro de WPP, el 61 % de los consumidores globales declaran que valoran las marcas que tienen un propósito más allá de vender productos y servicios, mientras que el 60 % dijo que eligen activamente minoristas y marcas que son amigables con el medio ambiente. Este porcentaje es relativamente constante en todos los grupos de edad y países.[7]

En conjunto, podemos deducir que un enfoque decidido de la responsabilidad social corporativa no es algo que sea solo bueno tener, es un imperativo. En términos concretos, esto significa aceptar como un hecho que: (1) cada empresa tiene un impacto en su mundo que va mucho más allá de las finanzas, y (2) la gerencia es responsable de una serie de cuestiones, incluida la minimización de la huella ambiental, prestar atención a la diversidad, la inclusión y los derechos humanos y hasta la forma en que se trata a todas las personas involucradas en el negocio, ya sean subcontratistas, socios, proveedores o clientes.

En 2002, Michael Braungart y William McDonough publicaron el significativo libro *Cradle to Cradle: Remaking the Way We Make Things* (De la cuna a la cuna: rehaciendo la forma en que hacemos cosas), en el que los autores proponen cambiar el modelo lineal dominante de «la cuna a la tumba» por el modelo circular «de la cuna a la cuna». El concepto básico es romper con el proceso tradicional de «tomar, hacer, desechar», donde los recursos se extraen, se utilizan y luego se desechan. En cambio, la ambición aquí es crear un sistema más

6. Andrea Baldo, Zoom call con los autores, 14 de agosto de 2023.
7. Hugh Fletcher, *The Future Shopper Report 2022*, Wunderman Thompson, consultado el 9 de abril de 2023, https://www.wundermanthompson.com/insight/the-future-shopper-2022.

regenerativo y sostenible que beneficie al medio ambiente, la sociedad y las empresas, donde los materiales y productos circulen y se reutilicen continuamente en un sistema de circuito cerrado. Lo ideal sería adoptar este enfoque para lograr un mundo sin residuos. Como se define en un informe de recomendaciones y normas de la Comisión Económica para Europa de las Naciones Unidas: «Un sistema económico puede definirse como circular cuando los productos y servicios se comercializan en un circuito cerrado, lo que desencadena un círculo virtuoso que potencialmente elimina el desperdicio».[8] No es sorprendente que la tarea de revisar cada eslabón de la cadena de valor obligue a abandonar el modelo lineal. Por ejemplo, concebir un producto con este enfoque significa considerar todos los medios por los cuales este producto podría ser empleado de nuevo después de su primer ciclo de uso, tanto a través del *upcycling* (aumentando la calidad y el valor económico del producto original) como del *downcycling* (disminuyendo la calidad y el valor económico). De esta manera, idealmente, la obsolescencia, ya sea real o percibida, ya no sería un problema, ya que de hecho no se desperdiciaría nada. También significa considerar cuidadosamente el impacto de todo el proceso —concepción, producción, distribución y consumo— en todos los actores involucrados directa e indirectamente.

Este enfoque resuena claramente con lo que Michael Porter y Mark Kramer propusieron en 2011 en el famoso artículo de *Harvard Business Review* «Creating Shared Value: How to Reinvent Capitalism and Unleash a Wave of Innovation and Growth» (Creando valor compartido: cómo reinventar el capitalismo y desatar una ola de innovación y crecimiento). En él argumentan que las empresas deben desechar el concepto de priorizar los valores de los accionistas para buscar sistemáticamente la creación de valor compartido para todos los actores de la cadena de valor: tanto los que están «a mano» como empleados, proveedores, socios comerciales, colaboradores externos y clientes, como la sociedad y el medio ambiente en general.[9]

8. Economic Commission for Europe Executive Committee, Centre for Trade Facilitation and Electronic Business, «Enabling Sustainability and Circularity in the Garment and Footwear Sector: Policy Developments and Industry Perspectives on Traceability and Transparency», 28° período de sesiones, Ginebra, 6 de octubre de 2022, Consejo Económico y Social de las Naciones Unidas, https://unece.org/sites/default/files/2022-10/ECE-TRADE-C-CEFACT-2022-10E.pdf.
9. Michael E. Porter y Mark R. Kramer, «Creating Shared Value», *Harvard Business Review*, enero-febrero de 2011, https://hbr.org/2011/01/the-big-idea-creating-shared-value.

Así pues, el desafío al que se enfrentan muchos minoristas y marcas de consumo es cómo conciliar la presión para ofrecer resultados a corto plazo —lo cual es bastante convincente teniendo en cuenta los vientos en contra macroeconómicos que dominan el mundo—, con la ambición de implantar prácticas de gestión con propósito en el centro de su estrategia comercial.

Preguntas de cierre para la reflexión

- ¿Cuál es el propósito de su empresa? ¿Se alinea con todas las partes interesadas involucradas a lo largo de la cadena de valor? ¿Alguna vez ha evaluado el conjunto de valores de su grupo de interés?
- ¿Tiene una estrategia ESG que combina resultados a corto plazo con transformación a largo plazo?
- ¿Su empresa tiene un compromiso total desde la parte superior de la jerarquía (accionistas y C-Suite) para participar activamente en una estrategia ESG?
- ¿Existe una alineación entre su conjunto de valores y el propósito de las organizaciones de las que forma parte?
- ¿Cómo puede contribuir al cambio hacia este nuevo enfoque?

CAPÍTULO 3

La revolución directa al consumidor (D2C): un arma de doble filo

Uno de los efectos más intrigantes de la revolución digital, al menos en las dos últimas décadas, fue el desacoplamiento de «presencia» y «ubicación». Ahora es posible estar «presente» en un entorno particular sin estar físicamente allí. Durante la pandemia del COVID-19, la sociedad experimentó plenamente los pros y los contras de este desacoplamiento, y hoy en día seguimos tratando de encontrar el equilibrio adecuado entre la presencia física y digital en varios ámbitos. Si combinamos este proceso con las posibilidades del retail 3.0 —la compra de bienes y servicios a través de canales digitales—, podemos apreciar plenamente el poder de lo que normalmente se define como «desintermediación». Se trata de un proceso mediante el cual las empresas pueden aprovechar los canales digitales, como las redes sociales y el comercio electrónico, para eludir a los intermediarios e interactuar directamente con el cliente final. Aunque la facilidad que ofrece esta nueva oportunidad requiere el desarrollo de habilidades y capacidades específicas, las ventajas potenciales, especialmente de una mayor rentabilidad y acceso a datos de primera mano, son muy atractivas.

Este fenómeno ha afectado, y está afectando, a sectores increíblemente diversos, dando lugar a nuevas concentraciones de poder. En algunos casos, ha creado nuevos intermediarios como Alibaba, Airbnb, Amazon, Booking, Deliveroo, eBay, Farfetch, JustEat, Taobao, YNaP y muchos otros. En otros casos, ha ofrecido la oportunidad a empresas que antes solo eran B2B de establecer una relación directa con los clientes finales. También ha permitido a los recién llegados diseñar modelos de negocio verticales concebidos para funcionar sin ninguna intermediación.

Sin embargo, es importante tener en cuenta que «dirigir un negocio en línea (directo al consumidor) requiere algo más que una tienda Shopify y anuncios en las redes sociales». Así lo compartió Tim Brown, cofundador y codirector ejecutivo, con Joey Zwillinger, de Allbirds, que fabrica calzado y ropa sostenibles con materiales como lana merina y eucalipto. La marca certificada B Corp con ingresos superiores a los cien millones de dólares y un valor de más de 1 700 millones de dólares comenzó como una empresa puramente digital y luego optó por un modelo de negocio más tradicional, desarrollando su presencia física tanto con tiendas minoristas directas (en 2023 tenían 54 locales) como con una división mayorista (que vende a docenas de tiendas departamentales, y que incluye Selfridges en el Reino Unido y Nordstrom en los Estados Unidos). Con respecto a por qué optaron por vender tanto en línea como fuera de línea, Brown explicó: «Juntos, el comercio minorista y mayorista representan nuevas oportunidades para que las empresas jóvenes lleguen a nuevos clientes, especialmente porque la publicidad en línea se ha vuelto exorbitantemente costosa en los últimos años. Adoptar estos canales será fundamental para navegar por la nueva era del comercio minorista».[1]

La publicidad en línea, generalmente combinada con una fuerte presencia en las redes sociales, es la forma más común de dirigir el tráfico hacia un sitio web de comercio electrónico, y era relativamente económica hasta hace unos años. El aumento del coste puede ser prohibitivo, por lo que algunas marcas D2C han tenido que aceptar que el modelo de negocio original es insostenible y, en su lugar, han buscado clientes a través de canales más tradicionales. Las tiendas físicas tienden a ser percibidas por los compradores como la prueba de que la marca digital, que alguna vez fue pura, es más «real». Tranquiliza

1. Tim Brown, citado en Cathaleen Chen, «Allbirds CEO on Why DTC Brands Are Going Multichannel», Business of Fashion, 8 de diciembre de 2022, https://www.businessoffashion.com/articles/direct-to-consumer/the-state-of-fashion-2023-report-dtc-online-stores-multi-channel/. Véase también https://www.allbirds.com/.

y, al mismo tiempo, ofrece un punto de contacto adicional donde los clientes pueden experimentar productos y servicios. Y esto, a su vez, es probable que desencadene un círculo virtuoso con repercusiones positivas en los ingresos. Como señalaremos varias veces a lo largo de este libro, ofrecer una experiencia omnicanal convincente y sin fricciones, en la que los compradores pueden acceder a las marcas a través de múltiples canales, a menudo da como resultado mejores ventas en general.

En muchos casos, tan pronto como un competidor nativo digital abre una ubicación física, su tráfico y ventas aumentan tanto en línea como fuera de línea. Este fue el afortunado giro de los acontecimientos para Velasca, una empresa italiana D2C que fabrica zapatos y ropa artesanales. Descubrieron que la gran mayoría de sus ventas en línea se derivan de las ubicaciones donde tienen tiendas físicas.[2] Así pues, parece que la utilización de una combinación de canales es probablemente la mejor solución para las marcas D2C.[3] (Para ver una imagen que compara D2C con los modelos de negocio B2B tradicionales y mayoristas, consulte la figura 3.1).

Otro caso de estudio interesante que enfatiza la evolución de los canales D2C puros a los más tradicionales es Glossier, que pasó de ser una *spinoff* de un bloguero de 24 años a una empresa de 1 800 millones de dólares en solo 11 años. En 2010, Emily Weiss fue asistente en Vogue. Como trabajo paralelo, decidió compartir recomendaciones de belleza a través de un blog personal, *Into the Gloss*. Después de que el blog se convirtiera en un gran éxito, Weiss creó su propia marca de belleza D2C. A pesar del asombroso éxito, basado en la relación íntima con los clientes que solo un negocio D2C puede esperar construir, entre 2020 y 2022 la empresa pasó por algunas turbulencias, incluidos despidos, quejas sobre la falta de nuevos productos, denuncias de comportamiento racista y tolerancia, y pasos estratégicos en falso que

2. Enrico Casati y Jacopo Sebastio, cofundadores de Velasca, entrevista personal con los autores el 15 de febrero de 2023.
3. Paolo Taticchi y Giuseppe Stigliano, *Velasca: a Fashion Brand Competing in a Red Ocean*, UCL School of Management, Revisión 1, febrero de 2023, https://www.mgmt.ucl.ac.uk/sites/default/files/upload/pdfs/Velasca%20170223.pdf. (Este enlace es a un informe parcial; para obtener el informe completo, envíe un correo electrónico a Giuseppe Stigliano a info@giuseppestigliano.com.)

FIGURA 3.1 El modelo de empresa a empresa (B2B) frente al modelo directo al consumidor (D2C).

desviaron a la empresa de su negocio principal. En mayo de 2022, Weiss renunció y pasó el testigo de CEO a su entonces director comercial, Kyle Leahy, quien procedió a hibridar la estrategia comercial original de la empresa. En febrero de 2023, la compañía abrió una nueva tienda insignia inmersiva en Soho, Nueva York, y puso en marcha una audaz asociación estratégica con el gigante francés de la belleza Sephora. Desde entonces, los compradores pueden encontrar toda la línea de productos Glossier en cada una de las 600 ubicaciones de Sephora en los EE. UU. y Canadá.[4]

Las empresas D2C suelen destacar en la gestión de la relación con su comunidad de clientes y, al mismo tiempo, aprovechan los datos de primera mano, tanto para nutrir la base de clientes existente como para inferir los valiosos conocimientos necesarios para afinar su estrategia empresarial y refinar su oferta. Por ejemplo, si una empresa tiene

4. Elizabeth Segran, «What happened to Glossier», Fast Company, 16 de febrero de 2023, https://www.fastcompany.com/90849720/glossiers-sephora-launch-is-part-of-a-bigger-transformation; V. Kasturi Rangan, Daniel Corsten, Matt Higgins y Leonard A. Schlesinger, «How Direct-to-Consumer Brands Can Continue to Grow», *Harvard Business Review*, noviembre-diciembre de 2021, https://hbr.org/2021/11/how-direct-to-consumer-brands-can-continue-to-grow.

pruebas de que es más probable que un grupo de sus clientes compre un determinado modelo, puede ponerse en contacto con ellos con recomendaciones de productos específicos y reenviar esas sugerencias a grupos similares en función de sus preferencias afines. Cuanto más fuerte sea el vínculo con la comunidad, más felices estarán los clientes y mayor será la tasa de conversión de cada iniciativa de marketing.

Según el Informe *The Future Shopper 2022* de Wunderman Thompson, los consumidores globales encuestados aprecian diferentes factores en este enfoque, como obtener mejores precios, entregas más rápidas y baratas y devoluciones gratuitas, acceder a una gama completa de productos y paquetes para obtener productos exclusivos y ofertas convenientes, beneficiarse de un programa de fidelización gratificante y, en conjunto, obtener una mejor experiencia del cliente (véase la figura 3.2).[5]

Una oportunidad para las marcas tradicionales

Aparentemente, los participantes en los mercados maduros tienen una mayor probabilidad de tener éxito con un modelo D2C, como los ya mencionados Allbirds (zapatillas), Glossier (cosméticos) y Warby Parker (gafas), así como Casper y Resident (colchones), Dollar Shave Club (afeitado) y Peloton (fitnes). Las ventajas de alterar el *statu quo* son potencialmente mayores. Según TechCrunch, este potencial alcista ha atraído desde 2019 más de 8 000 millones de dólares en capital de riesgo.[6] En particular, este modelo requiere un importante presupuesto de publicidad digital para hacer notar la marca en medio del ruido generado por una cantidad creciente de competidores, lo que aumenta el coste de adquisición de clientes.

5. Hugh Fletcher, *The Future Shopper Report 2022*, Wunderman Thompson, consultado el 9 de abril de 2023, página 32, https://www.wundermanthompson.com/insight/the-future-shopper-2022.
6. V. Kasturi Rangan, Daniel Corsten, Matt Higgins, and Leonard A. Schlesinger, «How Direct-to-Consumer Brands Can Continue to Grow», *Harvard Business Review*, November—December 2021, https://hbr.org/2021/11/how-direct-to-consumer-brands-can-continue-to-grow.

1. Mejor precio: 49 %
2. Entrega gratuita: 47 %
3. Devoluciones gratuitas: 35 %
4. Entrega rápida y cómoda: 34 %
5. Programa de fidelización: 25 %
6. Productos exclusivos: 23 %
7. Mejor información sobre los productos: 22 %
8. Acceso a toda la gama de productos: 22 %
9. Mejor experiencia global en los sitios propiedad de la marca: 17 %
10. Ofertas de productos combinados: 17 %

FIGURA 3.2 Los 10 factores principales que animan a los consumidores a comprar directamente a las marcas. Fuente: *The Future Shopper Report 2022*, Wunderman Thompson.

La rentabilidad potencial del esquema también ha inspirado a un grupo de nuevos competidores en diferentes mercados. Sin embargo, este modelo de negocio ha atraído a varias empresas tradicionales con un fuerte reconocimiento de marca y grandes presupuestos.

Anheuser-Busch InBev (AB InBev), la cervecera más grande del mundo, ofrece su servicio D2C en más de 17 mercados por un total de 69 millones de pedidos en línea y casi 500 millones de dólares de ingresos en 2021. PepsiCo opera con PantryShop.com y Snacks.com para vender directamente sus bebidas y *snacks* al cliente final; y Heinz, parte del conglomerado de alimentos Kraft Heinz, es propietaria de Heinz to Home, una plataforma que en el momento en que escribimos está disponible en el Reino Unido, Irlanda y Australia, y probablemente se expandirá a otros países.

Jean Philippe Nier, director de comercio electrónico para el Reino Unido e Irlanda, destaca que la razón estratégica detrás de sus esfuerzos D2C va más allá de las ventas adicionales a corto plazo que esperan de este canal:

«En primer lugar, diría que las marcas deberían pensar en su canal D2C como un canal de marketing y conocimiento de datos, en lugar de solo un canal de ventas. Al hacerlo, hay más ganancias a largo plazo para su negocio».[7]

Además, muchos fabricantes de automóviles, incluidos BMW, Mercedes-Benz y Stellantis, están pasando del modelo actual de distribución de concesionarios a un modelo de distribución de agencias, lo que debería garantizar un mayor control sobre el embudo de ventas y proporcionar acceso directo a los datos de los clientes. Este cambio se aleja de un modelo de negocio en el que se ha confiado durante más de 130 años: se considera que el primer concesionario dedicado a vender solo automóviles (en lugar de vender automóviles y vehículos impulsados por caballos literales) se abrió en 1889 en Reading, Pensilvania. En el otro extremo de estas nuevas transacciones de distribución de agencias, los compradores de automóviles se beneficiarán de una experiencia fluida, así como de precios más transparentes en todos los canales.[8] Por supuesto, todavía es demasiado pronto para decir si esta es la forma correcta de preparar el modelo de negocio automotriz para el futuro, pero el hecho de que algunas marcas importantes hayan iniciado esta transición demuestra que, incluso en este sector, D2C es una oportunidad que debe considerarse cuidadosamente.

En última instancia, la hibridación de los actores que alguna vez fueron puramente digitales y la entrada de los operadores establecidos en el ámbito de los negocios directos han diluido el concepto original de D2C. Vimos anteriormente que Allbirds optó por un enfoque doble, en línea y fuera de línea. También vimos cómo Digital Glossier optó por una presencia física. Un artículo de *Fast Company* que comparte esa

7. Dianna Dilworth, «Innovator Interviews: AB InBev's Lucas Herscovici», *Brand Innovators*, March 22, 2023, https://www.brand-innovators.com/news/innovator-interviews-abinbevs-lucas-herscovici; Keith Nunes, «PepsiCo launches two direct-to-consumer platforms», Food Business News, May 11, 2020, https://www.foodbusinessnews.net/articles/16005-pepsico-launches-two-direct-to-consumer-platforms; Simon Harvey interviewing Jean-Philippe Nier, «Kraft Heinz ventures into direct-to-consumer», *Just Food Magazine*, Issue 38, August 2020, https://just-food.nridigital.com/just-food_aug20/kraft_heinz_d2c; Heinz to Home, accessed April 19, 2023, https://heinztohome.co.uk/; Misha Pabari, «What's in store for direct-to-consumer ecommerce in 2021?», *Pattern Blog*, February 10, 2021, https://pattern.com/blog/whats-in-store-for-direct-to-consumer-ecommerce-in-2021/.

8. Automotive News Europe, «Mercedes, BMW, Stellantis favor agency sales model, but others disagree», July 20, 2022, https://europe.autonews.com/automakers/mercedes-bmw-stellantis-favor-agency-sales-model-others-disagree; Tom Ryan, «The History of Automotive Retail and a Guide to the Dealership of the Future», *Fuse Autotech*, March 31, 2022, https://fuseautotech.com/blog/dealership-business-model-the-future-of-automotive-retail.

historia cita dos combinaciones adicionales fuera de línea/en línea: la ropa y los accesorios de Pop-In@Nordstrom/Everlane, hechos, según su sitio web, con una «calidad excepcional [en] fábricas éticas [con] transparencia radical»; y Target / Harry's [«Aseo de pies a cabeza, reimaginado»].[9] De hecho, Target es un lugar popular; los colchones Casper lo eligieron por su *pied-à-terre*. Lola products, una marca D2C de «productos para el cuidado femenino e íntimo hechos por mujeres» de origen sostenible, seleccionó a Walmart como su minorista «exclusivo» fuera de línea. Y en el blog de productos sostenibles para el hogar de Public Goods, Tyler Koslow comparte «Por qué elegimos vender nuestros productos al por menor en CVS».[10]

Por supuesto, esta dilución del propósito original y los pros y contras posteriores también involucran a nuevos intermediarios. Estos «amienemigos» (amigos pero también enemigos), como se les suele llamar, obligan a D2C y a las marcas tradicionales a discutir compensaciones (*tradeoffs*) muy importantes. Por ejemplo: ¿Debemos hacer que todos los clientes compren a través de nuestro sitio web o debemos aprovechar el inmenso alcance de una plataforma de comercio electrónico? Si firmamos un acuerdo con un socio y, por lo tanto, le compensamos por su colaboración, ¿podemos permitirnos la pérdida de margen? ¿Deberíamos invertir en nuestra logística, comprar servicios de terceros (por ejemplo, servicios de logística y entrega a domicilio) o unirnos a un enemigo del comercio electrónico para beneficiarnos de su red de distribución? ¿Estamos dispuestos a ceder el control de la experiencia del cliente? ¿Podemos permitirnos el lujo de tener solo datos limitados sobre nuestros clientes? ¿Tenemos los

9. Elizabeth Segran, «What happened to Glossier», *Fast Company*, 16 de febrero de 2023, https://www.fastcompany.com/90849720/glossiers-sephora-launch-is-part-of-a-bigger-transformation; Página Everlane «About», consultada el 20 de abril de 2023 de https://www.everlane.com/about; «Harry's», sitio web de Target, consultado el 20 de abril de 2023, https://www.target.com/b/harry-s/-/N-o66wk.

10. V. Kasturi Rangan, Daniel Corsten, Matt Higgins, and Leonard A. Schlesinger, «How Direct-to-Consumer Brands Can Continue to Grow», *Harvard Business Review*, November—December 2021, https://hbr.org/2021/11/how-direct-to-consumer-brands-can-continue-to-grow; Lola website, accessed April 13, 2023, https://mylola.com/; Patrycja Malinowska, «Walmart Adds a Digital-Native Period Brand», Path to Purchase Institute, September 13, 2020, https://p2pi.com/walmart-adds-digital-native-period-brand; Tyler Koslow, «Why We Chose to Retail Our Products at CVS», Public Goods website, October 19, 2020, https://blog.publicgoods.com/why-we-chose-to-retail-our-products-at-cvs/;.

recursos (personas, presupuesto de medios, activos de comunicación, contenido, etc.) para mantener una presencia en múltiples canales? No hace falta decir que mantener el control total permite a las marcas celebrar sus productos y cuidar sus relaciones con los clientes, lo que, como hemos visto, es una característica esencial de las marcas D2C y un activo crucial para cualquier empresa.

Otro caso interesante es el de Nike. Durante la mayor parte de la historia de la empresa, operó principalmente con un modelo mayorista bastante tradicional. Los clientes podían comprar productos en tiendas de artículos deportivos, grandes almacenes, tiendas familiares y más. Por supuesto, también tuvieron algunas ventas D2C, pero esas fueron solo una fracción de sus ventas totales. Sin embargo, en 2017 Nike comenzó a cambiar progresivamente su estrategia comercial, centrándose en su ecosistema patentado de comercio electrónico, aplicaciones y sus 1 046 tiendas minoristas de marca. Han llamado elocuentemente a esta estrategia «ofensa directa al consumidor». En 2020, Nike redobló el esfuerzo, y cambió el nombre del plan a «aceleración directa del consumidor».[11]

Estos cambios han llevado a Nike a disolver alianzas temporales con empresas *partners*, desde Amazon hasta Zappos.[12] La única opción que les queda a las tiendas para vender productos Nike es un costoso modelo de consignación que reduce los márgenes y que pocos actores pueden permitirse. Esta escasez, a su vez, aumenta los precios, lo que mejora aún más los márgenes de beneficio de la marca. El mayor control de la empresa le permite establecer una relación directa con los clientes, desencadenando un círculo virtuoso que hace que su estrategia de marketing y ventas sea aún más eficaz y eficiente. Claramente,

11. Shoshy Ciment, «Nike Might Need Wholesale Partners More Than It Thought, Analysts Say», *Yahoo Finance*, March 13, 2023, https://finance.yahoo.com/news/nike-might-wholesale-partners-more-162646993.html; Max Greenwood, «Nike's Digital Ecosystem Paved the Way for D2C Transformation», *Brainstation Magazine*, February 23, 2021, https://brainstation.io/magazine/nikes-digital-ecosystem-paved-the-way-for-d2c-transformation; «Total Nike retail stores worldwide from 2009 to 2022», *Statista*, July 2022, https://www.statista.com/statistics/250287/total-number-of-nike-retail-stores-worldwide/.

12. Tom Ryan, «Nike says goodbye to more longtime wholesale partners», *RetailWire*, March 30, 2021, https://retailwire.com/discussion/nike-says-goodbye-to-more-longtime-wholesale-partners/; Juozas Kaziukėnas, «Amazon Is the Default Search Engine», *Marketplace Pulse*, November 9, 2021, https://www.marketplacepulse.com/articles/amazon-is-the-default-search-engine.

la única manera de hacer con éxito un movimiento tan audaz es confiar en un fuerte valor de marca construido sobre años de inversiones masivas en marketing. A saber: entre 2017 y 2022, los ingresos D2C de Nike aumentaron de 9,08 mil millones de dólares (de los 34,3 mil millones de dólares de ingresos totales en 2017) a 18,73 mil millones de dólares (de los 46,7 mil millones de dólares de ingresos totales de la empresa en 2022), lo que significa que 4 de cada 10 compras se realizaron a través de un canal directo.[13] Aunque esta estrategia resultó ser exitosa, Nike ha decidido mantener relaciones con un número selecto de mayoristas, lo que es en sí mismo una decisión estratégica. Como compartió el CEO John Donahoe en diciembre de 2022: «Toda nuestra estrategia es ofrecer [a los consumidores] esa opción de una manera fluida y prémium. Y el juego al por mayor es una parte muy importante de eso. Proporciona una marca muy fuerte, tanto física como digital».[14] Observamos una dinámica similar en la industria de Bienes Técnicos de Consumo (TCG o *Technical Consumer Goods*). Hans Carpels nos dijo: «Claramente, cuando una marca se pasa al D2C, se convierte en un competidor». Carpels es el presidente y cofundador de Euronics, el líder del mercado EMEA en TCG que opera en 37 países con 7 500 tiendas. «Sin embargo», añadió, «damos la bienvenida a la competencia leal y a la igualdad de oportunidades. Nos comunicamos claramente con los fabricantes: (1) deben reconocer los canales de distribución en sus plataformas y (2) deben evitar ofertas exclusivas que nos excluyan. Buenos ejemplos son LG en Europa y HP en Estados Unidos, que muestran de forma destacada las opciones de los minoristas. Paralelamente, intentamos contrarrestar el *showrooming* centrándonos en la formación del personal, la experiencia excepcional del cliente y un soporte posventa inigualable».[15]

13. Statista, «Nike's revenue worldwide from the fiscal years of 2016 to 2022, by sales channel«, July 2022, https://www.statista.com/statistics/888725/nikes-revenue-by-sales-channel-worldwide/.
14. Shoshy Ciment, «Nike Might Need Wholesale Partners More Than It Thought, Analysts Say«, *Yahoo Finance*, March 13, 2023, https://finance.yahoo.com/news/nike-might-wholesale-partners-more-162646993.html .
15. Sitio web de Euronics, https://www.euronics.com/pages/the-group; Hans Carpels, correspondencia por correo electrónico con Giuseppe Stigliano, del 15 de mayo al 16 de agosto de 2023.

Los beneficios del modelo híbrido

Podemos deducir que una combinación de canales propios e intermediados es una solución óptima para satisfacer las necesidades de los consumidores actuales, que tiene como objetivo explotar las ventajas de la interacción directa y minimizar las desventajas de la intermediación. Y esto es cierto tanto para Nike como para otros minoristas y marcas. Según el CEO John Donahoe, «un consumidor que se conecta con nosotros en dos o más plataformas tiene un valor de por vida que es cuatro veces mayor que aquellos que no lo hacen».[16] Dado que cada empresa es diferente y cada mercado tiene sus peculiaridades, encontrar la combinación correcta de canales propios e intermediados sería crucial para maximizar el retorno de la inversión.

Supongamos que una empresa vende en una plataforma de comercio electrónico de terceros para maximizar el alcance y las ventas, aprovechando su infraestructura existente y su tecnología de vanguardia. Una vez que ha tenido una interacción directa con los clientes, más tarde podría intentar «ganárselos», por ejemplo, con servicios posventa a los que el cliente final puede acceder a través de un código QR en el envase o en una tienda física. El objetivo general es siempre atraer a la audiencia, impulsar el tráfico, intercambiar valor por datos, fomentar el valor de la marca y cultivar la relación para aumentar el valor de por vida del cliente. Al mismo tiempo, es importante tener en cuenta todas las implicaciones relacionadas con la propiedad de la experiencia del cliente, incluidos los considerables presupuestos necesarios para estimular la demanda en un mercado saturado, así como las posibles repercusiones en la cadena de valor. De hecho, en el momento en que un fabricante establecido se involucra en un cambio D2C que interrumpe un esquema existente, es probable que al menos una de las partes involucradas (es decir, socios minoristas) se oponga, como mínimo quejándose de abuso de confianza y conflictos de intereses. No hace falta decir que existe el riesgo de erosionar la relación y embarcarse en una guerra de precios.

16. Max Greenwood, «Nike's Digital Ecosystem Paved the Way for D2C Transformation», *BrainStation Magazine*, 23 de febrero de 2021, https://brainstation.io/magazine/nikes-digital-ecosystem-paved-the-way-for-d2c-transformation.

Afortunadamente, es posible combinar los beneficios de los modelos B2B y D2C en un modelo híbrido que se esfuerza por evitar la competencia frontal, sobre todo, competir por vender los mismos productos a los mismos clientes. Una forma típica de seguir este enfoque híbrido es mantener la relación preexistente con los socios minoristas (y los productos minoristas establecidos) y, al mismo tiempo, desarrollar *diferentes* ofertas disponibles solo en canales D2C. Esto puede incluir colecciones cápsula, ediciones limitadas, nuevas variantes de productos existentes o servicios de valor añadido, como asistencia posventa o garantías de productos más largas. Paralelamente, el vínculo B2B podría nutrirse compartiendo datos y conocimientos adquiridos en los canales directos, o dedicando promociones especiales a los socios minoristas.

En resumen, hay pros y contras que deben analizarse cuidadosamente si se considera cambiar al modelo de negocio directo al consumidor.

Las ventajas del modelo D2C incluyen:

- Márgenes potencialmente más altos, ya que las ganancias no se comparten con los intermediarios.
- Mejor control sobre los procesos de ventas, la experiencia del cliente y la identidad de marca.
- Inversiones en marketing más eficientes (mejor *targeting* y *retargeting*) gracias a los datos de primera mano sobre los clientes D2C.
- Mejor planificación de la demanda como resultado de tener una mejor comprensión de los deseos, necesidades y preferencias de los consumidores.
- Bucles de retroalimentación más precisos, lo que puede permitir un proceso de innovación más efectivo.
- Relaciones más transparentes y auténticas entre la marca y el cliente, lo que podría conducir a una mayor lealtad a la marca.
- Mejor gestión del inventario (es decir, reposición más eficiente).

Las desventajas del modelo D2C incluyen:

- Al perder las ventajas de vender a granel (incluido el menor costo de adquisición de clientes, la planificación financiera eficiente y los menores riesgos relacionados con el stock producido), están más sujetos a la volatilidad de la demanda.
- Necesidad de invertir para desarrollar nuevas habilidades, y necesidad de hackear el modelo operativo (logística, TIC, RRHH, marketing, ventas) para construir uno que permita D2C.
- Riesgo de poner en peligro la relación con los socios comerciales en la transición de B2B a D2C.
- Perder ventaja competitiva, ya que los mejores proveedores y socios minoristas podrían ser contratados por los competidores.

En resumen

La transformación digital que comenzó en la fase de retail 3.0, combinada con el aumento de la alfabetización digital que siguió a la fase de retail 4.0, ha creado las condiciones en las que las empresas pueden explorar los beneficios de un modelo de negocio directo al consumidor. Sin embargo, este modelo puede ser un arma de doble filo: desbloquear las oportunidades del modelo requiere asumir riesgos, realizar inversiones y experimentar para encontrar la combinación óptima de canales.

Basándonos en los casos de estudio que hemos analizado en este capítulo y en las conversaciones que hemos tenido con varios ejecutivos, deducimos que, en muchos casos, un modelo de negocio D2C puro no permite la flexibilidad que la mayoría de los clientes posdigitales desean, al menos no una vez que una marca alcanza una etapa de madurez. En esa coyuntura, los consumidores demuestran una clara preferencia por las marcas que crean una experiencia fluida y sin fricciones a través de múltiples canales, lo que les permite comprar lo que quieren cómo y cuándo quieren, independientemente de la intervención de terceros. Los clientes no ven los canales; experimentan las marcas y esperan consistencia a lo largo de su viaje. Esto no implica inherentemente que las marcas deban estar presentes en todos los puntos de contacto disponibles; por el contrario, deberían ser ubicuos en áreas significativas de relevancia (volveremos a examinar este aspecto en la Parte II).

Este escenario plantea varias preguntas que deben abordarse cuidadosamente. Al igual que con todos los problemas complejos, no existe una solución única para todos. En un mundo posdigital de BANI, los fabricantes, mayoristas, minoristas y marcas de consumo desafiados por la inestabilidad del *statu quo*, se ven legítimamente tentados por las oportunidades que se encuentran en las tecnologías emergentes. Recomendamos a las organizaciones que adopten una mentalidad de mejora continua: experimenten constantemente en busca de ese punto ideal de optimización. En la segunda parte del libro, los lectores encontrarán principios específicos para guiar estas decisiones.

Preguntas de cierre para la reflexión

- Teniendo en cuenta su mercado, el panorama competitivo y la alfabetización digital de sus clientes actuales y potenciales, ¿cuáles son las oportunidades y amenazas de convertirse en D2C?
- ¿Dispone de todos los recursos necesarios para embarcarse en una estrategia D2C completa o incluso parcial?
- ¿Es el valor de su marca lo suficientemente fuerte como para reducir o incluso eliminar su dependencia de los intermediarios?
- ¿Qué le motivaría, como cliente, a comprar en una tienda propiedad de la marca? ¿Y qué le impediría hacerlo?

CAPÍTULO 4

Análisis de *benchmark* experienciales

Las empresas alguna vez «disfrutaron» de un panorama en el que solo tenían a sus competidores directos en su sector para destacarse, pero ese tiempo ha pasado. Los clientes de hoy en día son más exigentes que nunca, por lo que las empresas «necesitan ser mejores que», como dice McKinsey & Company, «las [muchas] fuentes de inspiración que están estableciendo los estándares para su cliente».[1]

Una vez que los mejores jugadores de su clase, que a menudo son nativos digitales, establecen el listón de las expectativas de lo que es un tiempo de entrega «aceptable» o una política de devolución satisfactoria, todos los competidores, incluidos los ya establecidos, deben adaptarse. Si no lo hacen, se perciben inmediatamente como obsoletos y corren el riesgo de ser descuidados incluso por los clientes más leales. Llamamos a este mecanismo «*benchmark* (puntos de referencia) experienciales». Por ejemplo, imagine que una empresa quiere crear una plataforma de contenido para atraer y entretener a los clientes con contenido de marca. Los puntos de referencia experienciales que inevitablemente deben considerar, más allá de sus competidores directos, son las plataformas de contenido bajo demanda como Netflix, Disney Plus, Amazon Prime Video, YouTube Premium, o Tencent Video, iQiyi y Youku en China. Los clientes esperarán la misma amplitud y profundidad de contenido, una página de bienvenida personalizada, recomendaciones individuales

1. «Leadership development as a competitive advantage», McKinsey & Company, 2 de abril de 2018, https://www.mckinsey.com/capabilities/people-and-organizational-performance/our-insights/leadership-development-as-a-competitive-advantage.

proactivas, una interfaz de usuario impecable, una barra de búsqueda eficiente, etc. Ofrecer una experiencia de cliente de última generación es el campo de batalla más importante para las marcas hoy en día. Otro ejemplo es lo que le sucedió a la industria bancaria, que alguna vez fue muy estable y predecible, cuando los bancos digitales y las nuevas empresas de tecnología financiera comenzaron a revolucionar el sector, cerrando las brechas a lo largo de la cadena de valor y permitiendo que las personas accedieran a servicios financieros que antes requerían la intermediación de un banquero. En este caso, los no nativos digitales no pueden evitar desarrollar rápidamente contramedidas para ofrecer productos y servicios similares, trabajando duro para defender su cuota de mercado ofreciendo una experiencia de cliente equivalente.

En las dos primeras décadas del nuevo milenio, a lo largo de lo que hemos descrito como la era del retail 4.0, dominada por la transformación digital, se produjo una dinámica similar en casi todas las industrias. Como dice Brian Solís, antropólogo digital y futurista: «La innovación es todo el trabajo que haces para ajustarte a las expectativas y aspiraciones de las personas a medida que evolucionan en lugar de hacer que se ajusten a tus perspectivas, suposiciones, procesos y métricas de éxito heredados».[2] Las expectativas de las personas evolucionan más rápido de lo que innovan las empresas establecidas. Atrás quedaron los días en los que las empresas podían centrarse en «actividades *upstream*» como el abastecimiento, la producción y la logística, crear nuevos productos y luego desplegar vastos presupuestos de marketing para estimular la demanda. En un panorama tan competitivo, el mantra es «centrado en el cliente», y la atención definitivamente se ha desplazado «hacia abajo (*downstream*)», a los espacios donde se lleva a cabo el ritual de la experiencia del cliente, tanto en línea como fuera de línea. Niraj Dawar comparte lo siguiente en *Harvard Business Review*:

2. Brian Solis, «Innovation Is a Gift Worth Getting: Competing for the Future Starts with Letting Go of the Past», blog de Brian Solís, 19 de octubre de 2016, https://www.briansolis.com/2016/10/innovation-gift-worth-getting-competing-future-starts-letting-go-past/.

«Durante décadas, las empresas han buscado una ventaja competitiva en las actividades "upstream" relacionadas con la fabricación de nuevos productos: construir fábricas más grandes, encontrar materias primas más baratas, mejorar la eficiencia, etc. Pero esas fuentes de ventaja fácilmente copiables se están erosionando irreversiblemente, y la ventaja se encuentra cada vez más en lo "downstream", en el mercado. Hoy en día, la pregunta estratégica que impulsa los negocios no es "¿Qué más podemos hacer?", sino "¿Qué más podemos hacer por nuestros clientes?" [Como consecuencia] el ritmo de cambio en los mercados ahora está impulsado por cambios en los criterios de compra de los clientes en lugar de mejoras en los productos o la tecnología».[3]

El listón cada vez más alto de las expectativas

Entonces, ¿cuáles son estos «cambios en los criterios de compra de los clientes»? Si bien los consumidores siempre se han preocupado por obtener una buena relación calidad-precio, ahora también valoran especialmente la comodidad y la flexibilidad, puntos de referencia experienciales que están obligando a toda la industria a adaptarse. Para apreciar la magnitud de la tendencia, considere lo indicado en *The Future Shopper Report 2022* de Wunderman Thompson: en 2022, el 41 % de los consumidores globales esperaban que sus productos llegaran en menos de 24 horas; ¡El 24 % los esperaba en menos de dos horas! Este es un gran aumento con respecto a 2021, cuando el 30 % esperaba la entrega en 24 horas y solo el 4 % la esperaba en menos de dos horas. Los jóvenes, en particular, son más impacientes, ya que el 29 % de las personas de 16 a 24 años y el 29 % de las de 25 a 34 años esperan la entrega en dos horas. En cuanto al impacto de la entrega/devolución gratuita, los datos muestran que el 23 % de todo lo que los compradores globales piden en línea se devuelve, y el 39 % de los compradores globales admitieron haber hecho pedidos

3. Niraj Dawar, «When Marketing Is Strategy», *Harvard Business Review*, diciembre de 2013, https://hbr.org/2013/12/when-marketing-is-strategy.

excesivos con la intención de devolver parte del pedido. En cuanto a la razón número uno por la que los consumidores eligen un minorista en lugar de otro: «entrega más rápida».[4] Este énfasis en la hiperconveniencia de la «última milla» es, sin duda, el resultado de los puntos de referencia experienciales que han establecido los mejores jugadores de su clase.

Cabe destacar que, una vez que se ha establecido un nuevo punto de referencia experiencial, es prácticamente imposible que los clientes consideren aceptables los productos, servicios o experiencias subóptimos. Y, por supuesto, en esta era de información generalizada, las posibilidades de que un cliente insatisfecho deje una reseña negativa en línea son altas.

Ciertamente, la remodelación en curso del listón de las expectativas, impulsada por la convergencia de la reducción de las barreras de entrada en todas las industrias (incluido un acceso más fácil al capital, la tecnología democratizada y los canales de distribución accesibles) junto con la desintermediación (como se ve en las oportunidades que brinda D2C), presenta desafíos significativos para los minoristas establecidos y las empresas de marcas de consumo. Cambiar su modelo operativo es más fácil si es una empresa emergente ágil con la tecnología digital en el centro de su estrategia comercial. Pero los operadores más tradicionales han construido su éxito en torno a los átomos en lugar de los bits, y esto puede hacer que tarden en adaptarse. Holger Blecker, CEO de la empresa alemana de moda y estilo de vida Breuninger, confirmó que «el objetivo principal es inspirar a los clientes todos los días ofreciéndoles un destino experiencial completo que integre a la perfección lo mejor de lo *online* y *offline*. Nuestros clientes están en el corazón de nuestras operaciones y nos enorgullecemos de brindarles constantemente experiencias inolvidables. Realmente creemos en convertirnos en un destino, mucho más que un minorista».[5]

4. Hugh Fletcher, *The Future Shopper Report 2022*, Wunderman Thompson, consultado el 9 de abril de 2023, https://www.wundermanthompson.com/insight/the-future-shopper-2022.
5. Holger Blecker, correspondencia por correo electrónico con los autores, último intercambio el 14 de agosto de 2023.

Competencia (no) leal

Dicho esto, también es importante tener en cuenta la perspectiva de algunos operadores tradicionales que lucharon por adaptarse a los desafíos planteados por los recién llegados. De hecho, en nuestras conversaciones con altos directivos de todo el mundo, se planteó repetidamente una pregunta: «¿Es justo dejar que los recién llegados menos regulados y ágiles redefinan las reglas del juego?». Este argumento se basa en el supuesto de que los disruptores a menudo han obtenido una ventaja competitiva al eludir las regulaciones vigentes. Por ejemplo, muchos anfitriones de Airbnb no estaban obligados a cumplir con todas las regulaciones del sector hotelero,[6] al menos durante la primera fase del lanzamiento de Airbnb, lo que llevó a una ventaja competitiva injusta sobre los hoteles tradicionales.[7] Esto sucedió porque Airbnb, al igual que otras empresas de economía colaborativa como Uber y Lyft, estaba cambiando las reglas del juego, y los gobiernos no podían regular rápidamente la nueva dinámica del mercado. Por lo tanto, los clientes desarrollaron un punto de referencia experiencial con respecto al costo de la estadía de una noche o el tiempo de espera para un viaje, y esto ejerció mucha presión sobre los operadores preexistentes.

Otro ejemplo de ventaja competitiva injusta que a menudo mencionan los altos directivos de los minoristas globales y las marcas de consumo es la imposibilidad de mantener una política de entrega y devolución gratuitas, que es el nuevo estándar definido por los minoristas electrónicos más grandes. En particular, los actores tradicionales con operaciones especialmente centradas en tiendas físicas tienden a criticar la práctica de las grandes plataformas de comercio electrónico que ofrecen condiciones hiperconvenientes como si no hubiera

6. Gloria Oladipo, «New York City could lose 10,000 Airbnb listings in short-term rental crackdown», *The Guardian*, 26 de enero de 2023, https://www.theguardian.com/us-news/2023/jan/26/nyc-airbnb-short-term-rental-new-law; Caitlin Moore, «This Italian city is banning Airbnbs with immediate effect», *HolidayPirates*, 6 de septiembre de 2023, https://www.holidaypirates.com/travel-magazine/this-italian-city-is-banning-airbnbs-with-immediate-effect; Julia Buckley, «Venice and Florence demand a curb on Airbnb», CNN, actualizado el 25 de marzo de 2021, https://edition.cnn.com/travel/article/venice-florence-airbnb-restrictions/index.html.
7. Paris Martineau, «Inside Airbnb's 'Guerrilla War' Against Local Governments», *Wired*, 20 de marzo de 2019, https://www.wired.com/story/inside-airbnbs-guerrilla-war-against-local-governments/.

impacto en el balance y el medio ambiente, mientras que, en realidad, la entrega rápida y gratuita y la «logística inversa» que gestiona las devoluciones son costosas tanto financiera como ambientalmente. Esta es la razón por la que, como se informó en el *Washington Post*, los principales minoristas están cambiando de táctica al cobrar tarifas de reposición de existencias y/o etiquetas de envío de devolución: «Anthropologie, Zara, H&M, Abercrombie & Fitch y J. Crew cobran entre 4 y 7,50 dólares para devolver la mercancía. Para compensar los costos de devolución de *bracketing* —[los clientes] piden varios tamaños de un artículo para ver cuál le sienta mejor—, minoristas como Footlocker, JCPenney, Dillards y DSW están cobrando entre 6,99 y 8,50 dólares; Big Lots cobra el 20 %. Además, J. Crew, Bath & Body Works y Gap —incluidas sus marcas hermanas, Athleta, Old Navy y Banana Republic—, acortaron sus plazos de devolución».[8]

Pero, ¿cómo es posible que los rivales de nueva generación puedan sostener la cobertura de los costes de estas condiciones hipercompetitivas (envío y devolución gratuitos en particular)? Algunos podrían decir que grandes conglomerados como Amazon o Alibaba se han diversificado en tantos sectores que, en este caso, pueden permitirse trabajar con márgenes operativos mínimos, o incluso con pérdidas. De acuerdo con este punto de vista, los *holdings* más grandes operan algunas divisiones con precios artificialmente bajos, lo que sería insostenible para la mayoría de los operadores, con la clara intención de desgastar a sus competidores. Son capaces de mantener sus operaciones con pérdidas gracias a los ingresos de sus divisiones de mayor margen. Esta práctica desleal de alterar deliberadamente la dinámica regular de la competencia tiene un nombre: se llama «dumping», y está prohibida en muchos países y sujeta a la intervención de organismos nacionales e internacionales. No se trata de debatir los detalles de una cuestión decididamente jurídica; simplemente queremos señalar la complejidad de las fuerzas que están remodelando el mundo del retail, especialmente teniendo en cuenta el enorme impacto de los puntos de referencia experienciales.

8. Jaclyn Peiser, «The Age of Free Online Returns Is Ending», *Washington Post*, 9 de diciembre de 2022, https://www.washingtonpost.com/business/2022/12/09/free-returns-holiday-shopping/.

Hasta ahora, los clientes han demostrado ser bastante oportunistas sobre esta dinámica del mercado de compradores. Se han acostumbrado a disfrutar de envíos y devoluciones gratuitos, a permitirse paréntesis para decidir, a esperar flexibilidad y a prestar poca atención a lo que sucede entre bastidores para que todo suceda. Muchas personas prefieren evitar contemplar las consecuencias ambientales asociadas con el movimiento constante de numerosos paquetes: casi un tercio de los desechos sólidos en los EE. UU. se origina en envíos de comercio electrónico. El gigante del comercio electrónico Amazon por sí solo emite dióxido de carbono a una escala comparable a la de un país pequeño.[9] Muchos consumidores tampoco quieren pensar en los bajos salarios que se pagan a quienes preparan las cajas o conducen los camiones o reabastecen el inventario una vez que se devuelve, la verdadera estructura de costos de este beneficio que obtienen. ¿Por qué deberían tener en cuenta el hecho de que algunos de los productos que devuelven deben desinfectarse antes de ser revendidos, o deben venderse con descuento como «usados» o «reacondicionados» o no se pueden revender en absoluto, ya que se han convertido en un inventario dudoso que luego debe donarse o eliminarse de alguna manera? Debido a este fenómeno, las empresas a menudo incorporan el costo de envío en el precio minorista, dando a los clientes la impresión de que no están incurriendo en ningún gasto adicional para recibir el artículo. Desde una perspectiva arraigada en la psicología del consumo y la economía del comportamiento, este enfoque es totalmente comprensible. Los seres humanos tienden a preferir experimentar una incomodidad combinada (dolor agregado), ya que les resulta más fácil soportar todos los inconvenientes asociados a la vez. Del mismo modo, las personas disfrutan experimentando beneficios separados, ya que les complace celebrar cada éxito individual (ganancias segregadas).[10] Claramente, este círculo vicioso conduce a una falta de transparencia, lo que puede erosionar la lealtad del cliente.

9. Emine Saner, «Delivery disaster: the hidden environmental cost of your online shopping», *The Guardian*, 17 de febrero de 2020, https://www.theguardian.com/news/shortcuts/2020/feb/17/hidden-costs-of-online-delivery-environment.
10. Daniel Kahneman y Amos Tversky, «Prospect Theory: An Analysis of Decision under Risk», *Econometrica* 47, no. 2 (marzo de 1979): 263-92, http://www.jstor.org/stable/1914185.

¿Un nuevo *modus operandi* de mercado?

Hablamos de este tema con Sandro Veronesi, fundador del grupo Calzedonia, la empresa familiar detrás de marcas como Intimissimi, Calzedonia, Falconeri, Tezenis, cuyos productos se distribuyen en más de 2 000 tiendas físicas ubicadas en más de 50 países, con una facturación total de más de tres mil millones de dólares por año según el último informe financiero. Aboga por que los minoristas y las marcas de consumo adopten una transparencia total con sus clientes. Esto significa proporcionar información detallada, especialmente sobre los costos financieros y ambientales asociados con prácticas como el *bracketing* (acción de comprar productos iguales o similares con la intención de elegir uno y devolver el resto al vendedor) y la entrega y devoluciones gratuitas. De este modo, el objetivo es concienciar a los clientes y fomentar un comportamiento más responsable.[11] Esta perspectiva ofrece el potencial de transformar el círculo vicioso mencionado anteriormente en uno virtuoso, ayudando a abordar los desafíos a los que se enfrenta el sector de bajos márgenes, exacerbado aún más por la competencia agresiva de los recién llegados.

Otro caso interesante en este sentido está representado por el Proyecto Botón Verde, implementado por un destacado minorista en México. Cuando los compradores hacían clic en el botón de compra, se les presentaba una serie de preguntas que invitaban a la reflexión. Cada pregunta tenía como objetivo medir su disposición a adoptar prácticas sostenibles. Por ejemplo, en una de ellas se les consultaba si estarían abiertos a opciones de envío más lentas a cambio de una reducción de las emisiones de CO_2. Otra pregunta exploraba si los compradores optarían por un envío más lento si contribuyera a salvar un número específico de árboles. Curiosamente, «cuando se les mostró la opción del árbol, el 71 % de los compradores aceptaron el envío más lento».[12]

Aunque esta perspectiva es definitivamente más sostenible, financiera y ambientalmente, y los consumidores más conscientes estarán

11. Sandro Veronesi, entrevista personal con los autores, 18 de enero de 2023.
12. Tim Heffernan, «How to Shop Online More Sustainably», *New York Times*, 22 de abril de 2021, https://www.nytimes.com/wirecutter/blog/shop-online-sustainably/.

dispuestos a adoptar tales opciones, la naturaleza hipercompetitiva del mercado es tal que es poco probable que estas prácticas se conviertan en el nuevo punto de referencia sin la intervención de un regulador del comercio internacional.

En la era posdigital del retail 5.0, las empresas definirán sus modelos de negocio y explotarán su propuesta de valor no por la forma en que juegan frente a sus pares tradicionales de la industria, sino por la eficacia con la que hacen frente a los estándares que son continuamente redefinidos por los mercados y regulados por las instituciones. Además, será cada vez más importante educar a los clientes sobre el «lado oscuro» de los puntos de referencia experienciales para establecer las mejores prácticas financieras, sociales y ambientalmente sostenibles. Estas prácticas pueden convertirse en el nuevo *modus operandi* del mercado.

Preguntas de cierre para la reflexión

- ¿Han cambiado con el tiempo sus puntos de referencia experienciales como cliente (en función de los productos que compra, los servicios y experiencias por los que paga, etc.) en su vida personal?
- ¿Han cambiado con el tiempo sus puntos de referencia experienciales como cliente en su vida profesional?
- ¿El análisis y seguimiento de la competencia de su empresa incluye las fuentes de inspiración que están marcando la pauta para sus clientes?
- ¿Está equipado para mantenerse competitivo en un mercado que cambia rápidamente y donde los puntos de referencia experienciales se redefinen constantemente?
- ¿Está liderando el camino para establecer el listón de las expectativas en su sector o se está dejando llevar por los puntos de referencia definidos por los recién llegados?

CAPÍTULO 5

Hacer que la gente quiera cosas no es suficiente

La mayoría de la gente se inclina a pensar en el marketing como una forma inteligente de hacer que la gente quiera cosas. Creemos que esto es solo parcialmente cierto, ya que únicamente pone el foco en una de las cuatro P, la Promoción, descuidando la importancia de las otras tres palancas del marketing mix: Producto, Precio y Plaza.

Si consideramos esta perspectiva holística y añadimos a la ecuación la gran disponibilidad de datos a los que tenemos acceso, podemos argumentar que el marketing en realidad no se trata de «hacer que la gente quiera cosas» sino, hoy más que nunca, se trata de «hacer cosas que la gente quiere».[1] Como hemos visto en el capítulo 3, acceder a datos de primera mano puede permitir a las empresas realinear su modelo de negocio y ofrecer recomendaciones personalizadas. Esos datos también permiten una orientación y reorientación más precisas y, en última instancia, contribuyen a dar forma a la estrategia de investigación y desarrollo (I+D) de la empresa. Si los datos se traducen en información valiosa, pueden sugerir qué productos, servicios y experiencias tendrán más probabilidades de satisfacer las preferencias de los clientes, así como indicar el precio máximo probable de los clientes (el precio

1. A finales de 2011, John V. Willshire comenzó a difundir el concepto de que Making Things People Want > Making People Want Things», *Medium*, 9 de junio de 2015, https://medium.com/smithery/making-things-451aacaec170.

más alto que están dispuestos a pagar). Equipados con esta información, los especialistas en marketing pueden aumentar potencialmente el margen de beneficio general de la empresa, seleccionar los canales de venta y comunicación más apropiados y determinar qué esfuerzos promocionales tendrán más éxito. Y la lista continúa. Más datos significa más información sobre las perspectivas, necesidades y deseos de las personas.

Esta idea de que el papel del marketing tiene más que ver con crear valor que con convencer a la gente de que compre productos no es nueva en absoluto. Peter Drucker escribió lo siguiente en 1973:

> «Se puede suponer que siempre habrá necesidad de vender. Pero el objetivo del marketing es hacer que la venta sea superflua. El objetivo del marketing es conocer y entender tan bien al cliente que el producto o servicio se adapte a él y se venda solo. Idealmente, el marketing debería dar como resultado un cliente que esté listo para comprar. Todo lo que se necesita entonces es hacer que el producto o servicio esté disponible, es decir, logística en lugar de ventas, y distribución basada en datos en lugar de promoción. Es posible que estemos muy lejos de este ideal. Pero el consumismo es una clara indicación de que el lema correcto para la gestión empresarial debería ser cada vez más, "de la venta al marketing"».[2]

En otras palabras, según este punto de vista, cuanto más aprovechen los profesionales del marketing los datos para inferir cómo orquestar mejor las cuatro palancas del marketing para ajustar la oferta y la demanda, mayores serán las posibilidades de lanzar productos, servicios y experiencias de éxito. Desde este punto de vista, el marketing y la innovación cumplen funciones muy similares. Ambas giran en torno a comprender y atender las necesidades y deseos de los clientes (en algunos casos cuando aún están latentes). La innovación implica

2. Peter F. Drucker, *Management: Tasks, Responsibilities, Practices* (Nueva York: Truman Talley Books/E.P. Dutton, 1973), p. 49, https://www.academia.edu/7194379/Management_Tasks_Responsibilitiesit_Peter_Drucker_

la creación de productos, servicios o procesos novedosos y mejorados que satisfagan las demandas de los clientes o resuelvan sus problemas. Del mismo modo, el marketing busca reconocer las necesidades de los clientes y diseñar estrategias para transmitir de manera competente el valor de los productos o servicios al público objetivo. Es por eso que Drucker argumentó: «Debido a que el propósito de los negocios es crear un cliente, la empresa comercial tiene dos, y solo dos, funciones básicas: marketing e innovación. El marketing y la innovación producen resultados; todo lo demás son costos. El marketing es la función distintiva y única del negocio».[3]

Podemos argumentar que este punto de vista está volviendo a estar de moda hoy en día porque el retorno de la inversión (ROI) del marketing es mucho más medible que en el pasado. Atrás quedaron los días en que la comunidad empresarial se hacía eco de la cita supuestamente dicha por John Wanamaker (1838-1922): «La mitad del dinero que gasto en publicidad se desperdicia; el problema es que no sé qué mitad». Hoy en día, los empresarios esperan métricas cuantificables e indicadores clave de rendimiento (KPI) fiables. Sería ingenuo argumentar que el marketing se ha convertido en ciencia pura, pero es absolutamente cierto que actualmente se trata menos de arte que en el pasado, especialmente porque las métricas de publicidad digital, como la tasa de clics, el costo de adquisición, el tiempo promedio invertido, la tasa de conversión, el retorno de la publicidad gastada y similares, se han convertido en parte de la agenda en todas las salas de juntas al tomar decisiones gerenciales.

La disponibilidad de datos y la posibilidad de hacerlos procesables representa una gran oportunidad tanto para las empresas establecidas como para las *startups*. Sin embargo, es esencial desarrollar (o comprar) los recursos y capacidades necesarios para recopilar, refinar, analizar y, finalmente, monetizar esos datos. Esto puede representar una amenaza para los actores más tradicionales que están acostumbrados a construir su ventaja competitiva *upstream* (abastecimiento,

3. Jack Trout, «Peter Drucker on Marketing», Forbes, 3 de julio de 2006, https://www.forbes.com/2006/06/30/jack-trout-on-marketing-cx_jt_0703drucker.html; véase también Peter F. Drucker, *The Practice of Management* (Nueva York: HarperBusiness, 2006).

producción, logística, investigación y desarrollo) y ahora se dan cuenta de que el campo de batalla está realmente *downstream*, en el mercado, donde los clientes tienen la última palabra. Esto no quiere decir que los factores anteriores ya no sean importantes. Siguen siendo cruciales, pero los clientes tienden a darlos por sentados y, en la mayoría de los casos, no actualizan una ventaja competitiva duradera.

En un artículo publicado en *Harvard Business Review*, Niraj Dawar analiza cómo «la pregunta estratégica que impulsa los negocios hoy en día no es "¿Qué más podemos hacer?", sino "¿Qué más podemos hacer por nuestros clientes?". [...] Este nuevo centro de gravedad [*downstream*] exige un replanteamiento de algunos pilares de la estrategia tradicional». El replanteamiento necesario es lo suficientemente grande como para intimidar a los estrategas de la vieja escuela. ¿Por qué? En primer lugar, la ventaja competitiva, que no puede crecer exponencialmente por sí sola, ya no se encuentra dentro de las propias paredes. Entonces, ¿dónde buscar? En segundo lugar, el modo de competir ya no es estático; para seguir siendo viable, es necesario mantenerse informado de en qué dirección soplan los vientos (o caprichos) más favorables para los clientes. Eso requiere datos pertinentes y oportunos, y la experiencia para saber cómo beneficiarse de ellos. Y tercero, básicamente los clientes toman las decisiones. «El ritmo y la evolución de los mercados ahora están impulsados por los criterios de compra cambiantes de los clientes en lugar de por las mejoras en los productos o la tecnología».[4]

Dar sentido a los datos

Como el lector notará, estos tres puntos están muy alineados con los rasgos de la era posdigital descritos anteriormente. En tal escenario se desenvuelven los actores de la industria: por un lado, perciben el cambio de paradigma y saben que hay que tenerlo en cuenta; por otro lado, saben que para adoptarlo tendrán que replantearse su estrategia de negocio y su modelo operativo; y, por último, recapacitar o cambiar

4. Niraj Dawar, *Harvard Business Review*, diciembre de 2013, https://hbr.org/2013/12/when-marketing-is-strategy.

su gestión. Para comprender plenamente la magnitud del cambio, es importante resaltar que las habilidades que se requieren para procesar la calidad y cantidad de los datos disponibles hoy (y mañana) son completamente diferentes de las que servían en el pasado: métodos de recolección de datos como la investigación etnográfica, entrevistas en profundidad, grupos focales y encuestas. Sin embargo, la naturaleza y la estructura de los datos que se pueden aprovechar hoy en día requieren competencias avanzadas, que van desde Microsoft Excel y HTML a R y Python, pasando por la visualización y limpieza de datos, la inteligencia artificial, el aprendizaje automático (*machine learning*), la analítica web, la escucha de redes sociales, etc. La ambición general es convertir los datos en inteligencia empresarial, que TechTarget define como «un proceso impulsado por la tecnología para analizar datos y ofrecer información procesable que ayude a los ejecutivos, gerentes y trabajadores a tomar decisiones empresariales informadas».[5] Este es un punto muy importante: los datos deben convertirse en información. Pero, ¿cuál es la diferencia? Los datos *per se* son una representación objetiva de la realidad, no una que se interpreta; mientras que la información es una visión de la realidad derivada de procesar e interpretar los datos.[6] Por lo tanto, los datos se vuelven significativos para una empresa solo cuando han sido identificados, validados, agregados, cruzados, contextualizados, analizados y luego traducidos en información explicativa o práctica.

Aprovechar los datos para obtener información también significa fusionar las fuentes en línea y fuera de línea con el objetivo de ofrecer una experiencia de cliente omnicanal perfectamente integrada y sin fricciones. Incluso en este caso, es más fácil decirlo que hacerlo (exploraremos la omnicanalidad en detalle en el próximo capítulo). Históricamente, el hecho de que los minoristas tradicionales y las marcas de consumo tengan acceso a datos actualizados en la tienda ha sido un sueño no realizado, y mucho menos tener la capacidad de fusionar esos datos fuera de línea con los datos en línea. Esto impulsó la

5. Craig Stedman y Ed Burns, «Business Intelligence (BI)», *TechTarget Business Analytics*, actualizado por última vez en febrero de 2023, https://www.techtarget.com/searchbusinessanalytics/definition/business-intelligence-BI#.
6. Madeline Jacobson, «Data vs Information: What's the Difference?», *Bloomfire Blog*, actualizado en junio de 2023 de https://bloomfire.com/blog/data-vs-information/.

adopción de tecnologías digitales, como sensores capaces de interactuar con teléfonos inteligentes en tiendas físicas. Un ejemplo de esto es Amazon Go, un innovador sistema de compras sin cajero definido por la empresa como un nuevo «modelo de tienda de barrio», que utiliza una combinación de visión por computadora, sensores e inteligencia artificial para permitir a los clientes comprar en tiendas físicas sin la necesidad de procesos de pago tradicionales. Ese modelo puede desbloquear varias oportunidades, incluida la publicidad contextual (mensajes personalizados enviados a un teléfono móvil en función de varios criterios complementarios del usuario, como la ubicación y los historiales de búsqueda y navegación), la gratificación instantánea (es decir, contenido promocional destinado a estimular una tasa de conversión inmediata enviada al teléfono inteligente de un cliente potencial) y las compras inmersivas (es decir, cuando el usuario puede acceder a contenido de realidad aumentada a través de la cámara del teléfono inteligente). Los datos también son importantes para mejorar las operaciones, ya que permiten al cliente disfrutar de servicios muy solicitados, como la identificación del inventario en tiempo real o la reserva de un producto específico o acordar una franja horaria para citas.

Este proceso, aparentemente sencillo, requiere una gran integración de sistemas y cambios en los modelos operativos de las empresas, lo que constituye una de las principales razones por las que rara vez se implementa correctamente. Otra razón es, por supuesto, la inversión de dinero y tiempo que se requiere, lo que desanima a muchos minoristas, especialmente a las pequeñas y medianas empresas.

Como dice Matt Harker, vicepresidente de Estrategia y Transformación de Marketing Global de Walgreens Boots Alliance: «Cuando piensas en lo que les importa a las personas, ya sea un producto, un servicio, un contenido o un mensaje, pronto te das cuenta de que la personalización, a nuestra escala de cientos de millones, te va a abrumar rápidamente. Se necesita la ayuda de la tecnología para orquestar el contenido y los mensajes para llegar a las personas en el momento y contexto adecuados».[7] Al hacer precisamente eso, las empresas podrán considerar la perspectiva de sus clientes, demostrar empatía hacia ellos e incluso mitigar sus frustraciones.

La ecuación privacidad-confianza

Sin embargo, incluso cuando los ejecutivos están decididos a cerrar la brecha tecnológica para aprovechar esta oportunidad, existe otra barrera que impide que muchas empresas apuesten por los datos: la privacidad. Los minoristas temen las repercusiones negativas en la reputación organizacional en el caso de una violación de datos o un uso indebido de la información personal de los clientes. Los consumidores están alarmados por la cantidad de datos confidenciales a los que están renunciando para mantener la flexibilidad a la que se han acostumbrado. El Reglamento General de Protección de Datos (RGPD) europeo demuestra que esas preocupaciones son válidas y que se necesita una nueva regulación. Para los minoristas y las marcas de consumo, esta es también una oportunidad para generar transparencia y confianza, que son las bases de su relación comercial. Según Adobe: «El uso responsable de los datos es el precio de admisión para ganarse la confianza del cliente. Independientemente de la rapidez con la que los gobiernos o las empresas se muevan para proteger los datos de los clientes, los consumidores quieren que las marcas actúen ahora». Sin embargo, el mismo informe muestra que el 71 % de los clientes entrevistados en los 15 países que formaron parte de la investigación están «preocupados por cómo las empresas están utilizando sus datos, y el 65 % cree que la información recopilada de las interacciones digitales solo beneficia a la empresa, no al consumidor».[8]

7. Matt Harker, citado en *2023 Digital Trends: Experience Index*, Econsultancy x Adobe, s.f., p. 15, https://business.adobe.com/content/dam/dx/us/en/resources/digital-trends-2023/adobe-digital-trends-2023-report.pdf.
8. Adobe Communications Team, *2022 Trust Report: Customer Trust Is Earned or Broken with Every Experience*, blog de Adobe, 15 de marzo de 2022, https://blog.adobe.com/en/publish/2022/03/15/2022-trust-report-customer-trust-is-earned-or-broken-with-every-experience; *Informe* de Adobe Trust de 2022, p. 11, https://business.adobe.com/resources/reports/adobe-trust-report.html.

La capacidad de acceder a datos de primera mano se está volviendo aún más vital dado que el sistema actualmente en funcionamiento está experimentando un cambio significativo: el equipo de Google Privacy Sandbox analiza desde hace un tiempo la posibilidad de mejorar la protección de la privacidad de sus usuarios, lo que en algún momento parecía que se podía traducir en la eliminación de las cookies de terceros.[9] Si bien esperaba definirlo en 2025[10], en julio de 2024 la compañía decidió que en lugar de eliminar las cookies de terceros, introducirán una nueva experiencia en su navegador Chrome que permitirá a los usuarios tomar una decisión informada que se aplique a toda su navegación web.

Sea cual fuere el futuro de las cookies, los minoristas que logren generar confianza en la superación de barreras internas y externas y fusionar conjuntos de datos en línea y fuera de línea podrán lograr una serie de resultados positivos: construir una ventaja competitiva frente a sus competidores directos, fortalecer la confianza y la lealtad de los clientes, encontrar nuevas áreas de eficiencia y beneficiarse de las ganancias adicionales que generalmente se asocian con los clientes que compran en diferentes canales. Además, estos minoristas inteligentes tendrán la oportunidad de hacer un mejor uso de su capital humano, asegurando que los asociados de ventas se centren en interacciones de valor agregado con los clientes.

¿Estamos argumentando que, gracias a la abundancia de datos, los especialistas en marketing tienen el poder de determinar lo que las personas quieren, necesitan y desean, y pueden hacer que sus empresas tengan éxito simplemente respondiendo a esa demanda? Claro que no. El marketing sigue siendo una combinación de arte y ciencia, aunque en proporciones diferentes en comparación con el pasado.

9. Frederic Lardinois, «Google will disable third-party cookies for 1% of Chrome users in Q1 2024», *TechCrunch*, 18 de mayo de 2023, https://techcrunch.com/2023/05/18/google-will-disable-third-party-cookies-for-1-of-chrome-users-in-q1-2024/. Más referencias sobre la cuestión: https://developers.google.com/privacy-sandbox/3pcd y https://privacysandbox.com/
10. https://community.sap.com/t5/security-and-compliance-blogs/preparing-for-google-s-third-party-cookie-deprecation/ba-p/13737390

Y, por cierto, «no es trabajo de los consumidores saber lo que quieren», como dijo Steve Jobs.[11]

Sin embargo, si está equipado con el conjunto de habilidades y la infraestructura tecnológica adecuadas, un equipo de marketing puede hoy basar cada decisión estratégica en un terreno mucho más sólido, con el objetivo de realizar ese ajuste fino ideal teorizado por Peter Drucker hace cincuenta años. La idea es que la creatividad y la intuición humanas, potenciadas por la tecnología, deberían ser capaces de anticipar las necesidades y los deseos antes de que se expresen, o hacer cosas que la gente quiere.

Preguntas de cierre para la reflexión

- ¿Cuánta información personal está dispuesto a proporcionar a una empresa? ¿Qué espera a cambio?
- ¿Cuál es la línea que nunca se debe cruzar cuando se trata de privacidad?
- ¿Cuál es el papel de los datos dentro de su organización?
- ¿Tiene una estrategia clara para fusionar los datos en línea y fuera de línea?
- ¿Cómo puede su marca aprovechar los datos para generar confianza y fomentar la lealtad del consumidor?

11. Steve Lohr, «Without Its Master of Design, Apple Will Face Many Challenges», *New York Times*, 24 de agosto de 2011, https://www.nytimes.com/2011/08/25/technology/without-its-master-of-design-apple-will-face-challenges.html.

CAPÍTULO 6

La omnicanalidad está muerta. Larga vida a la opticanalidad

Imagine que Lucie y su gran familia han planeado una reunión para el cumpleaños número 90 de su abuela. Dado que todos viven en diferentes ciudades, esta será una oportunidad maravillosa para pasar tiempo juntos. Lucie quiere llegar temprano para ayudar a prepararla, por lo que compró su boleto de tren en línea con meses de anticipación. Como estaba preocupada por el hecho de que tendría que cambiar de tren en el camino, reservó el primer tren del día para asegurarse de no perder la conexión. Cuando llega la fecha de salida, va temprano a la estación para asegurarse de conseguir un buen asiento. Pero una vez allí, lee en la pantalla de anuncio que su tren se ha retrasado dos horas, lo que significa que podría perder el segundo tren. Exasperada por este giro de los acontecimientos a pesar de su cuidadosa planificación, Lucie toma una foto de la pantalla con su teléfono para publicarla en línea, etiquetando a la compañía ferroviaria y expresando su frustración e ira. Pero antes de que pueda completar eso, aparece un mensaje de texto que le informa de que puede dirigirse al mostrador de servicio al cliente para saber qué opciones de viaje alternativas podría tomar. Asombrada y aliviada, Lucie corre hacia el escritorio y espera pacientemente en la fila su turno. En menos de cinco minutos está hablando con un representante y se entera de que puede usar su pasaje actual para subirse a cualquier tren que vaya en la misma dirección. Esta es una gran noticia ya que un próximo tren se dirige directamente a una ciudad que está a solo una hora de su destino original, y no será difícil convencer a uno de los miembros de su familia para que la recoja allí.

Después de acomodarse en su asiento en el tren, un inspector pide ver el boleto de Lucie. Cuando ella le muestra su boleto original, él dice que no es válido para viajar en este tren. Ella explica lo que sucedió y lo que le dijo el representante de servicio al cliente, pero el inspector le comunica que este no es un procedimiento estándar. Sus únicas opciones son bajarse del tren en la siguiente estación o quedarse a bordo y pagar una multa. Lucie está furiosa, pero no tiene más remedio que entregar su tarjeta de crédito para pagar la penalización. Después de darle un recibo, el inspector le sugiere que llame a la línea de ayuda de la compañía para explicar lo sucedido y ver si puede obtener un reembolso. Agradece a regañadientes al inspector y llama a la línea de ayuda suponiendo que deberá permancer mucho tiempo en espera. Para su sorpresa, en solo 60 segundos está hablando con un operador muy amable. Se entera de que el representante de servicio al cliente debería haberle emitido un nuevo boleto para el tren diferente, y que el inspector debería haber aplicado una nueva regla de «contingencia» y haberle eximido de la penalización. Al final, Lucie puede obtener el reembolso de la multa completando y enviando un formulario disponible en el sitio web del ferrocarril.

Lo que le sucedió a Lucie es el resultado de la típica desconexión que todos hemos experimentado al tratar con proveedores de servicios. La frustración que sentimos puede ser doble: nos encontramos pagando las consecuencias de la incapacidad de una empresa para coordinar todos los canales disponibles (consulte el cuadro de texto siguiente para obtener más información) y ofrecer una experiencia integrada consistente. Y, lo que es aún más desconcertante, a menudo tenemos que empezar de cero cada vez que interactuamos con diferentes puntos de contacto a través de múltiples canales de venta y comunicación.

> Un PUNTO DE CONTACTO (*touchpoint*) es un momento de interacción con una empresa. Un CANAL es el medio físico, digital o virtual a través del cual se produce la interacción. Entonces, cuando un cliente compra un pasaje de tren a un representante de servicio al cliente, esa interacción ocurre en un punto de contacto. La estación de tren es un canal.

La razón de esta desconexión es simple: la gama de puntos de contacto que las empresas ponen a disposición de sus clientes son el resultado de años de estratificación. Una infraestructura tecnológica que alguna vez fue moderna se convierte en un legado obsoleto, pero reemplazarla sería prohibitivamente costoso. Un canal disponible que alguna vez fue nuevo y que el equipo de ventas quería explotar resultó ser más confuso que útil. La última red social en la que el equipo de marketing dijo que la compañía debe ingresar no funciona según lo planeado.

Por supuesto, en algún momento lo nuevo tiene que reemplazar a lo viejo, pero los clientes a menudo adoptan esas soluciones innovadoras mucho antes de que las empresas finalmente den el paso. Además, cada capa adicional a menudo se convierte en un silo autónomo, con una integración nula (o muy limitada) con las demás. Por ejemplo, puede tener mucho sentido para un cliente (que quiere evitar pagar el envío de devolución) tener la opción de devolver a la tienda insignia los zapatos que compró en el sitio web de esa marca, pero si no se ha establecido ese procedimiento de devolución, los asociados de ventas solo pueden disculparse y rechazarla. Como observó Cyril Lamblard, exdirector global de Comercio Electrónico de Nespresso, ahora jefe de Desarrollo de Negocios y Alimentos del Ecosistema Digital en Nestlé: «Los clientes siempre están navegando entre el mundo digital y el real [...]. No diferencian entre el comportamiento "en línea" y "fuera de línea" en la forma en que los ejecutivos a menudo lo contemplan».[1]

Todas estas deficiencias operativas se ven exacerbadas en la era posdigital ahora que la innovación ocurre a gran velocidad y los puntos de contacto surgen con regularidad. Como resultado, la oferta está condenada a ponerse al día con la demanda, bajo la presión de los puntos de referencia (*benchmark*) experienciales definidos por los ágiles y recién llegados nativos digitales.

1. Cyril Lamblard, citado en «Leading Trends in Retail Innovation» por Brian Solis, 3 de diciembre de 2019, p. 14, https://www.slideshare.net/briansolis/leading-trends-in-retail-innovation-by-brian-solis.

De la multicanalidad a la omnicanalidad

Este enfoque se conoce como MULTICANAL, ya que se basa en múltiples canales, en línea o fuera de línea, para interactuar con los clientes. El problema, como hemos visto, es que cada canal opera por separado desde dentro de su silo organizativo. En el escenario ficticio al comienzo de este capítulo, Lucie interactuó con una empresa a través de diferentes puntos de contacto: sitio web, estación de tren, redes sociales, servicio al cliente, vagón de tren, centro de llamadas y sitio web nuevamente. Es totalmente plausible que el servicio de atención al cliente y el centro de llamadas estén gestionados por proveedores externos. Como mínimo, una organización ineficiente frustrará a sus clientes. Otra consecuencia de este enfoque fragmentado es que el éxito de cada canal se mide con métricas independientes, generando una paradoja que mitiga artificialmente la urgencia de actuar. Imagine una lista de verificación en la que los indicadores clave de rendimiento (KPI) son los siguientes:

- Para los administradores del sitio web: buscar y corregir regularmente cualquier problema técnico que pueda impedir que las personas compren boletos.
- Para el equipo de redes sociales: responder a cada usuario con un mensaje directo en cinco minutos.
- Para los representantes de servicio al cliente: informar a los usuarios de sus diversas opciones —y de manera eficiente— para minimizar el tiempo de espera.
- Para el inspector: multar a cualquier pasajero que no tenga boleto.
- Para el centro de llamadas: tranquilizar a los clientes molestos y ofrecer la mejor solución posible.

Si miras la experiencia de Lucie desde este punto de vista, no te darás cuenta de que la empresa tiene un problema. Desde la compra original de su pasaje hasta su llamada al centro de ayuda, cada división cumplió plenamente con sus responsabilidades. Y lo más probable es que los directivos que dirigen los departamentos responsables de cada canal reciban su bono a final de año. Este enfoque multicanal, que obliga al cliente a empezar de cero en cada interacción, y que era aceptable en un mundo más estable con pocos canales y puntos de contacto en acción, claramente no es adecuado para un mercado hiperacelerado de BANI, donde la atención está fragmentada en docenas de puntos de contacto. El comprador posdigital exige una experiencia de cliente más holística, fluida e integrada.

El reconocimiento de este modelo fallido llevó a una evolución llamada OMNICANALIDAD. El término fue acuñado por primera vez en 2011 por Darrell Rigby, socio de la consultora de gestión Bain & Company, quien predijo que era hora de pasar de una perspectiva en la que los canales son definidos por la empresa a una en la que los canales son definidos por los clientes.[2] Es decir, centrarnos en lo que hemos definido en el capítulo anterior como valor *downstream*. La idea es que las empresas deben (1) adoptar un enfoque centrado en el cliente, (2) determinar todos los canales que sus clientes quieren que estén disponibles para ellos y (3) estar en todos los lugares (omni) que los clientes quieran, ya sea una tienda física, un sitio web de escritorio, una aplicación móvil o un mundo virtual.

El cuarto paso es garantizar que cada comprador obtenga una experiencia de cliente personalizada, coherente, sin fricciones y perfectamente integrada en todos estos canales y sus respectivos puntos de contacto. Este último punto es esencial, ya que los clientes no ven los canales, sino que experimentan las marcas. En esta visión holística, no importa qué canal elijan los clientes para comenzar su viaje. La empresa debe desarrollar la infraestructura tecnológica para recopilar, procesar y distribuir datos de tal manera que los clientes sean reconocidos y atendidos como individuos únicos, independientemente de los canales a los que puedan cambiar durante cualquier visita a esa marca. Todos los canales deben estar conectados y sincronizados, idealmente en tiempo real, para desbloquear todas las sinergias potenciales. Por ejemplo, un comprador puede usar su teléfono inteligente para localizar una tienda, verificar el inventario en

2. Darrell Rigby, «The Future of Shopping», *Harvard Business Review*, diciembre de 2011, https://hbr.org/2011/12/the-future-of-shopping.

tiempo real y, potencialmente, reservar una cita para una prueba o para una recogida en la acera. Al combinar todos los datos procedentes de las diferentes fuentes, la empresa podría obtener un perfil preciso de cada cliente que, a su vez, permitirá un alto grado de personalización. Contenido y promociones más personalizados significan una tasa de conversión más alta, por lo tanto, más ingresos y más ganancias, todo gracias a una asignación más eficiente de los recursos comunicativos.

Podemos argumentar que si una estrategia omnicanal se orquesta con éxito, el único KPI es la satisfacción general del cliente. No sería relevante apreciar grandes KPI en un canal a expensas de otro, ya que esto indicaría que hay un inconveniente en la armonía del sistema. Una gran experiencia del cliente es más que la suma de sus partes.

Además, parece haber una correlación lineal entre una estrategia omnicanal exitosa y la rentabilidad de la empresa. Como se indica en un informe de la consultora de gestión McKinsey: «Después de estrechar los vínculos entre sus canales digitales y tradicionales, un gran banco regional aumentó las ventas de productos de préstamos personales y de cuenta corriente en más del 25 % en todos los canales. Y una empresa europea de telecomunicaciones experimentó un aumento del 40 % en el uso de su canal de servicios en línea, reduciendo sus costos en más del 20 % y aumentando la satisfacción del cliente en más de cinco puntos porcentuales».[3]

En Estados Unidos, un estudio de *Harvard Business Review* realizado a 46 000 compradores mostró que los clientes omnicanal gastan un 10 % más en línea que sus homólogos monocanal. Mejor aún, «con cada canal adicional que usaban, los compradores gastaban más dinero en la tienda. [...] Los consumidores que usaron más de cuatro canales gastaron un 9 % más en la tienda, en promedio, en comparación con los canales únicos».[4] Salesforce se suma a los datos: el 85 % de los clien-

3. Raffaella Bianchi, Michal Cermak y Ondrej Dusek, «More than digital plus traditional: A truly omnichannel customer experience», McKinsey & Company, 28 de julio de 2016, https://www.mckinsey.com/capabilities/operations/our-insights/more-than-digital-plus-traditional-a-truly-omnichannel-customer.

4. Emma Sopadjieva, Utpal M. Dholakia y Beth Benjamin, «A Study of 46,000 Shoppers Shows That Omnichannel Retailing Works», *Harvard Business Review*, 3 de enero de 2017, https://hbr.org/2017/01/a-study-of-46000-shoppers-shows-that-omnichannel-retailing-works.

tes «esperan interacciones consistentes en todos los departamentos» y recompensan esa consistencia con lealtad a la marca.[5]

Desgraciadamente, no es oro todo lo que reluce. Aunque la omnicanalidad ha sido considerada una panacea por la comunidad empresarial, muchas organizaciones se están dando cuenta de que es más fácil decirlo que hacerlo. Por mucho que el objetivo buscado más apreciado sea que los clientes estén más satisfechos, eso no hace que las matemáticas necesarias entre bastidores sean más viables: las inversiones iniciales necesarias (considerables) para desencadenar ese círculo virtuoso no necesariamente funcionarán. Cada vez es más evidente que la gran mayoría de las empresas no tienen la infraestructura tecnológica, el personal, el sistema operativo, el presupuesto de medios o la experiencia técnica y tecnológica necesaria para cumplir con las expectativas de los clientes omnicanal. Por ejemplo, las compras de *click-and-collect* pierden su atractivo si los clientes tienen que esperar en la acera para recibir su mercancía. E incluso las mejores compañías, capaces de hacer grandes inversiones, no siempre son precisas a la hora de ofrecer anuncios personalizados a tiempo. Promocionar un producto o servicio después de que el cliente ya haya cerrado un acuerdo en otro lugar no impresiona a los usuarios que son especialmente cuidadosos con sus finanzas.

Un ejecutivo experimentado que ocupó múltiples puestos internacionales en diferentes organizaciones de grandes dimensiones se lamentaba:

> «No es sostenible estar en todas partes solo porque los clientes lo quieren. Si tuviéramos que vender nuestros productos en todos los mercados disponibles, nuestra cadena de suministro implosionaría. O bien, ofrecer entrega gratuita en 48 horas nos costaría una fortuna, teniendo en cuenta que, en algunas geografías, no tenemos la distribución capilar necesaria para que eso suceda. Y eso no incluye la erosión de las ganancias que experimentaríamos después de alinear nuestros precios con

5. Salesforce Research, *State of the Connected Customer*, quinta edición, [mayo de 2022], p. 22, https://www.salesforce.com/resources/research-reports/state-of-the-connected-customer/.

los ofrecidos en los puntos de contacto más populares. Nuestros diferentes canales se canibalizarían unos a otros. E incluso si quisiéramos probar la viabilidad, tendría que destinar todo mi equipo al proyecto durante meses, ya que pasar de la multicanalidad a la omnicanalidad requiere mucho ensayo y error y una puesta a punto constante. Así que sí, puedo entender que los clientes omnicanal valen más que los multicanal, pero ¿el beneficio de esos clientes ganados con tanto esfuerzo igualará la inversión necesaria para alcanzarlos? ¿Y en qué período de tiempo? ¿Cuántos otros proyectos tendría que poner en pausa para llevar a cabo uno tan ambicioso?».

Como señala, el conflicto entre los distintos canales es otro punto crítico a tener en cuenta. Por un lado, es cierto que en el mercado ultracompetitivo de hoy en día, rico en canales, no es aceptable tener pocos canales u ofrecer una experiencia inconsistente. Y desde el punto de vista del marketing y las ventas, la omnicanalidad representa una gran oportunidad sin lugar a dudas. Pero, por otro lado, cuanto mayor sea el número de canales, mayor será la complejidad en términos de operaciones, logística, tecnología de información y gestión de la cadena de suministro. Y mantener relaciones positivas con los clientes se vuelve muy exigente dada la integración necesaria del sistema para que eso suceda, como fusionar los datos de usuario de la aplicación con la base de datos de la tienda física. Además, el software necesario para vincular todos los canales —incluidas las fuentes propietarias en línea y fuera de línea, y terceros—, requiere grandes inversiones.

Podemos concluir que, si bien es absolutamente cierto que se necesitaba un enfoque diferente para superar los límites de la multicanalidad, la omnicanalidad no representa la solución que la comunidad empresarial esperaba que fuera. Al operar a través de múltiples canales, los minoristas deben garantizar una *integración óptima* de los datos entrantes y una comprensión de por qué y cómo los clientes interactúan con cada canal para que puedan evitar conflictos, atribuir los KPI más apropiados y medir la contribución marginal de cada canal. Pero pretender ser todo para todos y en todas partes, no es la solución.

Como explicó Martin Lindstrom durante una de nuestras conversaciones: «La realidad es que las marcas no pueden permitirse el lujo de ser "amigas de todo el mundo"».[6]

En resumen, si bien el comercio minorista omnicanal tiene muchos beneficios, también conlleva importantes amenazas:

- **Costo**. El costo de implementación, especialmente para los minoristas más pequeños. Se requieren inversiones significativas en personal, tecnología y logística para integrar a la perfección los diferentes canales y ofrecer una experiencia de cliente coherente en todos los puntos de contacto.
- **Complejidad**. La complejidad de gestionar múltiples canales, incluidas las tiendas físicas, los sitios web de comercio electrónico, las aplicaciones móviles y las plataformas de redes sociales. Se deben implementar nuevos procesos y sistemas para administrar el inventario, el cumplimiento de pedidos y el servicio al cliente.
- **Gestión de datos**. El desafío de recopilar, organizar, almacenar y luego encontrar, extraer, refinar, administrar y analizar datos provenientes de múltiples fuentes para que los datos sean procesables y monetizables.
- **Conflicto de canales**. El conflicto relacionado con la gestión de prioridades competitivas entre canales, la integración de inventarios y la alineación de los incentivos de los empleados (especialmente en organizaciones aisladas donde diferentes personas lideran canales superpuestos, por ejemplo, jefe de ventas de tiendas físicas y jefe de ventas de comercio electrónico).
- **Expectativas de los clientes**. La presión de competir con los puntos de referencia experienciales definidos por ágiles competidores nativos digitales y la necesidad de hacer frente a las expectativas de una experiencia de cliente personalizada y perfectamente integrada.

6. Martin Lindstrom, entrevista personal con los autores, 5 de mayo de 2023.

De la omnicanalidad a la opticanalidad

Entonces, ¿cómo podemos conciliar el hecho de que los clientes exigen opciones sin fricciones, orientación, personalización y transparencia con la dificultad financiera y la complejidad operativa de tratar con tantos canales y puntos de contacto? ¿Y cómo pueden las empresas ayudar a los clientes a navegar por un mercado sobrecargado de contenido de marca, anuncios, promociones y abundantes opciones?

La mejor solución a esta compleja ecuación parece ser el cambio a lo que se ha definido como «opticanal»: la optimización ideal de todos los canales y puntos de contacto disponibles, de modo que el cliente se sitúe en el centro de una experiencia de marca holística coherente, mientras que la combinación de canales permite a la empresa maximizar las sinergias entre los puntos de contacto. Desde este punto de vista, el objetivo no es estar en todas partes, sino estar donde más importa para el cliente adecuado en el momento preciso. Para lograr esto, una empresa debe tener en cuenta todo el recorrido del cliente, combinando datos demográficos, transaccionales, historial de compras, preferencias pasadas, patrones de comportamiento e información contextual. Con esta información, es posible descartar los canales de menor rendimiento y duplicar los de mejor rendimiento en un bucle de retroalimentación constante. Por lo tanto, en lugar de priorizar *la amplitud*, en términos de canales y puntos de contacto, los minoristas y las marcas de consumo que adopten este enfoque priorizarían *la profundidad* para crear interacciones verdaderamente significativas. Al seguir este enfoque, también tendrían en cuenta conscientemente la posible decisión de reducir el número total de clientes/transacciones, esencialmente con el objetivo de obtener menos interacciones pero más rentables y un mayor valor de vida del cliente. La promesa de la opticanalidad es una experiencia de cliente personalizada (y, por lo tanto, simplificada) y más significativa: al haber menos interacciones, esas interacciones son relevantes y están perfectamente integradas. Por supuesto, el acceso a los datos correctos, además de la capacidad de procesarlos, es el requisito vital para desbloquear el potencial de esta alquimia. En palabras de Brian Cornell, presidente y director ejecutivo del gigante minorista estadounidense Target: «Los días en que una sola función impulsaba cualquier iniciativa exitosa han quedado atrás. Todo lo que hacemos requiere una fuerte coordinación de equipos multifuncionales [...]. Desde lo digital hasta las operaciones de tienda, pasando por los comerciantes y más, todos juegan un papel integral. Y todo comienza con una comprensión clara de las expectativas de los consumidores y la priorización correcta».[7]

Optimización de la estrategia de canal

- **Multicanal**. Proporcionar a los clientes múltiples canales no integrados. Cada canal es un silo independiente de interacción. Los clientes deben empezar de cero a medida que pasan de un canal a otro.
- **Omnicanal**. Proporcionar a los clientes una experiencia holística perfectamente integrada en todos los canales y puntos de contacto. La información se comparte de una manera que permite a los clientes aprovechar las interacciones anteriores, independientemente del canal.
- **Opticanal**. Proporcionar a los clientes una optimización ideal de los canales y puntos de contacto disponibles. Los clientes se benefician de un recorrido optimizado en el que interactúan con menos pero más significativos puntos de contacto, perfectamente integrados entre sí.

Ser opticanal en un mundo posdigital requiere una combinación perfecta de un número seleccionado de canales y puntos de contacto: lo físico (tiendas físicas, catálogos en papel y folletos, eventos, etc.), lo digital (aplicaciones, sitios web, comercio electrónico, redes sociales, etc.) y lo virtual (realidad virtual y ecosistemas virtuales como el metaverso). En el siguiente capítulo, nos centraremos en cómo está evolucionando el recorrido del cliente y qué deben hacer las organizaciones para beneficiarse plenamente de esta estrategia empresarial.

7. *Retail Speaks: Seven Imperatives for the Industry*, Retail Industry Leaders Association (RILA) y McKinsey & Company, [abril de 2021], https://www.mckinsey.com/~/media/McKinsey/Industries/Retail/Our%20Insights/retail%20speaks%20seven%20imperatives%20for%20the%20industry/retail-speaks-full-report.pdf.

Preguntas de cierre para la reflexión

- ¿Qué importancia tiene para usted tener una experiencia fluida a través de múltiples canales cuando trata con la misma empresa?
- Como organización, ¿tiene acceso a los datos de todos los canales de venta y comunicación disponibles?
- ¿Su empresa define y mide los KPI multifuncionales?
- ¿Está su empresa preparada para evaluar los pros y los contras de la estrategia omnicanal actual y evolucionar potencialmente hacia la estrategia opticanal?

CAPÍTULO 7
El viaje del cliente posdigital

Como dijo Drucker en su famoso libro de 1954 *The Practice of Management*[1], «el propósito de un negocio es crear un cliente». Pero como hemos visto en el capítulo anterior, no hay forma de que una empresa pueda tener éxito en esta misión a menos que comprenda lo que sus clientes potenciales necesitan y desean. Y lo que es más importante: una empresa debe entender cómo se comportan esos clientes deseados a lo largo del viaje desde el instante en que se dan cuenta de lo que quieren hasta el momento en que obtienen (o no) lo que desean. Comprender el comportamiento del cliente y hacer un seguimiento de su recorrido es un elemento vital de la existencia misma de una empresa.

El recorrido del cliente siempre ha estado afectado por factores personales, sociales y culturales, «además de estar influenciado», según Katherine N. Lemon y Peter C. Verhoef, «por la motivación, la percepción, las emociones y la memoria del consumidor. Esto, a su vez, influye en el proceso de compra del cliente, un viaje que implica el reconocimiento de una necesidad, la búsqueda de los mejores medios para satisfacer esa necesidad y la evaluación de las opciones disponibles para finalmente llegar a la decisión final de qué, cuándo, dónde y cuánto comprar, y cómo pagar estas compras».[2] Debido a la explosión

1. Peter Drucker, *The Practice of Management* (Nueva York: Harper & Row, 1954).
2. Katherine N. Lemon y Peter C. Verhoef, «Understanding Customer Experience Throughout the Customer Journey», *Journal of Marketing* 80, n.º 6 (2016): pp. 69—96, https://doi.org/10.1509/jm.15.0420.

de canales y puntos de contacto que hemos experimentado desde la fase de retail 3.0 en adelante, y la cantidad sin precedentes de productos y servicios alternativos disponibles, este viaje se ha vuelto mucho menos lineal y predecible de lo que era en el pasado. Las personas aún comienzan el viaje reconociendo una necesidad o un deseo, luego buscan información para identificar el producto o servicio «correcto», evalúan alternativas, deciden si comprar o no algo aplicando los filtros personales, sociales y culturales, y, finalmente, dependiendo de las decisiones previas, experimentan ciertos comportamientos posteriores a la compra.[3] Sin embargo, la complejidad es tal que las empresas luchan por determinar (1) cuáles son las interacciones más significativas, (2) cómo influir en el viaje y, como consecuencia, (3) en qué puntos de contacto deben asignar su presupuesto de medios. Aunque la mayoría de las ventas siguen ocurriendo en la tienda, el concepto mismo de «punto de venta» (POS o *Point-Of-Sale*) o «punto de compra» (POP o *Point-Of-Purchase*) se ha vuelto obsoleto en un contexto en el que la transacción puede ocurrir prácticamente en cualquier lugar. La ubicuidad de las herramientas en línea y móviles significa que las personas ya no ven la tienda física como un destino de compra principal, solo como uno de los muchos puntos de contacto disponibles.

Una forma efectiva de visualizar y analizar el viaje del cliente es el marco de las 5A que presentamos en el libro *Marketing 4.0*.[4]

Es importante tener en cuenta que la forma del embudo de marketing (atención — atracción — averiguación — acción — apología) puede variar según el tipo de producto, la industria, el perfil del cliente, etc. En el caso de los productos tradicionales, como los artículos básicos, podemos suponer una progresión bastante lineal en la que el número de personas a las que se dirige se reduce etapa tras etapa. En el caso de los productos de lujo, observamos un flujo completamente diferente, más parecido a una mariposa que a un embudo: muchas personas conocen la marca o el producto y les gusta; solo unas pocas

3. Las etapas del proceso de decisión del comprador fueron introducidas por primera vez por John Dewey, *How We Think* (Boston y Londres: D. C. Heath, 1909).
4. Philip Kotler, Hermawan Kartajaya e Iwan Setiawan, *Marketing 4.0: Moving from Traditional to Digital* (Hoboken, NJ: Wiley, 2016), 60. Traducción de edición en español de LID Editorial (Madrid: LID, 2020), p. 67.

FIGURA 7.1 Las 5A del *customer journey* o mapa del recorrido del consumidor. (De Kotler et al., *Marketing 4.0.*).

realmente pidieron información, y muchas menos compraron el producto. Sin embargo, muchas personas tienden a tener una buena opinión y fomentar la reputación de la marca o producto. Además, hoy en día los clientes suelen entrar en el llamado embudo desde cualquier lugar, utilizando puntos de contacto *online* u *offline*, a veces incluso saltándose algunos de ellos (es decir, cuando hacen clic en un botón de «COMPRA AHORA» incrustado en un contenido, saltando de «atención» a «acción»).

Tradicionalmente, la lealtad se ha asociado al valor de vida del cliente y se ha medido con métricas como la retención de clientes y la tasa de recompra. Pero en un mundo conectado, la lealtad debe tener en cuenta el enorme potencial de las personas para defender una marca (o para destruir su reputación). Cuantas más personas se sientan emocionalmente conectadas con una marca, más inclinadas estarán a participar en sus iniciativas, ser leales y promover la marca en sí. Tomemos, por ejemplo, Lego, el mayor fabricante de juguetes del mundo. La compañía se compromete a construir una base de clientes sólida y leal, estableciendo una conexión íntima con sus fans y clientes. Invierte en iniciativas de marketing que promueven la creatividad y la imaginación. Defiende la importancia del juego y la creatividad en el desarrollo infantil, y apoya a instituciones humanitarias como UNICEF. También organiza eventos y concursos que animan a los clientes a mostrar su creatividad y compartir sus historias sobre el papel que Lego ha desempeñado en sus vidas.[5] Al hacerlo, Lego va más allá de la venta de sus famosos bloques de construcción; crea las condiciones para que sus clientes se conviertan en embajadores naturales de la marca. Hablaremos de este tema en profundidad en el capítulo 20, «*Be Loyal* — Ser leal».

Un viaje híbrido

Otro rasgo del mundo digital (y posdigital) es la difusión de comportamientos híbridos de compra y consumo. Las personas navegan en sus teléfonos inteligentes mientras visitan una tienda física o confían etapas enteras del viaje del cliente solo a lo digital, para luego entrar en la tienda y probarse una prenda o verificar la calidad de la tela. Otras personas preferirán comenzar el viaje en una tienda física, luego explorar los sitios web de marcas individuales y tal vez completar la compra en el sitio de un minorista electrónico multimarca después de leer reseñas y hacer comparaciones. A menudo usamos los términos «showrooming» y «webrooming» para describir, respectivamente, la práctica de investigar fuera de línea y comprar en línea, y la práctica de investigar en línea y comprar fuera de línea.

> El hábito de alternar canales digitales y físicos dio lugar a varios acrónimos acuñados para describir el comportamiento de los clientes:
> **BOPIS:** *Buy Online, Pick up In Store* (compre en línea, recoja en la tienda; también conocido como hacer clic y recoger o *click-and-collect*).

5. Trefor Moss, «Lego Builds on Its Position as World's No. 1 Toy Maker», *Wall Street Journal*, 28 de septiembre de 2021, https://www.wsj.com/articles/lego-builds-on-its-position-as-worlds-no-1-toy-maker-11632843755; «The LEGO Group and the LEGO Foundation», UNICEF, última actualización el 22 de noviembre de 2021 de https://www.unicef.org/partnerships/lego; «Early Learning», Lego Education, s.f., https://education.lego.com/en-gb/earlylearning; «Fabulous new LEGO® Queer Eye set to celebrate creative expression and promote positivity», LEGO, s.f., https://www.lego.com/en-us/sustainability/promoting-positivity.

BOPAC: *Buy Online, Pick up At Curbside* (compre en línea, recoja en la acera).
BORIS: *Buy Online, Return In Store* (compre en línea, devuelva en la tienda).
BOLSFS: *Buy Online, Ship From Store* (compre en línea, envío desde la tienda).
BASAH: *Browse Anywhere, Ship At Home* (navega por cualquier lugar, envío a casa).
BISFA: *Buy In Store, Fulfill Anywhere* (compre en la tienda, entrega en cualquier lugar).
ROPIS: *Reserve Online, Pick up In Store* (reserve en línea, recoja en la tienda; también conocido como hacer clic y reservar).
COPUS: *Customize Online, Pick Up in Store* (personaliza en línea, recoge en la tienda).
MOPUIS: *Manufacture Online, Pick Up In Store* (fabricación en línea, recogida en tienda; es decir, hecho por encargo).

Durante el retail 4.0, lo digital y lo físico se fusionaron y crearon sinergias en un proceso híbrido permanente que ha sido definido por el profesor Luciano Floridi como «onlife»,[5] y da título al cuarto de nuestros 10 principios rectores descritos en la Parte II. En nuestra visión, si las empresas quieren prosperar en el retail 5.0 y adoptar plenamente este concepto, deben considerar seriamente una dimensión adicional: el mundo virtual. Ya sea en el ámbito de los juegos, la realidad virtual o uno de los metaversos, la posibilidad de que las personas interactúen virtualmente entre sí y con las marcas ha llegado para quedarse, y seguirá creciendo. Por lo tanto, los minoristas y las marcas de consumo deben comenzar a considerar un recorrido del cliente tridimensional, donde los canales y los puntos de contacto pueden ser físicos, digitales y virtuales.

Asmita Dubey, directora digital y de marketing de L'Oréal, confirma este enfoque:

6. Luciano Floridi, *The Onlife Manifesto: Being Human in a Hyperconnected Era* (Cham, Suiza: Springer, 2015).

> «Creemos que el futuro de la belleza será físico, digital y virtual, ya que los consumidores anhelan más experiencias y más consumidores pueden acceder a esas experiencias. Si nos fijamos en los juegos, de 5 000 millones de personas en línea, casi 3 000 millones de personas participan de algún tipo de juego *online*. Estamos trabajando mucho con jugadores y personas influyentes en los juegos, a los que llamamos "glam-ers". Es una audiencia considerable. Si nos fijamos en la realidad aumentada, como nuestro trabajo con Modiface, el campo de la AR (*Augmented Reality* o realidad aumentada) ya es bastante considerable. Donde el tema está creciendo cada día es en la realidad virtual, la inmersión, los nuevos dispositivos y las nuevas plataformas tecnológicas operando con *blockchain*. Todas estas experiencias se unirán. Lo que queremos hacer es utilizar nuestros 100 años de experiencia para impulsar nuestra Web 3 con tecnología y seguir alimentándola con creatividad».[7]

Y Walmart, el minorista de mercado masivo más grande del mundo, lanzó en 2022 una función de realidad aumentada, «ver en su espacio», que permite a los clientes comprobar cómo se verían las compras de muebles en sus hogares. Del mismo modo, la multinacional de muebles IKEA, lanzó en 2017 su aplicación ARKit para crear imágenes realistas de muebles en el hogar de las personas. En ambos casos, los usuarios pueden usar la cámara de sus dispositivos para visualizar cómo encajarían artículos específicos en sus espacios antes de completar la compra y sin tener que ir a una tienda física.[8]

7. Jennifer Faull, «Our future is physical, digital and virtual: L'Oréal's CMO is committed to web3», *The Drum*, 24 de enero de 2023, https://www.thedrum.com/news/2023/01/24/our-future-physical-digital-and-virtual-l-oreal-s-cmo-committed-web3.
8. Steven Meléndez, «Walmart's new AR feature lets you see how furniture purchases would look in your home», *Fast Company* , 23 de junio de 2022, https://www.fastcompany.com/90763528/walmarts-new-ar-feature-lets-you-see-how-home-décor-purchases-would-look-in-your-home; «IKEA launches IKEA Place, a new app that allows people to virtually place furniture in their home», IKEA, 12 de septiembre de 2017, https://about.ikea.com/en/newsroom/2017/09/12/ikea-launches-ikea-place-a-new-app-that-allows-people-to-virtually-place-furniture-in-their-home; Ingrid Lunden, «IKEA Place, the retailer's first ARKit app, creates lifelike pictures of furniture in your home», *TechCrunch*, 12 de septiembre de 2017, https://techcrunch.com/2017/09/12/ikea-place-the-retailers-first-arkit-app-creates-lifelike-pictures-of-furniture-in-your-home/.

Curiosamente, resulta que cuanto más tiempo pasan las personas en un mundo virtual en forma de avatar, más papel juega su yo virtual en su recorrido de cliente y puede influir más en la toma de decisiones de compra específicas. Según la agencia de comunicaciones de marketing global Wunderman Thompson, «el 60 % de los consumidores estarían interesados en comprar los mismos productos para ellos y para sus avatares».[9] Y los minoristas de todo el mundo han tratado de capitalizar esta tendencia.

Chipotle Mexican Grill, la cadena estadounidense de comida rápida, lanzó un nuevo plato, *Garlic Guajillo Steak*, a través de entrega vía móvil y en línea en los EE. UU. y Canadá, así como en Roblox (un mundo virtual), a través de la experiencia «Chipotle Grill Simulator». La cadena explicó que conocer el plato de antemano en el metaverso y «probarlo» virtualmente ha sido una excelente manera de mejorar la experiencia de degustación en los restaurantes físicos.[10]

Incluso la empresa de moda estadounidense Ralph Lauren se sumó a esta tendencia asociándose con Fortnite, un videojuego en línea, para crear avatares de marca con ropa y accesorios digitales inspirados en las líneas Stadium Collection y Polo Sport de Ralph Lauren de la década de 1990. La colección digital está diseñada exclusivamente para la plataforma, pero todos los productos también están disponibles para su compra en línea y en la tienda.[11]

Todo es real

Todos estos ejemplos demuestran que ya estamos presenciando un recorrido del cliente tridimensional que combina a la perfección puntos de contacto físicos, digitales y virtuales donde las personas

9. Darrell Rigby, «The Future of Shopping», *Harvard Business Review*, diciembre de 2011, p. 8, https://hbr.org/2011/12/the-future-of-shopping.
10. «Chipotle Introduces New Garlic Guajillo Steak across the U.S., Canada and the Metaverse», Chipotle Mexican Grill, 13 de septiembre de 2022, https://newsroom.chipotle.com/2022-09-13-CHIPOTLE-INTRODUCES-NEW-GARLIC-GUAJILLO-STEAK-ACROSS-THE-U-S-,-CANADA-AND-THE-METAVERSE.
11. «Ralph Lauren and Epic Games Debut a Groundbreaking Fortnite Partnership», Ralph Lauren Corporation, 31 de octubre de 2022, https://corporate.ralphlauren.com/pr_221101_Fortnite.html.

pueden formar parte del viaje en cualquier etapa y desde cualquier punto. Como habrá notado, no hemos usado la palabra «real» para describir el punto de contacto físico. La razón es muy simple: en el mundo posdigital, lo digital y lo virtual son tan reales como el mundo físico mismo. Por supuesto, todavía hay diferencias importantes, pero cuantas más personas adoptan las tecnologías conectadas y pasan la mayor parte de su vida activa en línea o en un mundo virtual, más anacrónico se vuelve pensar que lo digital y lo virtual no son reales.

Dicho esto, no son en absoluto lo mismo. «Digital» básicamente significa que tiene que ver con los dedos (dedos de las manos o de los pies), es decir, realizado con un dedo. Cuando accedemos a un sitio web de comercio electrónico desde un teléfono inteligente mientras esperamos el tren, estamos habitando simultáneamente el mundo real y el mundo digital. «Virtual» es una dimensión inmersiva que podemos evaluar a través de dispositivos digitales. Un videojuego es una experiencia virtual. El metaverso es una experiencia virtual. Si llevamos unos auriculares específicos, el grado de inmersión en el mundo virtual aumenta enormemente.

En resumen, las tecnologías virtuales tienen el potencial de revolucionar aún más el recorrido del cliente al agregar una tercera dimensión a los puntos de contacto físicos y digitales actuales. Algunas de las formas clave en las que están impactando nuestra vida son:

- **Experiencias virtuales de productos**. La realidad aumentada y virtual puede permitir a los clientes visualizar productos, espacios y experiencias de forma inmersiva e interactiva. Además de los estudios de caso de Walmart e IKEA analizados anteriormente, véase, por ejemplo, una función lanzada por Google Maps que permite a los usuarios navegar de forma remota en 3D por sus futuros destinos y visualizar en sus teléfonos inteligentes representaciones en 3D de monumentos y restaurantes.
- **Interacciones humanas virtuales**. Las plataformas de videoconferencia, los avatares y los chatbots pueden permitir a los minoristas y a las marcas de consumo ofrecer a los clientes asistencia

remota y un servicio de atención al cliente personalizado. Véase, por ejemplo, el auge que tuvieron las plataformas de *live streaming* en los últimos años. En China, las ventas de comercio electrónico en vivo se dispararon de 62,30 mil millones de dólares en 2019 a 623,29 mil millones de dólares en 2023, lo que representa, respectivamente, entre el 3,5 % y el 19,4 % de las ventas minoristas totales en el país.[12]

- **Pruebas virtuales**. Herramientas como probadores virtuales, maquillaje virtual y gafas virtuales pueden permitir a los usuarios simplificar el recorrido del cliente probándose productos antes de entrar en una tienda física o comprar en un sitio de comercio electrónico. Muchos minoristas, incluidos Warby Parker y marcas de consumo como RayBan, ofrecen a los usuarios la posibilidad de usar *renders* de productos digitales al utilizar la prueba de realidad aumentada en su sitio web. Marcas de cosméticos como Sephora y L'Oréal lanzaron su función de realidad aumentada para permitir a los clientes probarse virtualmente el maquillaje. Prada, Gucci, Farfetch y Cartier ofrecen lo mismo a través de Snapchat.[13]
- **Eventos virtuales**. Los minoristas y las marcas de consumo pueden interactuar con sus clientes en contextos atractivos e interactivos, como plataformas de juegos y desfiles de moda u otros eventos virtuales para lanzar nuevos productos. Además, en algunos casos estos acontecimientos se vuelven híbridos. Por ejemplo, la agencia de comunicación de marketing global Spring Studios se asoció con el minorista de comercio electrónico Revolve Group para lanzar la primera Semana de la Moda de IA en abril de 2023, lo que permitió a los creadores digitales mostrar sus creaciones

12. «Livestreaming Ecommerce Sales in China, 2019—2023 (billions, % change, and % of total retail sales)», *Insider Intelligence*, 28 de mayo de 2021, https://www.insiderintelligence.com/chart/247622/livestreaming-ecommerce-sales-china-2019-2023-billions-change-of-total-retail-sales.
13. https://www.warbyparker.com/app; https://www.ray-ban.com/uk/c/face-shape-guide; «How cosmetic brands use virtual makeovers to sell real makeup», *CNN Business*, 14 de febrero de 2019, https://www.cnn.com/videos/business/2019/02/14/beauty-cosmetic-makeup-augmented-reality-app-sephora-zw-orig.cnn; Madeleine Schulz, «Virtual try-on is being hit by class actions. Should brands worry?», *Vogue Business*, 7 de marzo de 2023, https://www.voguebusiness.com/technology/virtual-try-on-is-being-hit-by-class-actions-should-brands-worry.

virtuales en Spring Place, un espacio cultural ubicado en Tribeca, Nueva York.[14]

- **Mundos virtuales**. Una gran cantidad de metaversos y plataformas de juegos virtuales, en algunos casos impulsadas por marcas, permiten interacciones inmersivas con otros avatares. En algunos ocasiones hay un ser humano detrás de un avatar; en otros casos todo es IA (como hemos visto anteriormente con Chipotle y Ralph Lauren, los mundos virtuales pueden representar una oportunidad para las marcas).

En general, las tecnologías virtuales tienen el potencial de crear un recorrido del cliente más atractivo, conveniente y personalizado, lo que permite a las empresas brindar una experiencia opticanal y perfectamente integrada en todos los puntos de contacto. Sin embargo, teniendo en cuenta que hay todo un nuevo mundo de puntos de contacto a tener en cuenta, los minoristas y las marcas de consumo deben desarrollar cuidadosamente una estrategia que alinee las expectativas de los clientes con sus recursos y objetivos.

Como veremos en detalle en la Parte II, las empresas innovadoras están abordando el viaje del cliente de una manera más holística, tratando de ver a sus clientes en toda su vida como individuos multifacéticos, en constante evolución y sabiendo que desempeñan simultáneamente diferentes roles todos los días. Describiremos este enfoque en los capítulos 14 («Ser *onlife*») y 16 («Ser humano») utilizando el concepto de *customer personas* (también conocido como *buyer personas*). Son personajes ficticios o, como los define el Glosario de Gartner, «representaciones arquetípicas de subconjuntos existentes de su base de clientes que comparten objetivos, necesidades, expectativas, comportamientos y factores de motivación similares».[15] Se basan en la investigación, los datos y los conocimientos y, por lo general, incluyen datos demográficos (edad, sexo, educación, ingresos, estado civil),

14. Madeleine Schulz, «What to Expect at the First AI Fashion Week», *Vogue*, 5 de abril de 2023, https://www.vogue.com/article/what-to-expect-at-the-first-ai-fashion-week.
15. «Customer Personas», Gartner Glossary, s.f., https://www.gartner.com/en/marketing/glossary/customer-personas/.

psicográficos (sistema de creencias, intereses, valores) y rasgos de comportamiento (hábitos de compra, preferencias, consumo de medios). El propósito de crear perfiles de clientes es ayudar a las empresas a comprender mejor a su público objetivo y desarrollar estrategias de marketing más efectivas.

En los capítulos anteriores hemos destacado a menudo el papel que está desempeñando la tecnología en la remodelación tanto del panorama del mercado como del comportamiento de los clientes. Por lo tanto, uno de los principales desafíos para los minoristas y las marcas de consumo es averiguar qué parte del recorrido del cliente debe delegarse a la tecnología y qué actividades deben seguir siendo manejadas por humanos. ¿Cuál es el equilibrio entre alta tecnología y alto contacto? Vamos a averiguarlo.

Preguntas de cierre para la reflexión

- Como cliente, piense en las diferentes formas en que se relaciona con las marcas. ¿Es un viaje lineal? ¿Todos los puntos de contacto son físicos o digitales? ¿Cómo cambia el mundo virtual su comportamiento?
- Teniendo en cuenta las diferentes personalidades de sus clientes en particular, ¿cuáles son sus viajes ideales?
- ¿Está explorando de manera efectiva el potencial de AR/VR y las tecnologías virtuales? ¿Cómo debe evolucionar su modelo operativo para aprovechar al máximo el potencial de un recorrido del cliente tridimensional?
- ¿Está preparado para aprovechar al máximo todas las sinergias de lo físico, lo digital y lo virtual?

CAPÍTULO 8

Alta tecnología + Alto contacto

Soy un viajero frecuente [Giuseppe Stigliano]. Uno de esos individuos que pasa aproximadamente 400 horas al año en un avión. Con quienes más interactúo es con las azafatas que, a pesar de sus esfuerzos, invariablemente pronuncian mal mi apellido, que es bastante difícil de pronunciar para los no italianos. Pero un día sucedió algo extraordinario. Una amable azafata, que no era italiana, me saludó diciendo mi nombre con una pronunciación casi perfecta: «stee-lee-YA-no», sonriendo como si me conociera desde nuestra infancia. Ese momento increíblemente simple y cálido me alegró el día. También hizo que el vuelo de siete horas fuera más agradable e influyó significativamente en mi actitud no solo hacia toda la tripulación, sino también hacia la marca de la aerolínea. Ahora bien, ¿cómo lo hizo? Utilizó y confió en la tecnología, encontró mi nombre en la lista de pasajeros generada por ordenador y tal vez consultó Internet para aprender la pronunciación correcta. Luego confió en gran medida en sus habilidades humanas: tal vez pasó unos segundos practicando la pronunciación de mi nombre, guardó su tableta antes de acercarse a mí, me miró a los ojos, me saludó y sonrió mientras me ofrecía una copa de champagne —y mi experiencia más memorable como cliente—. Citando el título de un capítulo de *Marketing 5.0*: «Las máquinas son *cool* (geniales), pero los humanos son *warm* (gentiles o cordiales)».

Terminamos el capítulo anterior señalando la importancia de determinar la optimización ideal del recorrido del cliente. Como dice Rodney McMullen (CEO de Kroger) en *Harvard Business Review*: «Ahora estamos en el punto en el que la ventaja competitiva se derivará de la capacidad de capturar, analizar y utilizar datos personalizados de los clientes a escala, y del uso de la IA para comprender, dar forma, personalizar y optimizar el recorrido del cliente». McMullen sostiene en el artículo que Kroger se está enfocando en ofrecer «fluidez y personalización». Muchos gigantes minoristas, incluidos Home Depot, JPMorgan Chase, Starbucks y Nike, están haciendo lo mismo.[1]

Con «alta tecnología + alto contacto» nos referimos a la armonía entre la tecnología sin fisuras y la interacción humana personalizada que añade valor y puede crear una experiencia de cliente perfectamente equilibrada. Pero, como suele ser el caso, no existe un medio único para alcanzar ese punto óptimo. El equilibrio perfecto depende de varios factores, que van desde la industria hasta el tipo de negocio y la alfabetización digital de la audiencia. Pero una regla general útil es saber que no siempre es necesario aprovechar la tecnología disponible. Por ejemplo, los chatbots son ideales para proporcionar a los clientes respuestas rápidas a las preguntas más frecuentes, como el seguimiento de los envíos, el horario de la tienda o la disponibilidad de los productos. Con este tipo de actividades, el valor que puede agregar un empleado es relativamente bajo. El valor humano es mucho más pertinente en una tienda física, o cuando la complejidad de la transacción requiere un enfoque personalizado, como recomendaciones individualizadas o explicaciones de los detalles de un contrato, ya sea que ese humano esté interactuando en persona o no.

Reiterando lo ya explicado, cuando la personalización se basa en la tecnología, pero es ejecutada por una persona, se libera todo su potencial. Un buen ejemplo es la aplicación de fitnes «Future», definida por *Wired* como una «mezcla ganadora de entrenamiento personal de la vieja escuela y tecnología móvil moderna». Future es una plataforma de tecnología de fitnes que recopila y rastrea los datos de los usuarios relacionados con sus entrenamientos, hábitos de sueño y otros datos biométricos. Luego, los datos son analizados por el algoritmo patentado de la plataforma para crear un plan de entrenamiento personalizado, que se propone al usuario en combinación con un entrenador

1. David C. Edelman y Mark Abraham, «Customer Experience in the Age of AI», *Harvard Business Review*, marzo-abril de 2022, https://hbr.org/2022/03/customer-experience-in-the-age-of-ai.

personal certificado, que brinda apoyo, motivación y orientación continuos. El entrenador y el usuario están constantemente en contacto a través de la aplicación y pueden ajustar el entrenamiento en función de las necesidades y objetivos de la persona.[2] De este modo, Future demuestra lo revolucionaria que puede ser la combinación correcta de tecnología e interacción humana.

Pero debemos asegurarnos de que la combinación se gestione cuidadosamente. Si, por ejemplo, una empresa decide automatizar una fase del viaje en la que el cliente preferiría interactuar con un humano, existe un gran riesgo de crear una fricción que altere el equilibrio, a veces con importantes repercusiones negativas, que podrían suponer la pérdida de un solo cliente o, peor aún, de la reputación, si ese cliente decide compartir ampliamente su descontento. Seguro que alguna vez ha experimentado la frustración de verse obligado a interactuar con un robot cuando lo que necesitaba era un humano para atender su situación única (el sitio web con una opción de «Contáctenos» escondida o inexistente, o el proceso telefónico que se detiene en lugar de cumplir de inmediato con su solicitud de conectarse con el servicio de atención al cliente). Las empresas harían bien en asegurarse de que la interacción humana esté disponible cada vez que se requiera empatía, creatividad, humor, resolución de problemas fuera de lo común, gestión de la ambigüedad y otras capacidades exclusivas de los humanos. Este apoyo puede ser vital para solucionar una situación o incluso «simplemente» mejorar la experiencia de un cliente. Los líderes empresariales tienen la responsabilidad de comprender qué implementar y cuándo, aprovechando los datos y su propia inteligencia emocional para comprender qué puede satisfacer mejor las necesidades de sus clientes. Como Greg Hoffman, conferencista, autor y exdirector de marketing de Nike, compartió con nosotros: «Los datos nos han brindado más conocimiento sobre nuestros clientes de lo que podríamos haber imaginado. Pero, sin aplicar la creatividad que a menudo reside en el lado derecho del cerebro, a menudo nos quedamos con la creación de soluciones que solo satisfacen necesidades racionales, no emocionales. Se

2. Billy Brown, «Review: Future», *Wired*, 14 de octubre de 2022, https://www.wired.com/review/future-fitness-app/.

necesitan pensadores que usen tanto el lado izquierdo como el derecho del cerebro, que trabajen juntos para ofrecer el valor más significativo a nuestros clientes».[3]

Creemos que en esta era posdigital, la posición que ocupe una empresa en este *continuum* ideal, entre lo totalmente analógico y lo totalmente digital/virtual, determinará su capacidad para prosperar. La distinción entre las tareas que debe hacer la tecnología y las tareas que deben hacer los humanos será uno de los diferenciadores más importantes para construir la personalidad de la marca.

En otras palabras, en situaciones en las que se requiere más eficiencia, los clientes pueden preferir una experiencia puramente digital, como programar una cita de rutina o iniciar una devolución. Esta es exactamente la propuesta de valor de los quioscos de autoservicio, por no hablar de las tiendas totalmente automatizadas, como Amazon Go en EE. UU. y el Reino Unido, Hema Fresh y BingoBox en China y 7-Eleven en Corea, que utilizan una combinación de tecnologías de salidas sin pago en caja, sensores, cámaras, escáneres, visión por computadora y algoritmos de aprendizaje profundo para brindar una experiencia de compra fluida y eficiente.

Pero, si, como nos dijo Hoffman, «confiamos solo en la tecnología y no aportamos también el ingenio humano, entonces las marcas terminarán siendo percibidas como iguales y equivalentes, y carecerán de distinción». Así, por ejemplo, si una empresa decidiera posicionar sus ubicaciones físicas como centros logísticos (en lugar de tiendas experienciales), sería esencial que los representantes de servicio al cliente estuvieran específicamente capacitados para brindar un servicio que aproveche una conexión emocional distinta con los clientes. Esencialmente, si la propuesta de valor de una empresa se basa en el servicio de valor agregado brindado por sus empleados altamente cualificados, entonces las inversiones en tecnología deben limitarse a otras etapas del viaje del cliente. Este enfoque lo respalda Cristiano Fagnani, CEO de Off White y NGGH++, que gestiona (entre otras marcas) el negocio completo de Reebok en Europa y el negocio de lujo de Reebok en

3. Este y los comentarios siguientes de Greg Hoffman son de una videollamada con los autores, el 4 de abril de 2023.

todo el mundo. Fagnani afirma: «En un mundo cada vez más dominado por la tecnología, cada marca debe tener un fuerte componente "humano" en algún momento del viaje del cliente o pasaría por un peligroso proceso de comoditización».[4] (Para más casos de uso, véase la fig. 8.1).[5]

Cuando hablamos de este tema con Stéphane de la Faverie, presidente ejecutivo del grupo de empresas Estée Lauder, recordó:

> «La Sra. Estée Lauder repetía una frase: "*Touch your Customer and you're halfway there*" (Haz contacto con tu cliente y estarás a mitad de camino). Cuando fundó su marca en 1946, sabía exactamente lo que querían sus clientes. Creía que había que "tocar" al consumidor, mostrarle los resultados en su cara y explicarle los productos. Ese fue el comienzo del servicio de alto nivel de la empresa, y sigue estando en el corazón de todo lo que hacemos hoy en día. Nos esforzamos por ofrecer un servicio personalizado excepcional que cree una fuerte conexión con nuestros consumidores y una experiencia memorable que diferencie a nuestras marcas».

En este caso, vemos claramente que el papel de los humanos no es negociable, de hecho, ese papel es vital para cumplir con precisión el ritual de la marca.

Detrás de escena

A lo largo de la cadena de suministro también se encuentran varias oportunidades para aprovechar el poder de la tecnología digital y la automatización. Todo lo que se ejecuta entre bastidores es una oportunidad no solo para mejorar la eficiencia, sino también para liberar el tiempo que los empleados pueden dedicar a actividades más gratificantes. No es de extrañar que Walmart sea pionera en este campo,

4. Cristiano Fagnani, comunicación presencial y por WhatsApp, 16 de julio de 2023.
5. Philip Kotler, Hermawan Kartajaya e Iwan Setiawan, *Marketing 5.0: Technology for Humanity* (Hoboken, NJ: Wiley, 2021), p. 124.

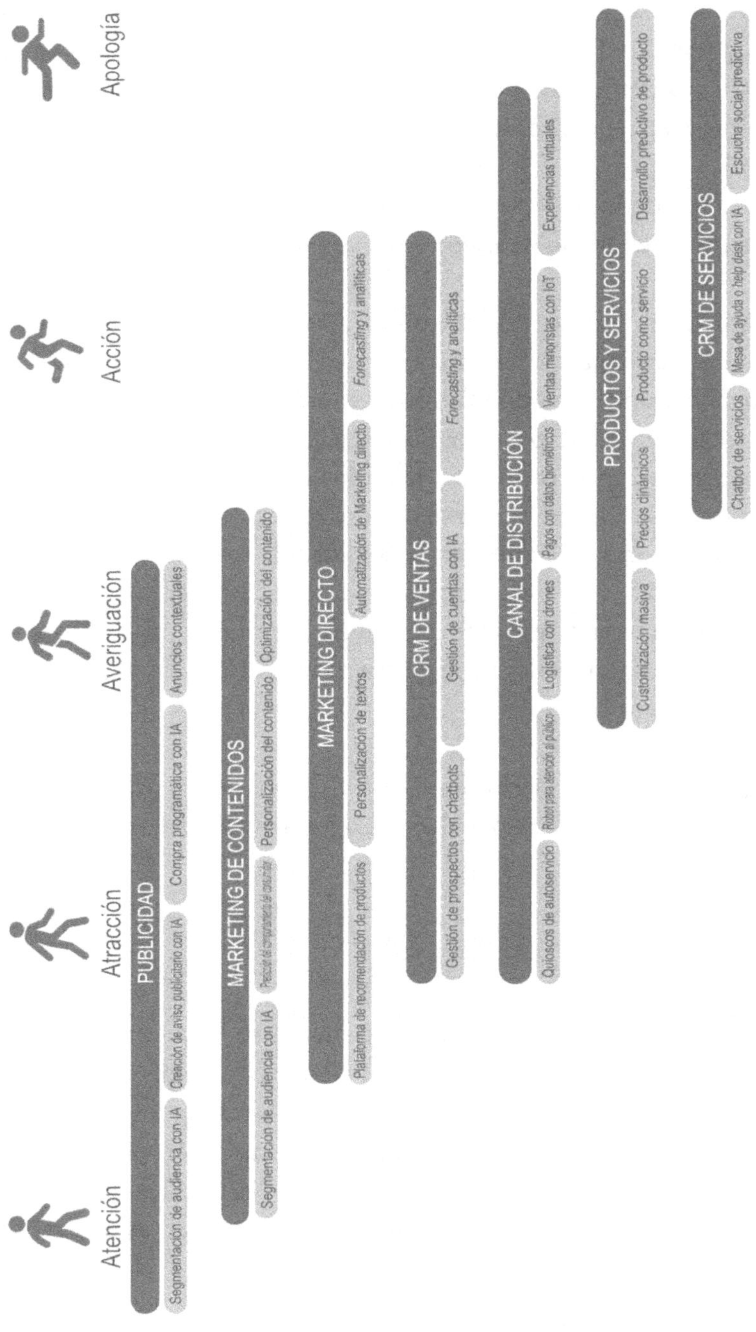

FIGURA 8.1 Casos de uso de tecnología de marketing en la nueva CX (Fuente: *Marketing 5.0*).

ya que emplea a una plantilla de unos 25 000 especialistas en tecnología, lo que es comparable al total combinado de empleados de cuatro destacadas empresas tecnológicas: Pinterest, Snap, Spotify y Zoom.[6] El presidente y director ejecutivo, Doug McMillon, mencionó cómo «existen oportunidades para utilizar sistemas automatizados de almacenamiento y recuperación en centros de distribución de alimentos, de comercio electrónico y [...] centros de distribución de mercado junto a las tiendas».[7] Con el Centro de Cumplimiento de Mercado (MFC o *Market Fulfillment Center*) —un «almacén compacto y modular construido dentro de una tienda o agregado a ella»— que Walmart lanzó por primera vez a fines de 2019, en lugar de tener la tarea de rastrear y recuperar varios artículos almacenados, los empleados pueden solicitar la ayuda de Alphabot, mediante el cual un «carrito autónomo» entrega artículos al empleado, quien luego empaqueta y completa el pedido. Esta solución es beneficiosa para todos: Walmart puede utilizar sus tiendas (quizás menos visitadas) como centros logísticos, lo que les permite completar las ventas de manera eficiente, ya sea que el cliente compre en línea o en persona.[8]

Amazon es famoso por utilizar humanos, robots y tecnología avanzada en sus centros logísticos, en parte para mejorar la eficiencia y en parte para mantener la seguridad, especialmente teniendo en cuenta el peso de los palés pesados o los peligros de un sistema de transporte complejo y de movimiento rápido. De hecho, los ingenieros vigilan desde la seguridad de un centro de comando multipantalla (para obtener más información, consulte el recorrido guiado en video de Amazon a través de un centro logístico).[9] Desde el punto de vista

6. «Are Western companies becoming less global?», *The Economist*, 16 de marzo de 2023, https://www.economist.com/business/2023/03/16/are-western-companies-becoming-less-global.
7. Doug McMillon, «CEO Doug McMillon said at a Morgan Stanley conference last week», *Grocery Dive*, 12 de diciembre de 2022, https://www.grocerydive.com/news/how-walmart-is-pursuing-omnichannel-profitability/638265/.
8. Heather Lalley, «Walmart opens its 2nd in-store fulfillment center», *Winsight Grocery Business*, 23 de mayo de 2023, https://www.winsightgrocerybusiness.com/walmart/walmart-opens-its-2nd-store-fulfillment-center.
9. Personal de Amazon, «Join our team on a guided video-tour through a fulfillment center», *Amazon News/Operations*, 24 de septiembre de 2020, https://www.aboutamazon.com/amazon-fulfillment/our-innovation/what-robots-do-and-don't-do-at-amazon-fulfillment-centers/; «Amazon Fulfillment Center Video Tour», video de YouTube, 10:03, subido el 28 de agosto de 2020 https://www.youtube.com/watch?v=e3QgE4Vs5Cs.

de la eficiencia, el artículo de *Harvard Business Review* «What Robots Can Do for Retail» (Lo que los robots pueden hacer por el comercio minorista), relata que «Amazon dice que los robots le han ayudado a almacenar un 40 % más de inventario en sus centros». Para no ser superado por Walmart o Amazon, Kroger Company, «el minorista de comestibles más grande de Estados Unidos», se asoció con Ocado, el innovador de comercio electrónico de comestibles, para crear centros de cumplimiento de clientes (CFC o *Customer Fulfillment Centers*) de Kroger Delivery que combinan «integración vertical, aprendizaje automático y robótica para brindar un servicio de entrega de alimentos frescos asequible, amigable y rápido».[10]

No es de extrañar que esta revolución ya esté teniendo un impacto en el mercado laboral. Es probable que muchos puestos de trabajo sean reemplazados por robots, se crearán nuevos empleos y se asignarán muchas inversiones para mejorar y volver a capacitar a la fuerza laboral. Según Goldman Sachs, «hasta 300 millones de puestos de trabajo a tiempo completo en todo el mundo podrían automatizarse [y] el 18 % del trabajo a nivel mundial podría informatizarse, con efectos que se sentirían más profundamente en las economías avanzadas que en los mercados emergentes».[11] La disyuntiva entre la creación y el reemplazo es difícil de predecir, pero somos optimistas en que, si las empresas siguen los principios rectores correctos y las instituciones desempeñan su papel en la regulación de la aplicación de tecnologías emergentes, es probable que los pros superen a los contras (para obtener más información, consulte la Parte II).

En cuanto a lo que ya sabemos: la alta tecnología y el alto contacto ofrecen claramente diferentes beneficios e inconvenientes, dependiendo de la combinación de los dos elementos, y crean grandes oportunidades y desafíos complejos para los minoristas y las marcas de consumo.

10. Ben Forgan, «What Robots Can Do for Retail», *Harvard Business Review*, 1 de octubre de 2020, https://hbr.org/2020/10/what-robots-can-do-for-retail; «Kroger Delivery Expands with New Fulfillment Centers», Kroger, 12 de octubre de 2021, https://ir.kroger.com/CorporateProfile/press-releases/press-release/2021/Kroger-Delivery-Expands-with-New-Fulfillment-Centers/default.aspx.

11. Michelle Toh, «300 million jobs could be affected by latest wave of AI, says Goldman Sachs», *CNN*, 29 de marzo de 2023, https://www.cnn.com/2023/03/29/tech/chatgpt-ai-automation-jobs-impact-intl-hnk/index.html.

	Alta tecnología	Alto nivel de contacto personal
PROS	**Eficiente**. La tecnología puede automatizar y escalar muchas tareas y procesos.	**Conexión emocional**. El alto contacto permite una fuerte conexión emocional entre empleados y clientes.
	Consistente. La tecnología puede eliminar la discrecionalidad humana y garantizar una experiencia consistente en los diversos canales.	**Flexible**. Los seres humanos son excelentes para encontrar soluciones creativas a problemas inesperados.
	Personalizado. Al aprovechar los datos, las empresas pueden ofrecer una experiencia personalizada al cliente.	**Personalizado**. Un toque personal cálido (incluso cuando se basa en la tecnología) puede ser un diferenciador clave para una empresa.
CONTRAS	**Impersonal**. La falta de conexión emocional puede dar lugar a quejas de los clientes.	**Ineficiente**. La calidad del servicio depende de cada empleado y no se puede estandarizar.
	Caro. El costo de construir y mantener un ecosistema de alta tecnología puede ser prohibitivo.	**Inconsistente**. Las personas no pueden ofrecer continuamente un servicio idéntico.
	Complejo. Los ecosistemas de alta tecnología requieren una integración de sistemas complejos y personas capacitadas.	**Capacitación**. Los empleados deben formarse, actualizarse y volver a capacitarse constantemente.

TABLA 8.1 Los pros y los contras de la alta tecnología y el alto nivel de contacto.

Podemos concluir que, en un mundo posdigital, una propuesta de valor de marca es una función de (1) la combinación de alta tecnología y alto contacto, (2) las características del mercado, (3) los puntos de referencia experienciales que establecen las expectativas de la audiencia y (4) los rasgos de los clientes que interactúan con la propia marca. Lograr un equilibrio entre la alta tecnología y el alto contacto puede proporcionar lo mejor de ambos mundos y permitir que los minoristas y las marcas de consumo prosperen.

Preguntas de cierre para la reflexión

- Como cliente, ¿cuáles son los puntos de contacto que cree que deben seguir siendo «humanos»? ¿En qué casos sería feliz de interactuar con un robot o la IA?
- ¿Dónde se encuentra posicionada su empresa en el *continuum* de alta tecnología frente a alto contacto?
- ¿Qué áreas de su negocio deben estar guiadas por la tecnología en lugar de ser realizadas por una persona, y viceversa?
- ¿Cuál es su estrategia para crear la mejor combinación de los dos enfoques?

CAPÍTULO 9

¿El apocalipsis de los centros comerciales?

Los centros comerciales han sido parte del panorama minorista durante décadas. Para muchos, ofrecen un centro seguro donde las personas pueden comprar todo lo que necesitan, cortarse el pelo, recoger o dejar artículos para la tintorería o simplemente pasar el rato con familiares y amigos, tal vez compartiendo una comida o viendo una película juntos. Los centros comerciales a menudo se consideran el tejido conectivo de las comunidades locales, especialmente cuando están ubicados lejos de las áreas urbanas.

Pero muchos centros comerciales, particularmente en los Estados Unidos, han luchado por mantener su relevancia en nuestra era de alta tecnología, en gran parte debido a los cambios en el comportamiento de los consumidores y el auge del comercio electrónico. De hecho, aunque las tiendas físicas siguen representando la mayor parte del gasto minorista de los consumidores, muchas personas hoy en día consideran obsoleta la idea de recorrer un centro comercial gigante, y en su lugar confían en los canales digitales para descubrir nuevos productos y servicios. Además, con excepción de casos en América Latina donde las grandes superficies ofrecen programas de descuentos por ventas al por mayor, hay menos personas que se inclinan a concentrar todas sus compras en un viaje a un lugar más distante, tal vez por tener menos tiempo para hacer recados en general, una tendencia que beneficia a las tiendas más pequeñas situadas a lo largo de los desplazamientos al trabajo.

Los centros comerciales en los Estados Unidos comenzaron como negocios al aire libre ya en 1922. Aparte de algunos centros comerciales suburbanos de finales de la década de 1940, parece que los dos centros comerciales «completamente cerrados e interiores» más antiguos de los EE. UU. se abrieron en Wisconsin en 1955 y Minnesota en 1956. En la década de 1980, el apogeo del gran centro comercial icónico, había 2 500 en los Estados Unidos. Desde 2022, solo hay 700 y, según algunas estimaciones, ese número puede reducirse a menos de 200 en la próxima década (tenga en cuenta que nos estamos refiriendo a los centros comerciales más grandes; el número total de estos recintos está en torno a los 115 000. Tenga presente también que las cifras varían de una fuente a otra dependiendo de diferentes variables). Para entender la magnitud económica del centro comercial en EE. UU., considere que, como dice Don-Alvin Adegeest, «en 1987 había 30 000 centros comerciales que representaban más del 50 % de todos los dólares gastados en ventas minoristas (alrededor de 676 mil millones de dólares, el 8 % de la fuerza laboral y el 13 % de nuestro producto nacional bruto)».[1]

El modelo a través del cual se desarrollaron los centros comerciales se basa en el llamado «tienda o almacén ancla» (*anchor tenant*), un gran minorista cuya reputación atrae a los clientes, que luego adquieren productos y servicios de los minoristas más pequeños agrupados alrededor del establecimiento que sirve de «imán». Sin embargo, la crisis del sector, agravada por el largo periodo de aislamiento de la pandemia de COVID, ha llevado a la quiebra a algunas de esas tiendas, desencadenando un círculo vicioso. En algunos casos, los centros comerciales se ven desprestigiados por inmuebles vacíos de tiendas

1. Don-Alvin Adegeest, «The decline of the American mall continues», *Fashion United*, 14 de octubre de 2022, https://fashionunited.uk/news/retail/the-decline-of-the-american-mall-continues/2022101465694; «The History of Malls in the U.S.», *Sunset Plaza*, sin fecha, https://sunsetplaza.com/the-history-of-malls-in-the-u-s/; Frank Olito, Erin McDowell y Alex Bitter, «The oldest mall in every state», *Insider*, actualizado el 12 de abril de 2023 de https://www.businessinsider.com/oldest-mall-in-every-state; «Shopping Mall Statistics and Trends in 2023», Gitnux Blog, editado por última vez el 5 de junio de 2023 de https://blog.gitnux.com/shopping-mall-statistics/; Richard A. Feinberg y Jennifer Meoli, «A Brief History of the Mall», en *NA - Advances in Consumer Research*, vol. 18, ed. Rebecca H. Holman y Michael R. Solomon, pp. 426-27 (Provo, UT: Association for Consumer Research, 1991), disponible en https://www.acrwebsite.org/volumes/7196/volumes/v18/NA(-)18%7C.

que alguna vez fueron vibrantes y que ahora anuncian solo un letrero de «SE ALQUILA». En otros casos, el centro comercial desarrolla una especie de modelo de Frankenstein de retazos. Como informó *The Economist* en junio de 2022, esos inmuebles vacíos que alguna vez fueron ocupados por tiendas como Macy's o JCPenney se están reutilizando en muchos lugares para escuelas, oficinas, cines e incluso instalaciones de atención médica, todo lo cual «puede hacer un buen uso de las grandes tiendas y centros comerciales porque se construyeron muchos hospitales [...] donde hay poco espacio para expandirse. Los centros comerciales ofrecen amplias zonas de estacionamiento [...] [y] en las áreas suburbanas, los centros comerciales a menudo están bien ubicados para las poblaciones que envejecen y que necesitan más citas médicas que zapatos nuevos».[2]

Diferencias regionales

Sin embargo, el declive de los centros comerciales no es uniforme en todas las regiones del mundo. El fenómeno está sujeto a varios factores, como la densidad de población, la madurez digital, el clima, el poder adquisitivo, la disponibilidad de servicios de entrega modernos, la dinámica del mercado minorista local, la legislación y el contexto comercial. En gran parte de Europa, donde la gente tiene una cultura más fuerte de los centros urbanos, las calles principales y los minoristas independientes, el declive es relativamente menos pronunciado, en parte porque hay menos centros comerciales. Por cada centro comercial en Europa, había casi 10 en Estados Unidos. RegioData informa de que, «en la mayoría de las ciudades de Europa Occidental, la cuota de los centros comerciales alcanza un máximo del 25 %, mientras que en las ciudades de Europa Central y Oriental el valor puede ser fácilmente superior al 50 % del volumen total de operaciones».[3] Hay dos

2. «Changing shopping habits are transforming America's malls», *The Economist*, 2 de junio de 2022, https://www.economist.com/united-states/2022/06/02/changing-shopping-habits-are-transforming-americas-malls.
3. «Shopping center density - CEE/SEE cities clearly overstored», *RegioData Research*, 27 de abril de 2023, https://www.regiodata.eu/en/europe-shopping-center-density-cee-see-cities-clearly-overstored/.

excepciones notables: Escandinavia tiene una concentración mayor de centros comerciales por razones tanto del clima como de que los centros de las ciudades están menos orientados al comercio minorista; y Europa del Este, que experimentó una alta tasa de crecimiento durante su fase de desarrollo tras la ruptura del sistema comunista.

Pero en varias economías emergentes de América del Sur, el sudeste asiático, China u Oriente Medio, los centros comerciales siguen prosperando, ya que desempeñan un papel clave en la modernización. Según Alejandro Camino, CEO de Parque Arauco Perú, uno de los desarrolladores inmobiliarios comerciales más grandes de América Latina: «Muchas ciudades latinoamericanas tienen una infraestructura deficiente, servicios de entrega deficientes y pocos espacios públicos donde la gente pueda pasar el rato o ir a disfrutar de una exposición. Por lo tanto, un espacio privado y seguro como un centro comercial es un recurso muy importante para las personas».[4] Otra razón por la que los centros comerciales siguen siendo importantes en algunas regiones es la capacidad de sus tiendas para servir como conducto con el comercio electrónico, tanto para cumplir con los pedidos como para aceptar devoluciones.

En muchas economías emergentes, el mencionado efecto modernizador de los centros comerciales ha acelerado ese desarrollo. Por ejemplo, la mayoría de los centros comerciales en Asia se han construido en las últimas dos décadas. *The Economist* señala cómo, «hasta casi finales del siglo XX, la arquitectura monumental de la región estaba dominada por imponentes proyecciones del poder estatal imperial, comunista o poscolonial de nuevo diseño», mientras que hoy en día, «los centros comerciales de vidrio y hormigón de Asia que absorben a los habitantes de la ciudad en el interior marcan una gran ruptura arquitectónica y cultural». De hecho, de los centros comerciales más grandes del mundo, ocho están en Asia. Un atractivo notable es el hecho de que, en algunos de estos lugares, los centros comerciales ofrecen un escape de las condiciones climáticas insoportables,

4. Esta cita de Alejandro Camino, más otra que aparece más adelante en el capítulo, son de una entrevista personal con Giuseppe Stigliano, Lima, Perú, 25 de abril de 2023.

especialmente el calor.[5] Basándonos en nuestra experiencia en consultoría, hemos visto que China, Tailandia, Filipinas, Singapur, Corea del Sur y los Emiratos Árabes Unidos han experimentado recientemente un auge en el desarrollo de centros comerciales.

Por supuesto, partes significativas de Asia y África mantienen los formatos minoristas tradicionales, donde los mercados callejeros, los bazares y las tiendas familiares continúan dominando.

Además de las peculiaridades geográficas, podemos argumentar que los centros comerciales exitosos en la era posdigital deberían extender su propuesta de valor mucho más allá de los centros de distribución de productos o lugares donde las personas puedan explorar productos de manera casual. De hecho, los centros comerciales más exitosos ofrecen entretenimiento de primera clase, restaurantes muy buscados y servicios de valor agregado que son relevantes para las comunidades locales, incluida la celebración de eventos significativos como lanzamientos de productos, desfiles de moda, celebraciones de temporada, actuaciones en vivo, talleres, festivales, actividades infantiles, etc. En nuestra conversación, Camino de Parque Arauco Perú destacó que los desarrolladores de bienes raíces comerciales deben atender cuidadosamente la combinación adecuada de tiendas, servicios y experiencias al gusto del lugar. «No se trata solo de llenar espacios», compartió. «Tenemos que seleccionar cuidadosamente toda la experiencia, teniendo en cuenta lo que la gente necesita y desea en cada lugar específico». (Volveremos a esta idea de los minoristas como especialistas en la selección en el capítulo 17: «Ser un destino»).

Desarrollos de uso mixto

Un desafío con el potencial de mitigar o eliminar los efectos de la tendencia descrita anteriormente es el desarrollo estándar de uso mixto: una combinación de bienes raíces comerciales y residenciales complementados con espacio de oficinas y servicios útiles como gimnasios

5. «The luxury of Asia's malls is no substitute for genuine public spaces», *The Economist*, 2 de junio de 2022, https://www.economist.com/asia/2022/06/02/the-luxury-of-asias-malls-is-no-substitute-for-genuine-public-spaces.

y canchas deportivas, patios de comidas e incluso escuelas y universidades. Este enfoque puede desempeñar un papel importante en el estímulo del desarrollo de una comunidad remota, especialmente en países de baja densidad de población. Cuando se implementa bien el modelo, estos entornos de vida, trabajo y juego tienen el potencial de crear comunidades eficientes y prácticamente autosuficientes.

Considere el desarrollo de Canary Wharf en Londres, Reino Unido, un extenso entorno de uso mixto con un enclave autosuficiente que incorpora un centro comercial, oficinas, instalaciones de ocio y una escuela. En el transcurso de unos pocos años, este lugar se convirtió en uno de los distritos de negocios más destacados del mundo, que alberga corporaciones multinacionales, instituciones financieras, empresas de servicios profesionales y empresas tecnológicas. El Centro Comercial Canary Wharf dispone de una amplia gama de puntos de venta, incluidas marcas de lujo, minoristas de moda, grandes almacenes, tiendas especializadas y restaurantes, con ofertas adecuadas para residentes, trabajadores y visitantes por igual. Lo mismo puede decirse de los multicines, los gimnasios y las galerías de arte. Hay una escuela primaria, Canary Wharf College, y el University College de Londres ha instalado su Escuela de Administración en el piso 50 de una de las muchas torres del muelle. Por último, hay varios edificios residenciales de gran altura. Canary Wharf no es inmune a la dinámica de la era posdigital, en particular la tendencia hacia el comercio electrónico y el trabajo desde casa. (No podemos evitar preguntarnos: ¿Podrían los centros comerciales suburbanos beneficiarse de la disminución del viaje diario durante los cinco días de la semana, ya que los residentes suburbanos pasan más tiempo fuera del centro urbano?). Y el hecho de que las consecuencias del Brexit estén provocando que muchas instituciones financieras trasladen sus oficinas fuera del país supone una amenaza adicional para la prosperidad del distrito. El tiempo dirá si una combinación diferente de instalaciones y servicios en este nuevo panorama resultará sostenible.

Este no es el lugar adecuado para hablar en profundidad de las implicaciones sociológicas de esta dinámica, pero es importante mencionar que estos desarrollos a menudo se convierten en enclaves artificiales autónomos para personas privilegiadas, oasis que están completamente separados del mundo exterior, donde a veces las personas viven en condiciones de vida muy diferentes. Por supuesto, esta brecha es más pronunciada en las economías emergentes y los países pobres.

Continuando con el panorama minorista en constante cambio de Londres, un artículo del *Financial Times* de mayo de 2022 comienza así: «A lo largo de un corto tramo de la calle principal en Croydon, al sur de Londres, es posible rastrear el colapso del comercio minorista británico en menos de 10 minutos».[6] Esto se debe a que, a pesar de la exitosa incursión liderada por Amazon en el comercio electrónico (tenga en cuenta que el recorrido guiado en video a través de un centro logístico de Amazon al que se hace referencia en el capítulo 8 se filmó en parte en Birmingham, Reino Unido), «los centros comerciales seguían atrayendo un gran interés de los inversores», incluida «la empresa francesa Unibail-Rodamco, [que] compró Westfield, propietaria de centros comerciales en Londres y Nueva York, a fines de 2017 por 25 mil millones de dólares. Cinco años más tarde, Unibail-Rodamco-Westfield estaba vendiendo miles de millones de libras en centros comerciales europeos para reducir su deuda».[7]

En última instancia, en nuestro mundo posdigital, donde los puntos de referencia experienciales exigen estándares sobresalientes de experiencia del cliente, y la alfabetización digital y la accesibilidad continúan madurando en muchas economías, los centros comerciales deberán encontrar formas innovadoras de combinar lo físico, lo digital y lo virtual para atraer, involucrar y retener la afluencia que los sostuvo durante tanto tiempo.

Preguntas de cierre para la reflexión

- ¿Cómo podría ser el futuro de los centros comerciales en un mundo posdigital?

6. «The rise, fall and rebirth of the shopping centre», *Financial Times*, 15 de mayo de 2022, https://www.ft.com/content/1f024fd8-ade5-4468-9cb0-0a73d2a66364.
7. Ibidem.

- ¿Cómo puede una empresa ser estratégica en la combinación correcta de producto, servicio y experiencia?
- ¿Cómo puede su empresa sacar el máximo provecho del ecosistema de los centros comerciales?
- ¿Cómo va a comprar la gente en el futuro, teniendo en cuenta las oportunidades que ofrecen lo digital y lo virtual?
- ¿Se convertirán los desarrollos de uso mixto en una tendencia dominante en un mundo donde las personas tienden a trabajar de forma remota más que antes?

CAPÍTULO 10

La tormenta perfecta

Iniciamos la Parte I haciendo hincapié en los riesgos de correr hacia atrás y permitir que nuestra experiencia del pasado guíe nuestras decisiones sobre un futuro que se acerca rápidamente. Hemos argumentado que el mundo cambia a más velocidad de lo que nuestras empresas e instituciones pueden adaptarse, y que los seres humanos son más propensos a defender el *statu quo* que a forjar caminos inexplorados fuera de su zona de confort. Por lo tanto, la mayoría de las empresas establecidas luchan por mantener su posición frente a los competidores de nueva generación y las tecnologías emergentes. A lo largo de estos capítulos, nos hemos centrado en algunos de los retos más relevantes a los que se enfrentan actualmente los minoristas y las marcas. Sin embargo, es necesario agregar elementos desafiantes adicionales a la discusión, incluidos los vientos en contra macroeconómicos que están afectando a la industria minorista de afuera hacia adentro, y las dinámicas de adentro hacia afuera que interactúan con esas fuerzas impulsoras. En las próximas páginas nos centraremos en estos aspectos, aunque con una advertencia: dado que la complejidad de la economía global, combinada con la disrupción que está experimentando la industria minorista, nunca podría cubrirse en un solo libro, ofrecemos contenidos seleccionados.

El título de este capítulo final de la Parte I surgió de una serie de conversaciones que mantuvimos en mayo de 2023 con el director global de ventas minoristas de una marca de consumo emblemática, que pidió permanecer en el anonimato. Explicó que muchos minoristas están lidiando hoy en día con la tormenta perfecta que ha resultado de una convergencia de condiciones desfavorables, que exponemos aquí:

- La espiral de costos operativos en constante aumento.
- La deuda que muchos minoristas acumularon antes y durante la pandemia de COVID-19.
- El cóctel tóxico de la recesión más las altas tasas de interés que enfrentan muchas economías.
- La interrupción de la cadena de suministro causada por los confinamientos y las guerras.
- Un entorno de trabajo en el que cada vez más empleados trabajan desde casa, al menos a tiempo parcial.
- Una falta generalizada de personal en el mundo del retail debido a alternativas más atractivas, salarios inferiores a la media y largas jornadas laborales.

El aumento de los costos operativos es el resultado de algunos factores endógenos, como la cultura de aversión al riesgo y las estructuras organizativas aisladas, que llevaron al aplazamiento de muchas decisiones estratégicas que se han retrasado mucho. Por ejemplo, ahora que las tecnologías que alguna vez fueron emergentes son una parte integral de la ventaja competitiva de los mejores jugadores de su clase, los minoristas reacios al riesgo deben desembolsar altos costos de inversión solo para ponerse al día. Otros factores endógenos son el uso crónico subóptimo de los datos disponibles de los consumidores; conocimientos, habilidades y capacidades digitales limitados; y una cultura de colaboración generalmente escasa.

También hay que tener en cuenta las variables exógenas. La más importante es probablemente el crecimiento exponencial de los actores nativos digitales que han adoptado plenamente la transformación digital desde el punto de vista tecnológico, operativo y cultural. Tomemos como ejemplo a Amazon. El presupuesto anual que destinaron a investigación y desarrollo para 2022 fue de 73 213 millones de dólares, un aumento del 30,62 % con respecto a 2021 (56 052 millones de dólares), lo que supuso un incremento del 31,15 % con respecto a 2020 (42 740 millones de dólares), que significaba un aumento del 18,95 % con respecto a 2019.[8] ¿Cuántas empresas en el mundo pueden competir contra ese poderío destinado a la innovación?

Entre las fuerzas externas, también ha desempeñado un papel predominante una impresionante serie de cisnes negros (según el concepto popularizado por Nassim Nicholas Taleb y que hace referencia a eventos raros que son prácticamente imposibles de predecir o prever)[9] que han desestabilizado radicalmente el entorno económico mundial, incluido el ataque a las Torres Gemelas en 2001, la crisis financiera mundial en 2008, el referéndum del Brexit en 2016 y la pandemia de COVID-19. Pero hay otra dinámica exógena que ha surgido continuamente durante nuestras conversaciones con los ejecutivos de las marcas y minoristas: la presión ejercida por los propietarios comerciales, especialmente en las ubicaciones privilegiadas. De hecho, muchos de los locales más codiciados en las calles principales de las capitales comerciales del mundo son propiedad de grandes promotores inmobiliarios o firmas de capital privado que tienden a aplicar, en palabras de nuestro interlocutor anónimo, «tarifas astronómicas que están lejos de ser sostenibles para una tienda física insignia». El modelo de negocio de estos propietarios se basa en la suposición de que podrán pagar la deuda en la que incurrieron para adquirir una propiedad con el alquiler futuro pagado por el inquilino, y a menudo usan la propiedad en sí para respaldar la deuda.[10] Debido a la naturaleza de este modelo, estas empresas deben aspirar a maximizar sus rendimientos de la inversión pase lo que pase, y están impulsadas por los resultados financieros a corto plazo. Como consecuencia, las tarifas de alquiler exorbitantes de muchos de los mejores sitios inevitablemente crean una carga significativa para los minoristas. Esto es aún más doloroso en un mundo de comercio electrónico maduro donde las preferencias cambiantes de

8. «Amazon Research and Development Expenses 2010-2023 | AMZN», *Macrotrends*, s.f., https://www.macrotrends.net/stocks/charts/AMZN/amazon/research-development-expenses.
9. Nassim Nicholas Taleb, *The Black Swan: The Impact of the Highly Improbable* (Nueva York: Penguin, 2008).
10. Abha Bhattarai, «Private equity's role in retail has killed 1.3 million jobs, study says», *Washington Post*, 24 de julio de 2019, https://www.washingtonpost.com/business/2019/07/24/private-equitys-role-retail-has-decimated-million-jobs-study-says/.

los consumidores obligan a las empresas a actualizar constantemente su propuesta de valor.

Una última dinámica que vale la pena mencionar es el hecho de que, por primera vez en la historia de la humanidad, hay cinco generaciones que viven, trabajan y consumen al mismo tiempo: la generación Z (nacidos entre 2001 y 2020); los *millennials* (nacidos entre 1981 y 2000); la generación X (nacidos entre 1965 y 1980); los *baby boomers* (nacidos entre 1946 y 1964); y la generación silenciosa (nacidos entre 1925 y 1945). Inevitablemente, esta coexistencia de personas con antecedentes y ambiciones muy diferentes crea turbulencias adicionales en el esfuerzo por comprender a los usuarios y trazar el recorrido del cliente. Por ejemplo, se estima que los *millennials* y la generación Z harán aproximadamente el 75 % del gasto de lujo para 2026.[11] Las marcas deben encontrar nuevas formas de relacionarse con estos segmentos, porque conciben el «lujo» de una manera menos materialista, se guían por un conjunto diferente de valores y, en muchos casos, tienen prioridades que difieren con las de generaciones anteriores, incluida la sostenibilidad social y ambiental, la inclusión, la igualdad y la fluidez de género. La reventa y el alquiler de productos de alta gama también son opciones significativas para este grupo, que tiende a investigar y relacionarse con marcas predominantemente en línea y es más propenso a adoptar tecnologías virtuales y realidad aumentada durante el recorrido del cliente. Otro ejemplo son las oportunidades de negocio para los minoristas y las marcas relacionadas con una generación silenciosa más saludable y próspera, que van desde ayudas para la movilidad, productos para el cuidado de la salud y soluciones de bienestar personalizadas hasta paquetes de viaje a medida, visitas guiadas, alojamientos para personas mayores y opciones de entretenimiento.

¿Hacia dónde vamos?

Y aquí está la tormenta perfecta: una mezcla articulada de variables imposibles de controlar que está haciendo que la vida de los minoristas

11. Tim Jackson, «FT Business of Luxury 2023», *Stylus*, 12 de junio de 2023, https://stylus.com/consumer-attitudes/ft-business-of-luxury-summit-2023.

y las marcas de consumo sea una montaña rusa. Como resultado, por un lado tenemos gerentes que se quejan de la fuerte presión para obtener resultados a corto plazo y demostrar el ROI de cada iniciativa antes de que tengan la oportunidad de evidenciar el potencial real de un proyecto. Y, por otro lado, tenemos accionistas, propietarios de empresas y directores ejecutivos que se quejan de una fuerza laboral mal preparada que lucha por competir con los dinámicos nativos digitales.

Décadas de experiencia gerencial y de consultoría nos han enseñado que ambas posiciones son realmente válidas. Cuando estamos en medio de una tormenta, no podemos evitar centrarnos ansiosamente en todos los indicadores y métricas de rendimiento u obsesionarnos con ellos. Está en nuestro ADN: en medio de la inestabilidad, los seres humanos nos aferramos a lo que demostró ser efectivo en el pasado, todo lo que es tranquilizador y reduce la incertidumbre. Cuando tememos que nuestras vidas y medios de subsistencia estén en peligro, estamos menos inclinados a experimentar y esperar pacientemente los resultados a largo plazo. Además, cuando se produce un cambio de paradigma, es natural que nos sintamos fuera de lugar e inseguros.

Como hemos visto anteriormente en el libro, hay que dejar un poco de margen a los ejecutivos de las empresas: la mayoría de ellos fueron contratados para una realidad económica diferente, seleccionados por su particular estilo de liderazgo y evaluados en función de sus desempeños anteriores. El viejo modelo era «manda y controla» pase lo que pase, y había un espacio muy limitado para los líderes que entienden la importancia de incluir las habilidades blandas en la gestión. Y, dada la magnitud del cambio de paradigma en el que nos encontramos, su experiencia pasada podría no solo ser menos relevante, sino que en algunos casos es contraproducente, especialmente si se evita la innovación digital de las últimas décadas. Pero la realidad es que lo más peligroso que uno puede hacer en esta fase turbulenta es quedarse quieto, repitiendo febrilmente patrones conocidos (volveremos sobre este aspecto más adelante en el libro).

Teniendo en cuenta el riesgo de ser los primeros en enfrentarse a la obsolescencia, ¿cómo podrían estos equipos de liderazgo fomentar las condiciones necesarias para el cambio radical que actualmente se necesita en la mayoría de las empresas establecidas? ¿Cómo pueden los accionistas pretender que el liderazgo que promovieron para un mundo muy diferente sea capaz de guiar a sus empresas en un mundo posdigital? ¿Cómo pueden los gerentes persuadir eficazmente a los accionistas para que realicen inversiones significativas en personas y tecnología durante una economía de lento crecimiento? ¿Cómo podemos aplicar ingeniería inversa a la dinámica *apalancada* que ha cambiado el equilibrio de poder hacia los desarrolladores inmobiliarios y las empresas de capital privado, haciendo que la ecuación minorista parezca imposible para las marcas interesadas en ubicaciones privilegiadas?

En la Parte II, esbozamos un marco integral de diez principios rectores que creemos firmemente que permitirán a los líderes y gerentes empresariales dirigir su barco en la dirección correcta en medio de los vientos de cambio.

Preguntas de cierre para la reflexión

- ¿Cuáles son los principales componentes de la «tormenta perfecta» que afecta a la industria minorista y cómo interactúan entre sí?
- ¿Cómo caracterizan los autores del capítulo el impacto de las empresas nativas digitales como Amazon en la industria minorista?
- ¿Cuáles son las dinámicas mencionadas en el capítulo y cómo afectan a la relación entre los minoristas y los propietarios de propiedades?
- ¿Cuáles son las posibles consecuencias de que los minoristas se basen únicamente en experiencias pasadas y estilos de liderazgo tradicionales ante un cambio rápido?

PARTE II

Los 10 principios del retail posdigital

«El cambio es la única constante».
Heráclito, filósofo presocrático de la antigua Grecia, activo alrededor del año 500 a. C.

A finales de la década de 1980 había quedado claro que los estándares económicos favorecidos por los responsables políticos durante tres décadas —incluido el libre comercio, la máxima eficiencia y la supuesta superioridad de los mercados abiertos— no podían proteger contra las perturbaciones y los cisnes negros. Los responsables de la formulación de políticas públicas buscan ahora asegurar las cadenas de suministro y dar prioridad a los socios de confianza para las relaciones comerciales, incluso cuando hacerlo es algo menos eficiente. Sin embargo, el camino a seguir sigue sin estar claro, ya que los elementos de la ortodoxia económica anterior aún están en proceso de ser dejados de lado. Dada la clara evidencia de que muchos elementos del *status quo* anterior ya no son viables, con esta sección esperamos inspirar a los líderes empresariales mundiales en la búsqueda de un nuevo camino a seguir.

En particular, esbozamos un marco estratégico basado en 10 principios rectores que creemos que pueden servir como brújula y radar para navegar por la complejidad y la incertidumbre de la era posdigital. Desarrollamos estos principios a partir de cientos de conversaciones con ejecutivos de diferentes industrias y países. Y aunque muchos de ellos son ampliamente aplicables, hay algunos factores clave a tener en cuenta al utilizar el marco para sus propósitos:

- **Matices socioculturales**. Las diferentes regiones y culturas tienen comportamientos, preferencias y dinámicas de mercado de consumo únicos. Estos matices también juegan un papel importante cuando se trata de valores socioculturales y preocupaciones ambientales. Por lo tanto, es crucial alinear el marco con las sensibilidades y normas locales.
- **Factores económicos**. Las condiciones económicas, el poder adquisitivo y la madurez del mercado varían de una región a otra. De ahí que el panorama competitivo esté poblado por diferentes actores e influenciado por distintas dinámicas de mercado. Por lo tanto, es esencial adaptar nuestro marco mediante la recopilación de información y el mapeo de su entorno de mercado. Ajuste sus estrategias de venta al por menor para alinearlas con sus factores económicos locales, su panorama competitivo y los patrones de gasto de sus consumidores.
- **Infraestructura tecnológica**. El nivel de alfabetización digital, el avance tecnológico y la infraestructura difieren entre regiones. Por lo tanto, las organizaciones deben tener en cuenta la disponibilidad de soluciones tecnológicas al tiempo que adaptan el marco a sus necesidades.
- **Entorno regulatorio**. Dado que la dinámica del mercado está influenciada por diversas regulaciones, será importante ajustar el marco para cumplir con las leyes y regulaciones locales a fin de garantizar operaciones sostenibles y compatibles.

Los 10 «Be» («Ser») que recomendamos para guiar a los minoristas y a las marcas en un mundo posdigital se dividen en dos subgrupos.

Los tres primeros son «generales» porque se aplican a la postura mental que todo líder y gerente de negocios haría bien en adoptar en un mundo BANI.

- ***Be Humbitious* - Ser «humbicioso»** (acrónimo formado por la conjunción de las palabras «humilde» y «ambicioso»).[1] Los líderes «humbiciosos» valoran la vulnerabilidad, reconocen el valor de la colaboración y poseen la humildad para reconocer sus limitaciones y aprender de los demás. Al mismo tiempo, mantienen una fuerte ambición de establecer metas, inspirar a otros, perseguir el crecimiento personal y profesional y tener un impacto positivo en el mundo. Están convencidos de que la humildad pura puede limitar los planes audaces, mientras que la ambición pura puede conducir a la arrogancia.
- ***Be purposeful* - Ser propositivo**. En un mundo complejo en constante cambio, tanto aclarar como expresar el verdadero propósito de su empresa y su papel en el mundo ofrece una oportunidad única para desarrollar resiliencia, diferenciarse de la competencia, fomentar la confianza de las partes interesadas, nutrir la reputación de la marca y atraer, involucrar y retener el talento.
- ***Be Ambidextrous* - Ser ambidiestro**. El término «ambidestreza organizacional» fue acuñado por Charles O'Reilly y Michael Tushman.[2] Inspirados por el concepto, argumentamos que los líderes y gerentes empresariales, especialmente en las empresas en funcionamiento, deberían ser capaces de integrar de manera efectiva dos enfoques aparentemente contradictorios: la exploración y el uso de los recursos y capacidades.

1. Jane Harper, de IBM, «... dice que el término fue acuñado por investigadores de Bell Labs que buscaban describir los atributos personales de los científicos e ingenieros más efectivos». Dave Kinnear, «Leadership: Humbition», DBK Associates (blog), 7 de mayo de 2014, https://execleadercoach.com/2014/05/07/humbition/.
2. Charles O'Reilly y Michael Tushman, «Organizational Ambidexterity: Past, Present and Future», *SSRN Electronic Journal* 27, no. 4 (última revisión el 13 de noviembre de 2013): http://dx.doi.org/10.2139/ssrn.2285704.

Los siguientes siete principios se centran en áreas focales más específicas y describen el camino óptimo para que los minoristas y los líderes de marcas de consumo alcancen el éxito.

- ***Be Onlife* - Ser *Onlife*.** Acuñado por el profesor Luciano Floridi,[3] el concepto «onlife» pone de relieve la difuminación de los límites entre los mundos digital y físico. Reconoce que nuestras actividades en línea y nuestra huella digital están entrelazadas con nuestras experiencias, relaciones y comportamientos fuera de línea. En el capítulo, argumentamos que deberíamos añadir una tercera variable a la ecuación, ya que los puntos de contacto virtuales van a ganar mucha atención en los próximos años, abriendo el camino para un viaje del consumidor (*customer journey*) en 3D.
- ***Be Personal* - Ser personal.** Las personas se sienten atraídas por la personalización. Nos hace sentir únicos y valiosos. Desde el punto de vista empresarial, la personalización permite a las empresas aumentar la eficiencia y la eficacia y, al mismo tiempo, maximizar la probabilidad de ofrecer productos, servicios y experiencias muy significativas para los usuarios. Aprovechar la tecnología en esta dirección puede cambiar las reglas del juego, pero las decisiones que se deben tomar requieren una evaluación exhaustiva y la consideración de complejas compensaciones.
- ***Be Human* - Ser humano.** Si bien la tecnología y la automatización están cada vez más omnipresentes, los humanos aún desempeñan un papel crucial que no puede ser reemplazado por completo por las máquinas. En el futuro, comprender qué actividades deben automatizarse o digitalizarse frente a cuáles deben ser realizadas por humanos determinará la propuesta única de una empresa, así como creará las condiciones para su ventaja competitiva. Dada la multitud de variables involucradas, incluida la geografía, la industria, las condiciones del mercado, la madurez digital y la cultura local, no existe un enfoque único

3. Luciano Floridi, ed., *The Onlife Manifesto: Being Human in a Hyperconnected Era* (Cham: Suiza: Springer), 1. https://doi.org/10.1007/978-3-319-04093-6_1.

que se adapte a todas las situaciones. Encontrar el equilibrio adecuado requerirá una consideración cuidadosa y una evaluación caso por caso.

- ***Be a Destination* - Ser un destino**. El mundo postdigital se caracteriza por una fragmentación de los puntos de contacto, y estamos constantemente rodeados de estímulos que nos instan a probar nuevos productos, servicios y experiencias. En este entorno saturado, hay un espacio limitado para los puntos de contacto meramente transaccionales. Por lo tanto, es crucial que las tiendas físicas, los sitios web de comercio electrónico, las plataformas de contenido, las redes sociales y todos los demás puntos de contacto se diseñen y seleccionen estratégicamente para cautivar e involucrar a las personas y obligarlas a regresar.
- ***Be exponential* - Ser exponencial**. Este concepto está inspirado en el libro *Exponential Organizations* de Salim Ismail, Michael S. Malone y Yuri van Geest.[4] Este tipo de organización aprovecha tecnologías y estrategias exponenciales para lograr un rápido crecimiento y superar a los competidores que siguen las tendencias tradicionales. Las organizaciones exponenciales suelen estar estructuradas de forma descentralizada, apoyándose en redes, plataformas y ecosistemas. Aprovechan los recursos externos para ampliar sus capacidades y acceder a una amplia gama de conocimientos.
- ***Be invisible* - Ser invisible**. Si bien la tecnología está más omnipresente con cada día que pasa, siempre debe verse como un medio para un fin; debe integrarse perfectamente en nuestras vidas y experiencias sin llamar la atención innecesariamente. La tecnología invisible es intuitiva, fácil de usar y propicia para nuestras rutinas diarias.
- ***Be Loyal* - Ser leal**. Las empresas deben priorizar y actuar en el mejor interés de quienes invierten en su éxito. Esto significa

4. Salim Ismail, Michael S. Malone y Yuri van Geest, *Exponential Organizations: Why New Organizations Are Ten Times Better, Faster, and Cheaper Than Yours (And What to Do About It)* (Nueva York: Diversion Books, 2014).

que su lealtad debe extenderse más allá de sus accionistas para incluir también a sus grupos de interés y clientes. Cada eslabón de la cadena de valor incluye terceros directos e indirectos que no solo deben ser tenidos en cuenta, sino que también merecen lealtad. Tenga en cuenta que, dado que esta visión es relativamente nueva, podría requerir una reestructuración dolorosa de la cuenta de resultados, especialmente para las empresas más tradicionales (*legacy firms*).

Para cada uno de los 10 principios, presentaremos el concepto, detallaremos el pensamiento de fondo, reflexionaremos sobre su aplicabilidad y analizaremos tanto los resultados deseados como las posibles consecuencias no deseadas. Hemos analizado elementos de los 10 «Ser» con cientos de altos directivos y líderes de opinión, y hemos integrado sus perspectivas, experiencias del mundo real y ejemplos útiles en los capítulos siguientes.

Una vez más, le animamos a adaptar el marco conceptual a sus necesidades, aplicando estos diez principios rectores a su realidad empresarial específica. También esperamos que comparta sus comentarios con nosotros (redefiningretail@giuseppestigliano.com). Más adelante profundizaremos en los comentarios que recibamos y los haremos circular con la comunidad para fomentar el conocimiento y nutrir el debate.

¡Disfrute del viaje!

CAPÍTULO 11

Be Humbicious - Ser «humbicioso» (humilde + ambicioso)

Como se señaló anteriormente, el término «humbicioso» fusiona la humildad y la ambición para promover el valor de equilibrar una mentalidad humilde, que es indispensable cuando se navega por caminos inexplorados, y un fuerte impulso hacia el éxito, que es un antídoto vital contra la arrogancia impermeable.[1]

Ser un líder humbicioso significa reconocer que la ambición por sí sola puede conducir a un «síndrome de la arrogancia». El término «arrogancia», que deriva de la mitología griega, encapsula el exceso de confianza que puede llevar a los individuos a su fracaso. Hoy en día se asocia con una condición psicológica y conductual caracterizada por una excesiva confianza en sí mismo y la tendencia a actuar según los sesgos de confirmación, lo que a su vez puede perpetuar la arrogancia y la sensación de invencibilidad. Como resultado, los líderes desarrollan un «ego excesivo» y «pierden el contacto con las personas que dirigen, la cultura de la que forman parte y, en última instancia, con sus clientes y partes interesadas».[2] Este punto de vista es confirmado por Paolo Gallo, conferencista, autor y *coach*, quien explica: «Los líderes arrogantes están obsesionados con la visibilidad. Su imagen cuenta más que todo. Por lo

1. Bill Taylor, «On the "Battle for Talent" and the Power of "Humbition"», *Harvard Business Review*, 27 de febrero de 2008, https://hbr.org/2008/02/on-the-battle-for-talent-and-t.
2. Rasmus Hougaard y Jacqueline Carter, «Ego Is the Enemy of Good Leadership», *Harvard Business Review*, 6 de noviembre de 2018, https://hbr.org/2018/11/ego-is-the-enemy-of-good-leadership.

general, nombran a un director de comunicación que está totalmente enfocado en promocionar a la persona, su imagen, su presencia en las redes sociales más que a la empresa que se supone que representan. A los líderes humildes no les importa su visibilidad, ya que se centran en la credibilidad, el impacto y la reputación».[3]

Pero uno puede evitar ese peligroso camino abrazando la «humbiciosidad», que alienta a los líderes a mantener una perspectiva con los pies en la tierra, reconocer sus límites, compartir su vulnerabilidad, pedir ayuda y tratar a los demás con respeto y empatía. Esta actitud suele allanar el camino para un entorno de trabajo positivo, igualitario, inclusivo y diverso, en el que se valora y recompensa la colaboración y el éxito colectivo, y donde la seguridad psicológica es la norma. Por ejemplo, considere lo que afirma el presidente ejecutivo y CEO de Microsoft, Satya Nadella, quien es ampliamente reconocido por su estilo de liderazgo humilde e inclusivo y su perspicacia para los negocios: «El éxito puede hacer que las personas desaprendan los hábitos que al principio las hicieron exitosas. Mantén los pies en la tierra. Sé un aprendiz, no un sabelotodo».[4]

Los líderes humbiciosos suelen dar la bienvenida a los comentarios y las críticas constructivas de cualquier persona, independientemente de su antigüedad o estatus. Son receptivos a nuevas ideas y perspectivas diversas, y fomentan el desarrollo personal. Dado que esta mentalidad ayuda a todos los miembros de una organización a sentirse capacitados para explorar ideas innovadoras y a sentirse cómodos asumiendo riesgos calculados, los líderes humbiciosos fomentan la adaptabilidad y la capacidad de navegar por aguas desconocidas. Al liderar con humildad, también crean un sentido de propósito en el desarrollo de un futuro mejor para la empresa, sus empleados y la sociedad en general. Además, si bien la «ambición» de esta mentalidad es vital cuando una organización necesita reinventarse en medio de nuevas condiciones de mercado, la «humildad» ayuda a aceptar los contratiempos, aprender de los fracasos y volver a intentarlo. Adoptar plenamente la humbiciosidad se

3. Paolo Gallo, *The Seven Games of Leadership: Navigating the Inner Journey of Leaders* (Nueva York: Bloomsbury Business, 2023), 71.
4. Extraído de «Satya Nadella Quotes on Culture, Innovation, and Leadership», JD Meier (blog), s.f., https://jdmeier.com/satya-nadella-quotes/.

traduce en una mentalidad constructiva y orientada al crecimiento que fomenta una cultura de mejora continua.

En su artículo del *Wall Street Journal* «The Best Bosses Are Humble Bosses» (Los mejores jefes son jefes humildes), Sue Shellenbarger informa que Patagonia, el minorista estadounidense de ropa para actividades al aire libre conocido por su visión de la sostenibilidad, «comienza a examinar la humildad de los postulantes a empleos tan pronto como entran por la puerta para las entrevistas, hasta el punto de que la forma en que un candidato se comporta con los empleados de recepción puede ser un factor decisivo».[5]

En su libro de 1977, *Servant Leadership* (Liderazgo de Servicio), Robert K. Greenleaf, un ejecutivo retirado de AT&T, explica cómo, en su opinión, los líderes de este tipo son «el servidor como líder», ya que priorizan las necesidades y el desarrollo de las personas que lideran desde la perspectiva de que este enfoque lleva al éxito de la organización, así como a su propio éxito. En lugar de ejercer su poder, lo comparten. Como escriben Vaneet Kashyap y Santosh Rangnekar en *Review of Managerial Science*: «En lugar de que la gente trabaje para servir al líder, el líder existe para servir a la gente». Los líderes humbiciosos son *de facto* líderes de servicio lo suficientemente humildes como para admitir que pueden beneficiarse de las ideas, los conocimientos, la experiencia, las habilidades y las destrezas de cualquier persona. Sin embargo, se debe tener en cuenta que, como comparte Dan Cable en *Harvard Business Review,* «la humildad y el liderazgo de servicio no implican que los líderes tengan baja autoestima o adopten una actitud de servilismo. Por el contrario, el liderazgo de servicio pone de relieve que la responsabilidad de un líder es aumentar la participación, la autonomía y la responsabilidad de los seguidores, alentarlos a pensar por sí mismos y probar sus propias ideas».[6]

5. Sue Shellenbarger, «The Best Bosses Are Humble Bosses», *The Wall Street Journal*, 9 de octubre de 2018, https://www.wsj.com/articles/the-best-bosses-are-humble-bosses-1539092123.
6. Robert Greenleaf, *Servant Leadership: A Journey into the Nature of Legitimate Power and Greatness* (Nueva York: Paulist Press, 1977, 2002, 2008); Vaneet Kashyap y Santosh Rangnekar, «Servant Leadership, Employer Brand Perception, Trust in Leaders and Turnover Intentions: A Sequential Mediation Model», *Review of Managerial Science* 10, no. 3 (julio de 2016): 437—461, https://doi.org/10.1007/s11846-014-0152-6; Dan Cable, «How Humble Leadership Really Works», *Harvard Business Review*, 23 de abril de 2018, https://hbr.org/2018/04/how-humble-leadership-really-works.

La corporación multinacional estadounidense de alimentos, *snacks* y bebidas PepsiCo parece prestar mucha atención a este enfoque. Indra Nooyi, CEO de 2006 a 2018, abogó por una filosofía de liderazgo para empoderar a los empleados y hacerlos sentir seguros. Al mismo tiempo, reconoce la importancia de ser un modelo a seguir: «Como líder, soy dura conmigo misma y elevo el estándar para todos; sin embargo, soy muy cariñosa porque quiero que las personas sobresalgan en lo que están haciendo para que puedan aspirar a ser como yo en el futuro».[7] Y Mauro Porcini, vicepresidente sénior y director de diseño de PepsiCo, amplía el concepto, destacando que en este momento histórico los líderes deben estar aún más centrados en el ser humano: «El punto de partida, el nivel cultural en cada empresa, debe ser las necesidades y deseos de las personas y, por lo tanto, las necesidades de nuestro planeta, nuestra sociedad y de todo lo demás que nos importa como seres humanos. Este es el punto de partida, y creo que es el mayor desafío en este momento porque estamos en un tiempo de transición, y muchas empresas aún no están entendiendo lo importante que es enfocarse en esto».[8] Para convertirnos en líderes humbiciosos, debemos hacernos varias preguntas: ¿Tenemos la confianza suficiente para seguir siendo humildes? ¿Somos lo suficientemente humildes como para servir a las personas que lideramos y admitir ante ellos, nuestros superiores y ante nosotros mismos que no tenemos todas las respuestas? ¿Somos lo suficientemente modestos como para aceptar que necesitamos su ayuda para hacer frente a la complejidad del mundo actual? ¿Estamos dispuestos a subordinar nuestras ambiciones personales al éxito de las personas que nos rodean?

Diferentes líderes para diferentes culturas corporativas

Entonces, ¿es la humbición el mejor liderazgo posible en un mundo turbulento posdigital? Si la humildad es tan importante, ¿por qué es un

7. Peter Economy, «21 Super Inspiring Quotes for Leaders», Inc., 26 de diciembre de 2015, https://www.inc.com/peter-economy/21-inspiring-quotes-for-leaders.html.
8. Mauro Porcini, conversación personal con los autores, 30 de abril de 2023.

rasgo relativamente raro en los negocios modernos, y por qué tantos líderes arrogantes siguen siendo tan exitosos y celebrados?

Para responder a esta pregunta, debemos reconocer que los modelos de liderazgo tradicionales —derivados de las fuerzas armadas y de las operaciones en las fábricas—, a menudo han ensalzado y celebrado atributos como la asertividad, la decisión y un fuerte sentido de autoridad. Como consecuencia, la humildad ha sido vista tradicionalmente como un signo de debilidad e inseguridad. Además, en muchas culturas corporativas existe una fuerte presión para cumplir con los objetivos ambiciosos y las altas expectativas de los accionistas, lo que puede llevar a mostrar los propios logros mientras se minimizan las contribuciones de los demás.

Además, puede ser difícil para los gerentes experimentados admitir que las mismas cualidades instrumentales que contribuyeron a su éxito pasado pueden no ser necesariamente útiles para su éxito futuro. Esto se debe a que las personas tienden a defender el mundo que contribuyeron a construir. Como vimos en el capítulo 10, la mayoría de los líderes y gerentes que hoy están a cargo fueron contratados para una realidad económica diferente. Pero, dada la magnitud del cambio que estamos atravesando, la experiencia de los líderes actuales podría no solo ser menos relevante, sino que en algunos casos incluso es contraproducente. Para obtener más información, lea con atención el siguiente texto.

Cómo el sesgo gerencial puede frenar a una organización

1. Los gerentes que han pasado décadas en el comercio minorista tradicional pueden dudar en adoptar completamente las estrategias de transformación digital, así como subestimar el potencial del comercio electrónico y las plataformas en línea. Aquellos que están acostumbrados a los métodos de marketing tradicionales es posible que pasen por alto los canales de marketing digital emergentes, lo que limita el alcance de la empresa a nuevos segmentos de clientes.

2. Los gerentes experimentados pueden asumir que solo un cierto tipo de persona sería un empleado ideal, sin darse cuenta de que la experiencia más amplia de una fuerza laboral diversa puede ser la estrategia para seguir siendo competitivo.
3. Los gerentes acostumbrados a supervisar equipos en persona pueden tener dificultades para confiar plenamente y administrar de manera efectiva a los trabajadores remotos, lo que lleva a una reducción de la colaboración y a tener menos candidatos.
4. Los gerentes con amplia experiencia pueden confiar más en su intuición y prácticas establecidas en lugar de adoptar la toma de decisiones basada en datos, con lo que podría perderse información más precisa.
5. Los gerentes acostumbrados a las estructuras jerárquicas tradicionales pueden resistirse a adoptar metodologías ágiles, lo que dificulta la capacidad de la organización para adaptarse rápidamente a las condiciones cambiantes del mercado.
6. Los directivos que no se centran en la sostenibilidad pueden restar importancia a las prácticas ESG (*Environmental, Social and Governance* o Ambiental, Social y de Gobernanza), perdiendo oportunidades para alinearse con las preferencias cambiantes de los consumidores.

Para ser justos, aunque abogamos firmemente por que los líderes y gerentes sean humbiciosos, y creemos que las filosofías de liderazgo de arriba hacia abajo, sabelotodo, autoritarias y de mando y control son anacrónicas en un mundo dominado por la novedad y el cambio, es importante reconocer que a veces un enfoque más directivo aún puede ser efectivo. En otras palabras, puede haber situaciones críticas, como aquellas que requieren una rápida toma de decisiones, en las que el equilibrio entre la humildad y la ambición debe inclinarse hacia esta última, al menos hasta que se (re)establezca la armonía.

Por ejemplo, si una empresa se encuentra en medio de un período de transición, o parece estar hundiéndose de alguna manera, podría ser mejor que la persona que está al timón adopte un enfoque más decisivo para tranquilizar a todas las partes interesadas, ganarse (de nuevo) la confianza de todos y luego dirigir el barco en la dirección correcta. Tomemos como ejemplo a Sergio Marchionne. Fue director ejecutivo de Fiat Chrysler Automobiles (FCA) desde 2004 hasta su fallecimiento en 2018. Cuando tomó la dirección, la compañía estaba al borde de la bancarrota, pero puso en marcha una estrategia de cambio que condujo a la fusión de Fiat y Chrysler, y a una revitalización del negocio. Era conocido por su enfoque práctico y por crear una cultura orientada al rendimiento que se centraba en la eficiencia, la productividad y la rentabilidad. Sus numerosos movimientos audaces para reestructurar la compañía fueron fundamentales en su recuperación financiera y éxito posterior. ¿Era Marchionne un líder humbicioso? Definitivamente no. Como nos lo describió uno de sus antiguos subordinados directos (que pidió permanecer en el anonimato): «Aunque era un fanático del trabajo en equipo multifuncional, Sergio era probablemente la antítesis de la humildad. En su caso, la balanza fue 100 % hacia la ambición. Era inteligente, motivado, decidido, adicto al trabajo y notoriamente brusco. Pero él era exactamente lo que la compañía necesitaba en ese momento. En algunas ocasiones una organización necesita un electroshock para resucitar. Y en esas situaciones, tienes que ser un *bulldozer*».

Otra circunstancia en la que el enfoque humbicioso puede no ser (del todo) el ajuste perfecto es cuando mantener estándares organizacionales rigurosos es de suma importancia. Por ejemplo, si una *startup* necesita demostrar a los inversores la viabilidad, rentabilidad y escalabilidad de su modelo de negocio. O cuando una organización bien establecida se embarca en un proceso de realineación y necesita cumplir con una hoja de ruta específica. En realidad, en la mayoría de los momentos, cuando se requiere un cumplimiento forzado y métricas estrictamente controladas, el equipo de liderazgo puede verse legítimamente tentado a cambiar hacia un enfoque más autoritario. El problema es que la volatilidad estructural del mundo posdigital hace que sea prácticamente imposible ver una relación lineal de causa-efecto. De hecho, para lograr las codiciadas economías de escala, alcance y aprendizaje que normalmente permiten a las organizaciones crear métricas estándar y luego maximizar la eficiencia y la eficacia, la *conditio sine qua non* es la estabilidad. ¿Cómo se pueden obtener estándares organizacionales rigurosos en un mundo complejo donde los estándares se redefinen constantemente?

Como se señaló anteriormente, el estilo de liderazgo más apropiado en un momento y lugar en particular varía en función de factores contextuales, incluidas las condiciones macroeconómicas, las tendencias del mercado, el panorama competitivo en el sector específico, el tamaño y la cultura de la organización, etc.

Curiosamente, las diferentes etapas en las que se puede encontrar una empresa u organización también juegan un papel crucial. Sería un error que los líderes que se enfrentan a un nuevo desafío simplemente confíen en las habilidades y estrategias que les funcionaron en el pasado.

En su lugar, deben comenzar por obtener una comprensión profunda de la situación actual y luego adaptarse en consecuencia. En algunos casos, incluso podría llevarlos a darse cuenta de que no son los más adecuados para ese contexto en particular.

Para ayudar a evaluar con precisión la situación y determinar si un líder posee las habilidades adecuadas para enfrentar los desafíos existentes, Michael D. Watkins, autor de *The First 90 Days: Proven Strategies for Getting Up to Speed Faster and Smarter* (Los primeros 90 días: estrategias probadas para ponerse al día con rapidez e inteligencia), ideó el marco S.T.A.R.S. Cada letra del acrónimo corresponde a una fase distinta en la vida de una organización:

- **S de *Startup*** o proyecto emergente. Esta etapa es relevante cuando se asume un papel de liderazgo para una nueva empresa o cuando se pone en marcha una iniciativa dentro de una organización.
- **T de Transformación.** La etapa de cambio entra en juego cuando una organización está en crisis o se enfrenta a problemas que

exigen acciones correctivas significativas. (Consulte la situación de la FCA descrita anteriormente).

- **A de Acelerar el crecimiento**. Esta etapa gira en torno a la amplificación de la trayectoria de crecimiento de la organización, a menudo mediante la expansión de iniciativas exitosas y la ampliación de la presencia en el mercado. Esto sucede, por ejemplo, cuando una empresa evoluciona de *start-up* a *scale-up* una vez que ha validado el modelo de negocio e identificado las fuentes de ingresos recurrentes.
- **R de Reestructuración**. La reestructuración implica ajustar la propuesta de valor de la organización para mantenerse sincronizada con la evolución de la dinámica del mercado o los cambios internos.
- **S de *Sustain Success* o Éxito sostenido**. Esta etapa gira en torno al mantenimiento de los logros de la organización, la racionalización de las operaciones y la innovación continua.[9]

Cada etapa requiere diferentes estilos de liderazgo, y es imposible identificar el «correcto» *per se*.

No obstante, nuestro trabajo con empresas de todo el mundo sugiere que, en una realidad de mercado que cambia rápidamente y evoluciona constantemente, los minoristas y los líderes de marca deben aceptar que lo que les hizo tener éxito en el pasado no es necesariamente lo que les hará tener éxito en el futuro. Deben estar humildemente abiertos a reinventarse constantemente, aprender de la experiencia, valorar las opiniones de los demás y buscar activamente críticas constructivas.

Es por eso que el consejo de «ser humbicioso» es el primer principio rector general para los líderes y gerentes que desean navegar por la complejidad del mundo posdigital.

9. Michael D. Watkins, «Choosing the Right Transition Strategy», *Harvard Business Review*, enero de 2009, https://hbr.org/2009/01/picking-the-right-transition-strategy; Michael D. Watkins, *The First 90 Days: Proven Strategies for Getting Up to Speed Faster and Smarter, Updated and Expanded* (Boston: Harvard Business Review Press, 2013).

Preguntas de cierre para la reflexión

- ¿Qué tipo de líder empresarial considera que es usted? ¿Qué estilo de liderazgo es más apropiado para la organización a la que pertenece? ¿Ese estilo se adapta a la cultura interna?
- ¿Está preparado para cuestionarse a sí mismo? ¿Es posible que algunas de las habilidades instrumentales para su éxito pasado no le lleven al éxito futuro?
- ¿Tiene la confianza para fusionar la humildad con la ambición mientras explora los territorios desconocidos de un mundo posdigital?

CAPÍTULO 12

Be purposeful - Ser propositivo

Ser propositivo es tener un carácter orientado a la realización de un propósito definido y una actitud proactiva. Como destacamos en el capítulo 2, «propósito» es una palabra de la que se abusa en estos días. La creciente importancia del concepto se aplica tanto a la vida personal como a la profesional, a pesar del *modus operandi* empresarial tradicional de priorizar las ganancias de los accionistas sobre cualquier otra cosa. El concepto de «las personas antes que las ganancias» era un anatema para el economista ganador del Premio Nobel Milton Friedman, quien fue reconocido por decir, en 1970, que la responsabilidad social corporativa es una «"doctrina fundamentalmente subversiva" en una sociedad libre. [...] Hay una y única responsabilidad social de las empresas: utilizar sus recursos y participar en actividades diseñadas para aumentar sus ganancias, siempre y cuando se mantengan dentro de las reglas del juego, es decir, participen en una competencia abierta y libre sin engaños ni fraudes».[1] En otras palabras, según este punto de vista, no existe algo como la responsabilidad social corporativa, ya que la única responsabilidad de una empresa es hacia sus accionistas y consiste en maximizar su retorno de la inversión (también conocido como beneficio). Destinar dinero a una causa social no beneficiaría a los accionistas, ya que reduciría sus beneficios.

1. Milton Friedman, «A Friedman Doctrine: The Social Responsibility of Business Is to Increase Its Profits», *New York Times,* 13 de septiembre de 1970, https://www.nytimes.com/1970/09/13/archives/a-friedman-doctrine-the-social-responsibility-of-business-is-to.html.

Sin embargo, hoy en día es ampliamente aceptado que cualquier negocio tiene la responsabilidad de ir más allá de servir solo a los intereses de los propietarios.

De hecho, la revista *Fortune* publicó un artículo el 13 de septiembre de 2020 titulado: «50 years later, Milton Friedman's shareholder doctrine is dead» (50 años después, la doctrina de los accionistas de Milton Friedman está muerta).[2]

Muchos creen que las empresas deben esforzarse por crear valor para sus clientes, invertir en sus empleados, mantener relaciones justas y éticas con socios y proveedores, y contribuir al bienestar de las comunidades locales en las que operan, así como al bienestar de la sociedad en general. Este enfoque holístico permite a una empresa crear un impacto positivo que se extiende más allá de su éxito financiero. La responsabilidad social de una empresa ha pasado de ser una mera opción a una oportunidad crítica de negocio como consecuencia de un mundo caracterizado por una conciencia social más profunda, un mayor compromiso medioambiental y una dedicación a la igualdad, la diversidad, la inclusión y los derechos humanos en general. Tanto los trabajadores como los consumidores esperan que las organizaciones demuestren activamente su compromiso de marcar una diferencia positiva en el mundo.

Y este compromiso allanará el camino para lo que es una moneda de cambio fundamental en un contexto turbulento e incierto: la confianza. De hecho, según el informe *State of the Connected Customer* (Estado del consumidor conectado) de *Salesforce Research*, «el 66 % de los clientes han dejado de comprar a una empresa cuyos valores no se alineaban con los suyos, frente al 62 % en 2020, y cuatro de los cinco principales problemas son el trato a los empleados, las prácticas ambientales, las acciones sobre injusticias económicas y las acciones sobre injusticias raciales».[3] Como veremos, los defensores de este enfoque están convencidos de que no solo es compatible con la

2. Colin Mayer, Leo E. Strine Jr. y Jaap Winter, «50 years later, Milton Friedman's shareholder doctrine is dead», *Fortune,* 13 de septiembre de 2020, https://fortune.com/2020/09/13/ atago-friedman-anniversary-business-purpose/.

3. *State of the Connected Customer,* quinta edición, [mayo de 2022], p. 8, *Salesforce Research* https://www.salesforce.com/resources/research-reports/state-of-the-connected-customer/.

generación de beneficios para los accionistas, sino que a medio-largo plazo, incluso puede tener un efecto multiplicador.

Hemos argumentado en el capítulo 2 que el propósito de una organización es una combinación de elementos poderosos, como la razón misma por la que existe una empresa, lo que representa, cómo contribuye al bien social, por qué los empleados deberían estar orgullosos de trabajar para ella, qué motivaría a los proveedores a favorecer a esta empresa sobre otras y por qué los clientes deberían conectarse emocionalmente con su marca eligiendo su propuesta de valor entre muchas alternativas posibles. En palabras de Javier Quiñones, presidente y CSO de IKEA USA: «Ser una marca con propósito siempre comienza con el "por qué" detrás de lo que estamos haciendo. La gente no solo comprará, sino que también invertirá en marcas que defiendan sus valores». En otras palabras, como hemos dicho en otro lugar: «Una buena empresa ofrece excelentes productos y servicios. Una gran empresa también ofrece excelentes productos y servicios, pero al mismo tiempo se esfuerza por hacer del mundo un lugar mejor».[4] Si este propósito es apreciado y valorado por los clientes, entonces la empresa será vista como líder y probablemente prosperará.

Los autores del informe de Monitor Deloitte, *The Purpose Premium: Why a Purpose-Driven Strategy Is Good for Business* (La prima del propósito: por qué una estrategia impulsada por un propósito es buena para los negocios), señalan que debe haber una clara correlación entre lo que hace una empresa y su capacidad para proporcionar al mundo soluciones concretas: «El propósito de una empresa es el papel que desempeña en la sociedad relacionado con el valor a largo plazo, incluyendo las necesidades diferenciadas que aborda para todos sus grupos de interés. Los líderes empresariales pueden proteger el éxito futuro de su empresa mediante la adopción de estrategias para resolver los

4. *Retail Speaks: Seven Imperatives for the Industry,* Asociación de Líderes de la Industria Minorista (RILA) y McKinsey & Company, [abril de 2021], p. 7, https://www.mckinsey.com/~/media/McKinsey/Industries/Retail/Our%20Insights/retail%20speaks%20seven%20imperatives%20for%20the%20industry/retail-speaks-full-report.pdf; Philip Kotler y Nancy R. Lee, *Corporate Social Responsibility: Doing the Most Good for Your Company and Your Cause* (Hoboken, NJ: Wiley, 2004).

problemas de las personas y el planeta de manera rentable, y no beneficiarse de causar tales problemas».[5]

Uno de los casos de estudio más emblemáticos en este sentido es el del minorista estadounidense Patagonia, que gestiona tiendas en más de 10 países a nivel global. La empresa y su fundador son un ejemplo vivo de la filosofía descrita anteriormente. Patagonia.com proclama: «El mejor producto es útil, versátil, duradero, reparable y reciclable». Su ideal es «hacer productos que devuelvan a la Tierra tanto como reciben». Chouinard se convirtió en un multimillonario «reacio» gracias al éxito de la marca que fundó en 1973 para proporcionar a sus compañeros escaladores la mejor ropa deportiva. Fiel a su estilo, en 2022, «en vísperas de [su] 50 aniversario»,[6] Chouinard sorprendió al mundo al donar la empresa de 3 000 millones de dólares a un fideicomiso y una organización sin ánimo de lucro que utilizará los beneficios futuros (de alrededor de 1 millón de dólares al año) para ayudar a combatir el cambio climático. Al explicar sus razones, el fundador y director ejecutivo de 83 años dijo: «Influiremos en una nueva forma de capitalismo que no termine con unos pocos ricos y un montón de pobres».[7]

En este capítulo, exploraremos más a fondo el concepto de propósito y consideraremos tanto las oportunidades como las implicaciones que tiene para los minoristas y las marcas.

Los beneficios de tener un propósito

En principio, cuando una empresa tiene un propósito, cuando «le va bien haciendo el bien» —consejo atribuido a Benjamin Franklin—, hay múltiples efectos positivos, incluido el potencial de crear un legado significativo. Por ejemplo:

5. Tom Schoenwaelder, John Mennel, Amy E. Silverstein y Shira Beery, *The Purpose Premium: Why a Purpose-Driven Strategy Is Good for Business, Monitor Deloitte*, s.f., p. 4, https://www2.deloitte.com/content/dam/Deloitte/us/Documents/process-and-operations/purpose-premium-pov.pdf.
6. «Our Core Values», Patagonia.com, 2022, https://www.patagonia.com/core-values/.
7. David Gelles, «Billionaire No More: Patagonia Founder Gives Away the Company», *New York Times*, 21 de septiembre de 2022, https://www.nytimes.com/2022/09/14/climate/patagonia-climate-philanthropy-chouinard.html.

- **Enfoque**. Un propósito claro ayuda a alinear y enfocar los esfuerzos de todos dentro de una organización. El propósito proporciona un sentido de significado compartido que ayuda a alinear naturalmente todas las decisiones y evita que la empresa dé pasos en falso.
- **Compromiso**. Un propósito fuerte estimula el sentido de pertenencia dentro de una organización y fomenta el compromiso y la motivación. Cuantas más partes interesadas estén motivadas por este propósito, más probable será que se comprometan, sean entusiastas y proactivas en sus respectivas funciones.
- **Confianza**. En un mundo BANI, la confianza es la moneda de cambio más importante entre las personas (todas las partes interesadas) y las organizaciones. La confianza que puede derivarse de un propósito compartido puede cimentar las relaciones, mejorar la reputación y crear una ventaja competitiva.
- **Talento**. En un mundo en constante cambio, la capacidad de atraer y retener talento es más crucial que nunca. Elaborar el propósito correcto posiciona a una empresa para atraer a aquellos que comparten los mismos valores.
- **Lealtad**. Cuando los clientes se identifican con el propósito de una empresa y creen en lo que representa, es más probable que sean leales e incluso defiendan la marca.
- **Sostenibilidad**. En un mundo transitorio, los minoristas y las marcas impulsados por un propósito están más inclinados a tener una perspectiva a largo plazo, lo que puede mantener su relevancia y sostener su modelo de negocio.

Ser propositivo es esforzarse por crear un impacto positivo y significativo en la sociedad, ya sea directamente, a través de sus productos y servicios, o a través de esfuerzos de sostenibilidad ambiental, iniciativas sociales o contribuciones a las comunidades locales. Ser propositivo también es priorizar el bienestar de los empleados, fomentar una cultura de trabajo de apoyo, brindar igualdad de oportunidades, promover el equilibrio entre el trabajo y la vida personal y garantizar prácticas justas. Esta mentalidad también se aplica a las relaciones más amplias con las partes interesadas (inversores, proveedores, clientes, empleadores, comunidades locales) en el fomento de asociaciones mutuamente beneficiosas. En el trabajo operativo de una empresa, ser propositivo requiere transparencia, integridad, estándares éticos, abastecimiento y gestión de la cadena de suministro responsables y prácticas de comercio justo, además de comunicaciones de marketing honestas y responsabilidad por las acciones de la empresa.

Es importante destacar que no solo nos referimos a la práctica de compensar, equilibrar o, en los casos más virtuosos, limitar el impacto ambiental, económico y social negativo. Sin duda, se trata de un muy buen comienzo, pero el beneficio a largo plazo implica algo más que compensar o reducir las consecuencias negativas del modelo actual. También debemos avanzar decididamente hacia una revisión completa de este modelo en busca de un nuevo escenario en el que todas las fases sean realmente sostenibles.

Metafóricamente hablando, esto es como abstenerse de comprar «indulgencias» (la práctica religiosa de recibir el perdón de un pecado a cambio de una donación monetaria), para proponerse un cambio completo de comportamiento, con el objetivo de dejar de realizar acciones inmorales o ilícitas.

Michael Braungart y William McDonough son coautores de un libro que propone cambiar el modelo dominante, de principio a fin, por otro circular: *Cradle to Cradle: Remaking the Way We Make Things* (De la cuna a la cuna: cambiando la forma de hacer las cosas).[8] Afirman que si podemos hacer la transición de un proceso lineal a uno circular, podríamos supervisar la gestión sostenible de todas las etapas (concepción, producción, distribución y consumo) con la ambición de hacer del proceso completo un juego de suma cero, donde todos los desechos se reutilicen como combustible técnico o biológico para alimentar otros procesos. Del mismo modo, un sistema económico puede definirse como circular cuando los productos y servicios se comercializan en un circuito cerrado, lo que desencadena un círculo

8. McDonough, W., & Braungart, M. (2009). *Cradle to cradle: Remaking the way we make things*. Vintage.

virtuoso que potencialmente elimina tanto los residuos como la gestión pasiva de los mismos.

Este punto de vista se alinea fuertemente con la perspectiva presentada por Michael Porter y Mark Kramer en su influyente artículo de *Harvard Business Review* «Creating Shared Value: How to Reinvent Capitalism and Unleash a Wave of Innovation and Growth» (Creando valor compartido: cómo reinventar el capitalismo y desatar una ola de innovación y crecimiento). Porter y Kramer sostienen que las empresas deben alejarse de la búsqueda exclusiva de la creación de valor para los accionistas y, en su lugar, esforzarse activamente por la generación sistemática de valor compartido en toda la cadena de valor. Esto incluye tener en cuenta el bienestar de los empleados, proveedores, socios comerciales, colaboradores externos y clientes, así como las preocupaciones sociales y medioambientales más amplias. En resumen, las empresas deben buscar activamente oportunidades de valor compartido para armonizar el progreso social y ambiental con la prosperidad financiera.[9]

Una armonía difícil

Esto parece muy claro en teoría, y numerosos empresarios y líderes empresariales afirman que esta armonía es efectivamente alcanzable. Pero en casi todas las conversaciones que tuvimos con accionistas, empresarios y directivos de todo el mundo, llegamos a un punto en el que nos dijeron algo así como: «Dando por sentado que todo lo que has descrito en este principio rector es primordial, ¿cómo puedo contemplar todas esas variables y al mismo tiempo generar margen de beneficio a corto plazo?». La suposición subyacente es que si una empresa se ha construido sobre una base diferente, a menudo en una realidad de mercado distinta, la estructura de su P&L (*profits and losses*, o estado de resultados) no puede absorber por completo las inversiones necesarias para abarcar todas las solicitudes legítimas de la sociedad

9. Michael Porter y Mark Kramer, «Creating Shared Value: How to Reinvent Capitalism and Unleash a Wave of Innovation and Growth», *Harvard Business Review,* enero-febrero de 2011, https://hbr.org/2011/01/the-big-idea-creating-shared-value.

actual. Y, al mismo tiempo, la demanda incremental impulsada por los clientes conscientes no sería suficiente para amortizar las inversiones necesarias para cambiar el *modus operandi*.

La comunidad empresarial parece estar de acuerdo en el hecho de que ser propositivo es una oportunidad concreta para realinear la visión empresarial a medio y largo plazo. Sin embargo, nuestra experiencia sugiere que la reestructuración de las operaciones de las empresas para priorizar la creación de valor compartido puede generar impactos significativos a corto plazo. Y esto, obviamente, se percibe como un gran problema teniendo en cuenta que la mayoría de los líderes organizacionales suelen ser evaluados en función de indicadores de rendimiento a corto plazo. Póngase en la piel de un director ejecutivo de un minorista establecido o de una marca de consumo que actualmente se encuentra en el proceso de finalizar la asignación presupuestaria para el próximo año. Con recursos limitados a su disposición, se enfrenta a una decisión crítica: invertir fondos en una transformación operativa para lograr la neutralidad de carbono en un plazo de cinco años, o contratar personal de ventas adicional que es muy probable que genere ingresos y ganancias incrementales. Optar por esta última alternativa complacería a los accionistas y probablemente supondría mayores bonificaciones para usted y el equipo directivo, y el logro tendría potencialmente un impacto relevante en su carrera. Sin embargo, este resultado optimista se produciría a expensas de la búsqueda de la neutralidad de carbono. Este escenario hipotético refleja un dilema al que muchos ejecutivos se enfrentan todos los días, lo que subraya la importancia de alinear la visión y el propósito de la organización con las expectativas de los accionistas y la estructura de incentivos de la dirección. Los responsables de la formulación de políticas también desempeñan un papel clave en este escenario, ya que dejar que los mercados se regulen a sí mismos ha sido solo parcialmente eficaz. De hecho, a menos que todos estos elementos converjan armoniosamente, la transición hacia negocios más impulsados por un propósito requerirá la iniciativa de personas inspiradas, tanto para descubrir cómo hacer que funcione como para estar dispuestos a sacrificar las ganancias. Para que esta visión se convierta en una práctica estándar, se necesita una orientación singular, como la que podrían aplicar los gobiernos y los organismos internacionales.

¿Cómo podemos conciliar la búsqueda de beneficios con la necesidad de integrar las prioridades ESG (ambientales, sociales y de gobernanza)? ¿Cuál es el equilibrio adecuado entre «valor» y «valores»? ¿Cómo puede un negocio ser rentable y propositivo?

No es una exageración decir que este tema es decisivamente prioritario para todas las empresas en estos días. *The Economist* ha calculado que el número de veces que las empresas del S&P 500 han utilizado el término «ESG» en las informes de resultados trimestrales se disparó a partir de 2020.[10] Pero a pesar de todo este análisis, no hay una respuesta simple a estas preguntas, ni una hoja de ruta clara sobre cómo proceder. Como se señaló anteriormente, el hecho de que haya variables socioculturales, económicas, tecnológicas y regulatorias en juego hace que la búsqueda de una solución estándar global sea aún más compleja. De hecho, aunque existen directrices, como los 17 Objetivos de Desarrollo Sostenible de la ONU[11], los minoristas y las marcas desconfían de invertir en una dirección específica. Si las regulaciones nacionales, regionales (como las de la UE frente a las de EE. UU.) y globales no están alineadas, como puede suceder, duplicar un estándar podría correr el riesgo de desperdiciar recursos, infringir las regulaciones locales, incurrir en multas y empañar la imagen de la marca. Por otra parte, una imagen puede verse dañada si una empresa es declarada culpable de «Greenwashing» (o blanqueo ecológico —acción orientada a confundir al público y *stakeholders* sobre las prácticas sostenibles de la empresa—), cuando la afirmación de que se trata de salvar el planeta resulta ser solo una fachada. Los cínicos dirían que todas las marcas pueden encontrar una manera de hacer que las afirmaciones ESG parezcan socialmente responsables.

Este efecto silo es un arma de doble filo. La ausencia de estándares y certificaciones globales desalienta y desincentiva a los minoristas y las marcas a tomar medidas, lo que ralentiza sus esfuerzos para ser

10. «A Broken System Needs Urgent Repairs», *The Economist*, 21 de julio de 2022, https://www.economist.com/special-report/2022/07/21/a-broken-system-needs-urgent-repairs.
11. «The 17 Goals», Naciones Unidas, Departamento de Asuntos Económicos y Sociales, Desarrollo Sostenible, s.f., https://sdgs.un.org/goals.

más propositivos. Mientras tanto, la aparente mentalidad de «todo sigue igual» crea confusión y desencanto en la opinión pública, que se vuelve cada vez más escéptica sobre la capacidad de conciliar el beneficio y el propósito.

Hacia un estándar común

A pesar de la falta de normas estandarizadas, el creciente número de empresas socialmente responsables está elevando el listón para el mercado, empujando continuamente los límites de lo que se considera prácticas inaceptables. Un método valioso para identificar a estas empresas inspiradoras impulsadas por un propósito es a través de la certificación B Corp (Empresas B), establecida por B Lab, una organización global sin ánimo de lucro comprometida a facilitar la certificación de empresas impulsadas por una misión en función de su impacto positivo en el planeta y la sociedad. Esta certificación implica un riguroso proceso de acreditación en el que se evalúa el desempeño de una empresa mediante un sistema de puntos en cinco categorías clave: clientes, comunidad, gobernanza, trabajadores y medio ambiente. Para lograr la certificación, se requiere un mínimo de 80 puntos. Se realiza un examen adicional que consta de 150 a 200 preguntas (dependiendo del tamaño y el sector de la empresa) que evalúa las prácticas operativas de la compañía. Este proceso integral no solo revela áreas con margen de mejora, sino que también proporciona una hoja de ruta clara para implementar prácticas sostenibles y socialmente responsables para luchar continuamente por la excelencia.

Tenga en cuenta que obtener una certificación B Corp no es un logro de una sola vez. Las empresas deben someterse a una recertificación cada tres años y se espera que mejoren su puntuación. Además, estas empresas certificadas están legalmente obligadas a considerar el impacto de sus decisiones en todos sus grupos de interés: empleados, clientes, proveedores, comunidad y medio ambiente. Esta certificación permite reconocer a las marcas que poseen valores excepcionales y se dedican a la mejora constante de su fuerza laboral, el planeta y el bienestar de todos. La lista incluye algunas marcas conocidas, como illycaffè, Patagonia y The Body Shop[12], pero también otras más recientes, como la empresa de calzado y ropa Allbirds y Aesop. (Aesop es una marca australiana de cosméticos de lujo que fue adquirida por L'Oréal por 2 500 millones de dólares, lo que la convierte en la mayor adquisición de marca jamás realizada por el gigante francés de la belleza).[13]

Danone es una corporación multinacional que cotiza en bolsa y que participa activamente en el movimiento B Corp en varios frentes. Desde 2015, Danone se ha asociado con B Lab para ayudar a definir un camino significativo y manejable hacia la certificación para multinacionales y empresas que cotizan en bolsa. En el momento de escribir estas líneas, el 82,5 % de las ventas mundiales de Danone han obtenido la certificación B Corp, lo que significa un paso notable hacia la aspiración de Danone de convertirse en una de las primeras multinacionales totalmente certificadas para 2025.[14]

Otra marca que merece una mención especial en este capítulo es el minorista de ropa japonés UNIQLO. Su fundador, Tadashi Yanai, es célebre por decir: «Sin alma, una empresa no es nada».[15] También es famoso por los 23 principios de gestión que ha desarrollado y aplicado a todos los aspectos de su empresa. En el centro de estos principios se encuentra el enfoque en el cliente, una idea de retribuir a la sociedad y ser autodisruptivo. El informe de resultados del primer semestre del año fiscal 2024 reveló un logro notable para la empresa, mostrando un aumento importante tanto de los ingresos como de los beneficios durante los primeros meses del año.[16]

12. En julio de 2024, al realizarse la traducción, la empresa de propiedad del fondo Aurelius (luego de ser vendido por el grupo Natura & Co.) atravesaba una crisis de escala mundial, y después de declararse en bancarrota anunció el cierre de aproximadamente el 50 % de las tiendas en Reino Unido. Fuentes periodísticas anunciaban interesados en reestructurar sus operaciones. Fuentes: https://www.bnnbloomberg.ca/the-body-shop-tips-into-insolvency-putting-2-000-uk-jobs-at-risk-1.2034249; https://www.cityam.com/the-body-shop-might-have-a-saviour-in-former-mothercare-chief/

13. Michelle Toh, «L'Oréal buys Aesop in $2.5 billion deal, its biggest acquisition ever», *CNN*, actualizado el 4 de abril de 2023, https://www.cnn.com/2023/04/04/business/australia-aesop-loreal-natura-deal-intl-hnk.

14. «B CORP», Danone, s.f., https://www.danone.com/about-danone/sustainable-value-creation/BCorpAmbition.html.

15. Vikram Alexei Kansara, «Uniqlo Boss: "Without a Soul, a Company is Nothing"», *Business of Fashion*, 17 de octubre de 2016, https://www.businessoffashion.com/articles/retail/uniqlo-fast-retailing-ceo-tadashi-yanai-management-principles/.

16. «Results Summary», UNIQLO FY2023 Third Quarter, *Fast Retailing*, actualizado por última vez el 13 de julio de 2023 de https://www.fastretailing.com/eng/ir/financial/summary.html.

Estos resultados comerciales demuestran el desempeño encomiable de la compañía en la generación de ganancias financieras sustanciales, al tiempo que mantiene un fuerte compromiso con su propósito. Un ejemplo tangible del enfoque de UNIQLO está representado por RE. UNIQLO STUDIO. En las tiendas UNIQLO de varias ciudades, los clientes pueden pagar cinco dólares para que reparen o sustituyan los botones y las cremalleras, remienden los agujeros y arreglen las costuras de sus prendas. UNIQLO afirma que «recogerá ropa de segunda mano de UNIQLO en las tiendas para su reutilización y la entregará a personas necesitadas en todo el mundo [...]. La ropa que no se puede reutilizar se recicla como combustible o material de insonorización».[17]

El servicio de reparación ha sido implementado también por otras empresas, incluidas Apple, Barbour, Gucci, H&M, Louis Vuitton, Nike y muchas otras. Cuando hablamos de este tema con Riccardo Stefanelli, CEO de la marca italiana de moda de lujo Brunello Cucinelli, reconoció la importancia de prolongar la vida útil de las prendas, pero también destacó el valor de incorporar un enfoque más responsable en todo el proceso. Nos dijo: «Nuestro objetivo es desarrollar productos que posean una longevidad inherente, construidos con un enfoque en la durabilidad, diseñados para maximizar su vida útil y para resistir la prueba del tiempo tanto en robustez física como en relevancia funcional. A lo largo de este proceso, defendemos diligentemente los principios de preservar la dignidad moral y económica de las personas involucradas».[18]

Estos ejemplos ofrecen modelos constructivos para que otras empresas los emulen, al tiempo que sirven como puntos de referencia que indican lo que cada vez más personas admiran y esperan, algo a lo que los actores menos reactivos deberían prestar atención.

17. «RE. UNIQLO STUDIO», sin fecha, https://www.uniqlo.com/uk/en/content/reuniqlo-studio.html; https://faq-us.uniqlo.com/articles/en_US/FAQ/UNIQLO-SOHO-Repair-Services/; «A New Life for Uniqlo Clothing», UNIQLO Sustainability, s.f., https://www.uniqlo.com/jp/en/contents/sustainability/planet/clothes_recycling/re-uniqlo/.
18. Riccardo Stefanelli, entrevistas personales con los autores, 31 de julio de 2023.

La correlación empresarial

En 2023, McKinsey y NielsenIQ llevaron a cabo un impresionante estudio destinado a examinar el crecimiento de las ventas de productos que afirmaban ser responsables con el medio ambiente y la sociedad. El estudio utilizó cinco años de datos de ventas de Estados Unidos, que abarcan el período comprendido entre 2017 y junio de 2022. Este extenso conjunto de datos incluía 600 000 SKU (*stock-keeping unit* o código de referencia de productos en stock) de productos individuales, lo que representaba la cantidad nada despreciable de 400 000 millones de dólares en ingresos minoristas anuales. Los productos procedían de 44 000 marcas que abarcaban 32 categorías, incluidos alimentos, bebidas, cuidado personal y artículos para el hogar.[19]

Si bien el estudio evidencia que la demanda de productos ambiental y socialmente responsables se extiende más allá de las audiencias de nicho, también destaca el hecho de que no todas las marcas que hacen afirmaciones relacionadas con ESG experimentaron un impacto positivo en las ventas. Curiosamente, en el 59 % de las categorías estudiadas, las marcas más pequeñas parecían gozar de mayor credibilidad, lo que llevó a un crecimiento desproporcionado de tales afirmaciones, y puede explicar por qué las corporaciones a menudo adquieren marcas más pequeñas que demuestran ser fuertes en este sentido. El estudio sugiere también que una integración total de las cuestiones relacionadas con ESG en la cartera de una marca podría fomentar una mayor lealtad de los consumidores hacia la firma comercial en su conjunto. Además, los productos con múltiples afirmaciones que abarcan varios temas ESG demostraron un crecimiento más rápido en comparación con otros artículos. De hecho, «en casi el 80 % de las categorías, los datos mostraron una correlación positiva entre la tasa de crecimiento y el número de tipos distintos de afirmaciones relacionadas con ESG que hacía un producto. Los productos que realizaban múltiples tipos de declaraciones crecieron aproximadamente dos veces más rápido

19. Sherry Frey, Jordan Bar Am, Vinit Doshi, Anandi Malik y Steve Noble, «Consumers care about sustainability—and back it up with their wallets», McKinsey & Company, 6 de febrero de 2023, https://www.mckinsey.com/industries/consumer-packaged-goods/our-insights/consumers-care-about-sustainability-and-back-it-up-with-their-wallets.

que los que hacían solo una». En otras palabras, los consumidores están más convencidos por múltiples afirmaciones relacionadas con ESG. Asimismo, «las marcas harían bien en reflexionar sobre su compromiso con las prácticas ESG y asegurarse de que están pensando de manera holística en los factores sociales y ambientales interconectados que sustentan sus productos».[20]

En la búsqueda de una estrategia propositiva, también existen desafíos potenciales que exigen una cuidadosa consideración. Algunas empresas han sido acusadas de «woke washing» (la apropiación de valores éticos como forma de publicidad), y algunas marcas han recibido críticas por carecer de vínculos con las comunidades locales. Este riesgo a veces puede amplificarse si se trata de un *influencer* famoso, ya que la empresa no puede dictar las acciones de la celebridad. Por ejemplo, en 2022, el reconocido rapero Kanye West hizo comentarios polémicos y antisemitas en varias plataformas de redes sociales. Como resultado, en el lapso de dos semanas, todas las marcas que habían establecido relaciones comerciales con él se distanciaron públicamente y rescindieron rápidamente contratos por valor de miles de millones de dólares. Uno de los grandes afectados por este giro de los acontecimientos fue el fabricante alemán de ropa deportiva Adidas, que se encontró en posesión de zapatillas «Yeezy» por valor de 1 300 millones de dólares sin vender. La compañía, que inicialmente contempló la destrucción del inventario restante, finalmente optó por vender los productos y donar «una cantidad significativa» de los beneficios a organizaciones como la Liga Antidifamación (*Anti-Defamation League*) y el Instituto Philonise y Keeta Floyd para el Cambio Social (Philonise and Keeta Floyd Institute for Social Change) —Philonise es el hermano de George Floyd, cuyo asesinato en 2020 a manos de un oficial de policía en Minnesota provocó indignación y protestas generalizadas—. El CEO de Adidas, Bjørn Gulden, compartió: «Creemos que esta es la mejor solución, ya que respeta los diseños creados y los zapatos producidos, funciona para nuestra gente, resuelve un problema de inventario y tendrá un impacto positivo en nuestras comunidades [...]. No hay lugar en el deporte ni en la sociedad para el odio

20. Frey et al., «Consumers care about sustainability».

de ningún tipo, y seguimos comprometidos en luchar contra él». El público respondió bien a la decisión: «El valor de los zapatos Yeezy en el mercado de reventa se ha disparado desde entonces, y algunos han duplicado su precio».[21] Para apreciar mejor la magnitud del problema, considere que en 2020 el acuerdo con el *influencer* (que debía expirar en 2026) había generado casi 1 700 millones de dólares en ingresos para Adidas.[22]

Creemos que el gerente de Adidas (entre otras marcas que se distanciaron de Kanye West) se comportó de acuerdo con este principio rector: ser propositivo también significa admitir de forma transparente cualquier paso en falso y tomar posiciones responsables contra las acciones dañinas y de odio.

Como se destacó anteriormente en el capítulo, ser propositivo también significa respetar a las personas y a la sociedad en general. Las organizaciones propositivas crean un entorno inclusivo en el que los empleados, socios, proveedores y, por supuesto, los clientes son tratados por igual sin importar su raza, sexo, condición social, discapacidad, religión o cualquier otra característica. Las organizaciones propositivas valoran diferentes puntos de vista, antecedentes y conjuntos de habilidades, porque esa diversidad será esencial para el éxito en un mundo posdigital complejo. Sin embargo, especialmente para las organizaciones establecidas que podrían haber operado durante años en función de diferentes prioridades, es primordial que la transición hacia una posición más propositiva se maneje con cuidado.

En abril de 2023, la cervecera estadounidense Anheuser-Busch se vio envuelta en una importante polémica. El detonante fue una publicación patrocinada de Instagram, que presentaba al *influencer* transgénero Dylan Mulvaney sosteniendo una lata de cerveza Bud Light

21. «Adidas reveals when it will sell leftover Yeezy shoes from defunct Kanye West partnership», *Sky News*, 20 de mayo de 2023, https://news.sky.com/story/adidas-reveals-when-it-will-sell-leftover-yeezy-shoes-from-defunct-kanye-west-partnership-12884930
22. Sarah Butler, Philip Oltermann y Morwenna Ferrier, *The Guardian*, 25 de octubre de 2022, https://www.theguardian.com/music/2022/oct/25/adidas-cuts-ties-with-kanye-west-over-antisemitic-comments; Tim Loh, «Adidas's New CEO Has a $1.3 Billion Pile of Unsold Yeezy Gear», *Bloomberg*, actualizado el 10 de febrero de 2023, https://www.bloomberg.com/news/articles/2023-02-09/adidas-says-losses-may-hit-700-million-this-year-amid-ye-row#xj4y7vzkg.

personalizada para conmemorar su «día 365 de feminidad».[23] La publicación generó una oleada de reacciones tanto conservadoras como progresistas: algunos aplaudieron la inclusión y otros alimentaron los sentimientos discriminatorios e incluso los llamados a boicotear los productos Bud Light. ¿En qué se equivocó la empresa cervecera?

Anheuser-Busch se había embarcado en una iniciativa de relaciones públicas para conectar con un público más joven, más en sintonía con el apoyo a los derechos LGBTQ+. Sin embargo, su ejecución se desvió. El objetivo de la marca de alinearse con esta causa los llevó a apartarse de manera demasiado abrupta y drástica de sus valores fundamentales, ya que durante años Bud Light había confiado en campañas publicitarias humorísticas para nutrir su identidad como cerveza ligera. Esta desviación provocó una disonancia que repercutió en todo el panorama de los consumidores y entre sus propios empleados. En un intento por calmar la tormenta, el CEO hizo una publicación vaga con el objetivo de complacer a todos al declarar su apoyo a todos los estadounidenses, sin abordar la postura de la compañía sobre la comunidad transgénero, lo que solo aumentó la confusión. Las secuelas fueron palpables: las ventas de Bud Light se hundieron un 17 % en solo una semana (que concluyó el 15 de abril de 2023) en comparación con el año anterior. El equipo directivo fue despedido y la reputación de la marca se vio notablemente afectada, ya que la iniciativa fue percibida como un «rainbow-washing» («blanqueo de arcoíris»), es decir, acciones superficiales para atraer a una audiencia sensible a los derechos LGBTQ+.[24]

Un ejemplo diferente de unos años antes demuestra cómo una empresa puede adoptar el principio de «ser propositiva» mientras mantiene un firme compromiso frente a los desafíos. En una campaña publicitaria televisiva de 2018, el gigante de ropa deportiva Nike

23. dylanmulvaney, publicación de Instagram, 1 de abril de 2023, https://www.instagram.com/p/CqgTftujqZc/.

24. Danielle Wiener-Bronner, «Bud Light wanted to market to all. Instead, it's alienating everyone», *CNN Business*, 1 de mayo de 2023, https://edition.cnn.com/2023/05/01/business/bud-light-marketing/; Jennifer Maloney y Lauren Weber, «How Bud Light Handled an Uproar over a Promotion with a Transgender Advocate», *Wall Street Journal*, actualizado el 22 de mayo de 2023, https://www.vij.com/articles/how-butt-light-handle-un-a-a-promotion-with-a-transgender-advocat-E457D5K6.

ofreció su última entrega con su eslogan de tres décadas «Just Do It». Esta vez, el llamado a hacerlo hablaba de perseguir objetivos imposibles, como jugar al baloncesto en silla de ruedas (Megan Blunk) o al fútbol profesional con una sola mano (Shaquem Griffin). Lo que se salió de lo habitual fue la polémica elección del narrador, el exmariscal de campo (*quarterback*) de fútbol americano Colin Kaepernick, quien exhortó: «Enfréntate a algo, incluso si eso significa sacrificarlo todo». El uso de «sacrificio» aludía a la polémica decisión de Colin Kaepernick, en 2016, de arrodillarse durante el himno nacional para protestar contra la brutalidad policial, sobre lo cual dijo: «No voy a ponerme de pie para mostrar orgullo por una bandera de un país que oprime a los negros y a las personas de color», acción que trajo como consecuencia la cancelación de su contrato de mariscal de campo con los San Francisco 49ers.[25] Nike debió haber esperado los boicots y protestas que siguieron a la campaña de 2018, que provinieron tanto de los seguidores de Nike, que denunciaron la falta de patriotismo de Kaepernick y quemaron zapatillas de la marca en protesta, como de los defensores de la causa *Black Lives Matter*, que acusaron a Nike de «woke washing». Al igual que el narrador del anuncio comercial, Nike no se echó atrás en su posición. Da la casualidad de que «a pesar de que Fox News y parte de las redes sociales predijeron la caída de la marca, la compañía declaró a medios de comunicación haber ganado 163 millones de dólares, con un aumento del valor de marca de seis mil millones de dólares y un incremento del 31 % en las ventas». En 2019, esa campaña de Nike ganó un Premio Emmy al mejor anuncio comercial.[26]

25. Susie Heller, «Here's the back story of everyone who appeared in the new Nike "Dream Crazy" ad featuring Colin Kaepernick», *Insider*, 10 de septiembre de 2018, https://www.insider.com/all-the-athletes-in-the-nike-dream-crazy-ad-with-colin-kaepernick-2018-9#football-player-shaquem-griffin-is-the-first-one-handed-player-to-be-drafted-into-the-nfl-15; Steve Wyche, «Colin Kaepernick explains why he sat during national anthem», NFL.com, 27 de agosto de 2016, https://www.nfl.com/news/colin-kaepernick-explains-why-he-sat-during-national-anthem-0ap3000000691077.

26. «Colin Kaepernick becomes the face of Nike's Just Do It campaign», actualizado el 4 de septiembre de 2018, *The Guardian*, https://www.theguardian.com/sport/2018/sep/03/colin-kaepernick-nike-just-do-it-campaign-nfl; Jeff Beer, «One year later, what did we learn from Nike's blockbuster Colin Kaepernick ad?», Fast Company, 5 de septiembre de 2019, https://www.fastcompany.com/90399316/one-year-later-what-did-we-learn-from-nikes-blockbuster-colin-kaepernick-ad; «Nike's 'Dream Crazy' advert starring Colin Kaepernick wins Emmy», *The Guardian*, 19 de septiembre de 2019, https://www.theguardian.com/sport/2019/sep/16/nikes-dream-crazy-advert-starring-colin-kaepernick-wins-emmy.

Aunque todavía no está claro cómo medir la influencia a largo plazo de estos eventos en el gran esquema del valor de la marca —así como el impacto en la cuenta de resultados a mediano y largo plazo— está claro que tales incidentes impactan inmediatamente en la forma en que las personas eligen las marcas para las que trabajar y a las que comprar. También sirven como dos recordatorios conmovedores en el ámbito de las relaciones entre la marca y el consumidor para aquellos que buscan evitar repercusiones al molestar tanto a los clientes actuales como a los potenciales. En primer lugar, para impedir el choque entre intenciones y acciones, es esencial alinear meticulosamente el ADN de una marca con los valores que pretende defender. La autenticidad, la credibilidad y la coherencia son cruciales a la hora de abrazar una causa con el objetivo de ser propositivo. En segundo lugar, cuando se navega por las tormentas del cambio cultural, mantenerse anclado en el rumbo de uno, a menos que la gerencia se dé cuenta de que ha cometido un error inequívoco, es una brújula fundamental que guía a las marcas a emerger con la integridad y credibilidad intactas.

Se requiere colaboración público-privada

La dinámica descrita en este capítulo pone de relieve que los problemas complejos solo pueden abordarse si los sectores público y privado colaboran estrechamente. Abogamos tanto por (1) la coopetición (colaboración entre competidores) entre minoristas y marcas de consumo, como por (2) la colaboración entre la comunidad empresarial y las instituciones internacionales. Selvane Mohandas du Ménil, director general de la Asociación Internacional de Grandes Almacenes (*International Association of Department Stores* o IADS), está de acuerdo:

> «A muchos minoristas les puede preocupar que asociarse con sus competidores potenciales pueda mermar su cuota de mercado. Pero aquí está la cuestión: hay oportunidades de colaboración que no dañan la ventaja competitiva de nadie. De hecho, crean un efecto dominó en toda la cadena de suministro, donde los consumidores, los proveedores y los reguladores pueden

estar en sintonía. Trabajando juntos, aprenden unos de otros y alcanzan una masa crítica que hace que sea más fácil ver lo que hay que hacer, qué áreas necesitan más atención y dónde la colaboración realmente puede marcar la diferencia para impulsar un cambio significativo».[27]

No cabe duda de que, para que las empresas cumplan con los estándares ESG descritos y sigan el principio de ser propositivas, tendrán que realizar importantes inversiones estructurales, adquirir habilidades específicas y dotarse de tecnologías innovadoras para monitorear la cadena de suministro. Esto tendrá un gran impacto en la estructura de costos. En un momento tan complejo de la historia, agravado por las secuelas de la pandemia, es pertinente que las instituciones internacionales establezcan regulaciones que dicten el cumplimiento de mayores criterios ESG y creen condiciones financieras que permitan a las empresas cumplirlos sin perder rentabilidad. Creemos que para que las empresas sean propositivas, será necesario que los responsables políticos sigan promoviendo varias medidas destinadas a ayudar a las empresas a mitigar las inversiones necesarias. Estas medidas incluyen:

- Un nuevo marco regulatorio internacional (o global): informes obligatorios sobre métricas de sostenibilidad, establecimiento de objetivos de reducción de emisiones o exigencia de prácticas de responsabilidad social.
- Incentivos financieros: exenciones fiscales, subvenciones, etc.
- Apoyo a la investigación y el desarrollo (I+D): financiación para apoyar enfoques innovadores en cuestiones relacionadas con ESG; programas de capacitación y educación para mejorar la comprensión y las capacidades necesarias para permitir que las empresas integren de manera efectiva las prácticas ESG.
- Apoyo al acceso a los mercados: facilitación del acceso a los mercados para las empresas socialmente responsables, trato preferencial en los procesos de contratación pública, etc.

27. Selvane Mohandas du Ménil, entrevista por Zoom con los autores, 31 de mayo de 2023.

- Plataformas de colaboración que incentiven la colaboración entre empresas, ONG y agencias gubernamentales para abordar los desafíos ESG de forma colectiva (recursos compartidos, intercambio de conocimientos, oportunidades de *networking*, etc.).

Si bien nos hemos esforzado por esbozar los límites de acción que los minoristas y las marcas de consumo deben adoptar para convertirse en propositivos, y hemos ofrecido estudios de casos inspiradores, es crucial reiterar que no existe un plan sin fisuras. Esperar indefinidamente para elaborar la estrategia perfecta no solo es contraproducente en términos de competitividad, sino que también es peligroso para nuestra sociedad y el planeta.

En su lugar, instamos a los líderes empresariales a tomar medidas, dando pasos graduales pero significativos. Al hacerlo, pueden demostrar a todas las partes interesadas su compromiso activo de embarcarse en un viaje hacia un futuro más armonioso, uno en el que la rentabilidad sea un resultado natural de su enfoque en el propósito, las personas y el planeta.

La adopción de este planteamiento permite a las empresas hacer contribuciones tangibles e inspirar un cambio positivo. También instamos a los responsables políticos a fomentar la colaboración a todos los niveles, trabajando para establecer normas comunes que tengan como objetivo proteger al mundo y a sus habitantes sin comprometer la capacidad de las empresas para prosperar.

En el mundo posdigital, el progreso se logra a través de la colaboración, la adaptación continua, el aprendizaje de la experiencia y el perfeccionamiento iterativo de las estrategias. Es a través de esfuerzos persistentes, incluso en ausencia de un plan perfecto, que cada uno de nosotros puede lograr avances significativos y contribuir a un futuro más sostenible y próspero.

Preguntas de cierre para la reflexión

- ¿Cuál es su motivación interna? ¿Qué le impulsa a cumplir con sus deberes? ¿Está alineado con el propósito de su organización?
- ¿Su organización se esfuerza por crear valor para todos sus grupos de interés?
- ¿Está preparado para considerar las ganancias como una función de un enfoque en el propósito, las personas y el planeta?
- ¿Tiene una comprensión clara del equilibrio entre «valor» y «valores»? ¿Y una idea de cómo puede su organización ser rentable y ser propositiva al mismo tiempo?

CAPÍTULO 13

Be Ambidextrous - Ser ambidiestro

Jano es el antiguo dios romano de dos caras asociado con comienzos, transiciones, puertas y pasajes capaz de mirar simultáneamente al pasado y al futuro. Su ejemplo sirve como una metáfora para inspirar la actitud que los líderes y gerentes deben adoptar en un mundo posdigital.

Charles A. O'Reilly y Michael L. Tushman utilizan la misma imagen para introducir el concepto de «ambidestreza organizacional». Explican que quienquiera que supervise las organizaciones en el complejo mundo actual ha de perseguir la exploración y la explotación simultáneamente. En su opinión, todas las empresas «deben buscar constantemente *innovaciones incrementales,* pequeñas mejoras en sus productos y operaciones existentes que les permitan operar de manera más eficiente y ofrecer un valor cada vez mayor a los clientes». Sin embargo, al mismo tiempo: «las empresas necesitan crear innovaciones discontinuas, avances radicales [...] que alteren profundamente la base de la competencia en una industria, a menudo dejando obsoletos los productos o las formas de trabajar antiguos».[1] En algunos casos, las empresas pueden incluso explorar un espacio de mercado completamente nuevo que haría que la competencia fuera irrelevante, lo que los autores de libros W. Chan Kim y Renée Mauborgne definen como una «estrategia

1. Charles A. O'Reilly y Michael L. Tushman, «Organizational Ambidexterity: Past, Present and Future», *SSRN Electronic Journal* 27, no. 4 (diciembre de 2013), http://dx.doi.org/10.2139/ssrn.2285704; Charles A. O'Reilly III y Michael L. Tushman, «The Ambidextrous Organization», *Harvard Business Review*, abril de 2004, https://hbr.org/2004/04/the-ambidextrous-organization.

del océano azul». De acuerdo con esta visión, las empresas no deberían insistir en trabajar en los mercados existentes («océano rojo»), tratando de explotar la propuesta de valor actual en un espacio saturado donde, por lo general, los productos se perciben como equivalentes, el precio es el rey y los márgenes de beneficio tienden a deteriorarse con el tiempo. En su lugar, deberían explorar constantemente (y potencialmente crear) nuevos mercados, donde tengan más libertad para perseguir la innovación y el crecimiento («océano azul»).

Aunque este enfoque es válido para cualquier tipo de organización, es particularmente relevante para las empresas tradicionales que deben reinventarse en medio de la transformación digital que ha alterado radicalmente la dinámica del mercado en el transcurso de las últimas dos décadas. De lo contrario, se corre el riesgo de verse amenazadas por los recién llegados, empoderados por las nuevas tecnologías y más inclinados a satisfacer las necesidades y deseos de los clientes emergentes. Los ejemplos más anecdóticos son: Kodak, que no logró subirse al carro de las cámaras digitales a pesar de haber inventado la tecnología subyacente en la década de 1970; Nokia y BlackBerry, que alguna vez fueron actores destacados en la industria de los teléfonos móviles y se perdieron la transición a los teléfonos inteligentes, dejando el liderazgo a Apple, Samsung, Huawei y Oppo, que hoy están a la vanguardia; Blockbuster, que en su momento fue líder en la industria del entretenimiento en el hogar y terminó quebrando cuando el mundo hizo la transición a los servicios de transmisión bajo demanda; y Toys "R" Us, un importante minorista de juguetes que tuvo dificultades para adaptarse al cambio en los comportamientos de los consumidores hacia las compras en línea y se declaró en bancarrota en 2017. Sin embargo, también hay ejemplos exitosos de operadores establecidos que lograron surfear la ola de la innovación en lugar de verse desbordados. Nintendo, una compañía multinacional japonesa de videojuegos, fundada en 1889 como Nintendo Karuta, demostró su capacidad para reinventarse varias veces en medio de condiciones adversas del mercado. El enfoque original de la empresa era la fabricación de naipes; el negocio creció continuamente desde su fundación hasta 1964, cuando las ventas de las cartas comenzaron a disminuir debido a los cambios en los intereses japoneses hacia el juego de bolos y otras actividades. En ese momento, la compañía tuvo la oportunidad de aprovechar su experiencia en la industria de los juegos de mesa, que había desarrollado en paralelo, y lanzó su primer juguete electrónico: la Beam Gun, una pistola optoelectrónica. Fue una innovación revolucionaria en un nuevo espacio de mercado, un océano azul, apartado de la actividad principal, pero adyacente al negocio colateral que la empresa había cultivado como una oportunidad de diversificación. A partir de entonces, Nintendo siguió explotando el negocio original mientras exploraba alternativas. Y cuando el viento volvió a cambiar, se dirigió a los videojuegos por los que la compañía es más conocida. Con algunos altibajos en el camino, Nintendo entró en el nuevo milenio ocupando una posición destacada en la abarrotada industria de los videojuegos. Después de un lanzamiento de producto no tan exitoso con la consola GameCube, una vez más la compañía aprovechó su capacidad para pivotar en una nueva dirección. En lugar de competir de frente con consolas potentes y tecnológicamente avanzadas como Sony PlayStation y Microsoft Xbox, Nintendo se dirigió a un mercado más amplio de jugadores ocasionales o no jugadores al lanzar su última estrategia de océano azul: la consola Wii. Gracias a los mandos con detección de movimiento y varios juegos fáciles para toda la familia, el gigante japonés creó un nuevo espacio de mercado de experiencias de juego interactivas y accesibles. La Wii se lanzó por primera vez en noviembre de 2006, y desde entonces se han puesto a la venta varios accesorios innovadores, incluido un control remoto equipado con un sistema de acelerómetro y sensores infrarrojos que detectan la posición del jugador en un entorno tridimensional. A partir de 2022, la Wii es la séptima consola doméstica más vendida de todos los tiempos.[2]

2. Chris Kohler, «September 23, 1889: Success Is in the Cards for Nintendo», *Wired*, 23 de septiembre de 2010, https://www.wired.com/2010/09/0923nintendo-founded/; Matthew Byrd, «How the GameCube Made Nintendo Cynical», Den of Geek, 27 de febrero de 2017, https://www.denofgeek.com/games/how-the-gamecube-made-nintendo-cynical/ Matthew Byrd, «How the GameCube Made Nintendo Cynical», *Den of Geek*, 27 de febrero de 2017, https://www.denofgeek.com/games/how-the-gamecube-made-nintendo-cynical/; Reggie Fils-Aime, «Perspective: Nintendo on the latest "Technical Divide"», Nintendo, 9 de mayo de 2007, https://web.archive.org/web/20090806203242/http://news.cnet.com/Nintendo-on-the-latest-technical-divide/2010-1041_3-6180215.html; Howard Wisniowski, «Analog Devices and Nintendo Collaboration Drives Video Game Innovation with iMEMS Motion Signal Processing Technology», *Analog Devices*, 9 de mayo de 2006, https://web.archive.org/web/20090625055416/http://www.analog.com/en/press-release/May_09_2006_ADI_Nintendo_Collaboration/press.html; Scott D. Anthony, «Nintendo Wii's Growing Market of "Nonconsumers"», *Harvard Business Review*, 30 de abril de 2008, https://hbr.org/2008/04/nintendo-wiis-growing-market-o.

Nintendo es, por lo tanto, un modelo de empresa tradicional adaptable que alterna sistemáticamente entre la explotación y la exploración, y duplica los productos innovadores tan pronto como la línea de negocio emergente comienza a ganar tracción.

Otro caso de estudio muy interesante en este sentido es Walmart, la corporación minorista multinacional estadounidense, que también es la empresa más grande del mundo por ingresos. La compañía se fundó en 1962 y gestiona una cadena de más de 10 000 tiendas con diferentes formatos, incluidos hipermercados, grandes almacenes de descuento y tiendas de comestibles en 24 países que van desde Estados Unidos, Canadá y América del Sur hasta India y Sudáfrica. En 1972, Walmart debutó en la Bolsa de Nueva York, y en 1989 se convirtió en el minorista más grande por ingresos y el más rentable.[3] No hace falta decir que un minorista tradicional tan gigantesco se enfrentó a importantes desafíos cuando empresas de comercio electrónico nativas digitales como Amazon, que carecían por completo de puntos de venta físicos, alteraron el panorama con un modelo de negocio más ágil y escalable. Sin embargo, después de ciertas reacciones negativas iniciales y desafíos para realinear el modelo operativo, la empresa logró adaptarse y se embarcó en un viaje de transformación digital que la llevó a mantener la posición de liderazgo. En 2016, Walmart invirtió 3 300 millones de dólares para adquirir el sitio web de comercio electrónico Jet.com, y reveló una asociación con IBM y la Universidad de Tsinghua en Pekín para implementar la tecnología *blockchain* en el seguimiento de la cadena de suministro de carne de cerdo en China, en un esfuerzo por aumentar los beneficios mediante la automatización de este sistema de seguimiento. Continuando con sus expansiones estratégicas, en 2017 Walmart anunció dos adquisiciones impresionantes: Moosejaw, un destacado minorista en línea especializado en

3. «Walmart», *Fortune*, actualizado por última vez el 2 de agosto de 2023, https://fortune.com/company/walmart/; «Unit Counts and Square Footage», *Walmart Financials*, al 31 de julio de 2023, https://stock.walmart.com/financials/unit-counts-and-square-footage/default.aspx; «Unit Counts by Country», Walmart, 31 de octubre de 2022, https://s201.q4cdn.com/262069030/files/doc_downloads/2022/FY2023-Q3-Unit-Count-Market-Summary-for-IR.pdf; «1990 Sales Lift Wal-mart into Top Spot», *Dallas Morning News*, 15 de febrero de 1991, https://web.archive.org/web/20130904035126/http://articles.sun-sentinel.com/1991-02-15/business/9101080852_1_wal-mart-stores-supercenter-stores-hypermart-usa-units.

productos para actividades al aire libre, y Bonobos, una reconocida empresa de ropa masculina que había comenzado en 2007 como un fabricante de ropa solo para la web, y que luego abrió innovadoras tiendas físicas sin inventario. Paralelamente, Walmart invirtió mucho en tecnologías avanzadas para optimizar la gestión del inventario y los procesos de entrega, y aprovechó la automatización, el análisis de datos y los sistemas impulsados por IA para mejorar la eficiencia operativa y cerrar la brecha entre lo digital y lo físico. También se centraron en aprovechar la plataforma Jet.com para mejorar el surtido de productos en línea disponibles y combinarlo con opciones flexibles de entrega y recogida.[4] Gracias a esta combinación de inversiones y actualizaciones en el modelo operativo, y a una fuerte apuesta por la reinvención y la adaptación para defender al máximo el negocio establecido, Walmart sigue siendo el mayor minorista del mundo, y su negocio de comercio electrónico no ha dejado de crecer en los últimos años. En 2023, sus ventas a través de este canal alcanzaron un total de 53 400 millones de dólares, lo que refleja un crecimiento de aproximadamente el 12 % en comparación con el año anterior. Walmart opera a través de tres segmentos comerciales distintos: Walmart US, Walmart International y Sam's Club, su ala mayorista. Aunque todavía está muy lejos de los volúmenes comercializados en línea por Amazon —su competidor directo y el segundo minorista más grande del

4. «Walmart Agrees to Acquire Jet.com, One of the Fastest Growing e-Commerce Companies in the U.S», Sala de prensa de Walmart, 8 de agosto de 2016, https://corporate.walmart.com/newsroom/2016/08/08/walmart-agrees-to-acquire-jet-com-one-of-the-fastest-growing-e-commerce-companies-in-the-u-s; IBM, «Walmart, IBM and Tsinghua University Explore the Use of Blockchain to Help Bring Safer Food to Dinner Tables Across China», PR Newswire/Cision, 19 de octubre de 2016, https://www.prnewswire.com/news-releases/walmart-ibm-and-tsinghua-university-explore-the-use-of-blockchain-to-help-bring-safer-food-to-dinner-tables-a-cross-china-300347302.html; Leslie Picker y Rachel Abrams, «Walmart Rewrites Its E-Commerce Strategy With $3.3 Billion Deal for Jet.com», New York Times, 8 de agosto de 2016, https://www.nytimes.com/2016/08/09/business/dealbook/walmart-jet-com.html; Aisha Malik, «Walmart sells E-Commerce Outdoor Retailer Moosejaw after Acquiring It in 201», TechCrunch, 23 de febrero de 2023, https://techcrunch.com/2023/02/23/walmart-sells-e-commerce-outdoor-retailer-moosejaw/; Daphne Howland, «Walmart is selling Bonobos to Express, WHP Global for $75M», Retail Dive, 14 de abril de 2023, https://www.retaildive.com/news/walmart-sells-bonobos-express-seventy-five-million/647654/.

mundo—,[5] no deja de ser un actor tradicional que adoptó la ambidestreza organizacional para sobrevivir y prosperar en medio de una notable alteración de su negocio. ¿Qué lecciones podemos extraer de la capacidad de adaptación de Nintendo y Walmart en respuesta a un contexto radicalmente cambiante? ¿Cómo abordaron sus realidades de manera diferente en comparación con compañías como Kodak, Nokia, BlackBerry y Blockbuster?

Estas son algunas de las conclusiones más relevantes:

- **Uno**. En un mundo hipercompetitivo y volátil, las empresas no pueden confiar en la explotación de su ventaja competitiva a largo plazo. En su libro *The End of Competitive Advantage* (El final de la ventaja competitiva), Rita Gunther McGrath sugiere que, para seguir siendo relevantes, las organizaciones deben centrarse en desarrollar ventajas transitorias que puedan adaptarse con rapidez y actualizarse constantemente para reconfigurar la propuesta de valor, hasta que alcancen un punto de inflexión estratégico en el que sea el momento de desvincularse de forma constructiva (antes de que sea demasiado tarde).[6]
- **Dos**. El contexto es tal que las empresas necesitan un enfoque más ágil, iterativo y experimental, donde el aprendizaje y la adaptación a través del descubrimiento se conviertan en el centro del proceso de planificación. No estamos argumentando que toda innovación empresarial deba ser disruptiva o un avance *per se*. En algunas circunstancias, las mejoras incrementales son absolutamente aceptables. Sin embargo, las empresas deben desarrollar la capacidad de reconocer los puntos de inflexión y adaptarse rápidamente, lo que implica crear estructuras flexibles, empoderar a los empleados, fomentar una cultura de experimentación y adoptar el aprendizaje y la adaptación continuos. Basándonos en nuestra experiencia, reconocemos que este cambio plantea graves obstáculos a

5. T. Ozbun, «Online Sales of Walmart Worldwide from Fiscal Year 2019 to 2023, by Division», *Statista*, 20 de marzo de 2023, https://www.statista.com/statistics/1109330/walmart-ecommerce-sales-by-division-worldwide/; David Marcotte, «A Look at the 2022 Top 50 Global Retailers», *Kantar Retail*, 23 de marzo de 2022, https://nrf.com/blog/look-2022-top-50-global-retailers.
6. Rita Gunther McGrath, *The End of Competitive Advantage: How to Keep Your Strategy Moving as Fast as Your Business* (Boston: Harvard Business Review Press, 2013).

las empresas establecidas y requiere una transformación radical, desde la mentalidad de la dirección hasta las operaciones.

- **Tres**. Cuando los operadores tradicionales adoptan la ambidestreza y explotan su posición dominante a tiempo, en realidad pueden estar mejor posicionados que los recién llegados para surfear la próxima ola. De hecho, aprovechando sus considerables recursos, las organizaciones establecidas están bien equipadas para realizar inversiones significativas en investigación y desarrollo (I+D), creando una brecha significativa entre ellas y los competidores emergentes más pequeños. Un ejemplo impresionante de esta dinámica se puede ver hoy en día en los gigantes tecnológicos (Alphabet, Amazon, Apple, Meta y Microsoft) que invirtieron conjuntamente la asombrosa cantidad de 200 000 millones de dólares en investigación y desarrollo solo en 2022. Esta notable cifra constituye el 80 % de sus ganancias colectivas y representa el 30 % del gasto total en investigación y desarrollo entre las empresas estadounidenses que cotizan en bolsa. Esta capacidad financiera les permite dirigir la innovación, aprovechar rápidamente las oportunidades que surgen de los avances y liderar constantemente la adopción de tecnologías emergentes. Otro enfoque relevante combina la investigación y el desarrollo internos con una estrategia inteligente de fusiones y adquisiciones. Bajo esta perspectiva, las empresas establecidas demuestran ambidestreza al forjar alianzas estratégicas con *startups* y, en ciertos casos, incluso adquirirlas, a menudo antes de que su crecimiento se amplíe demasiado. A modo de ejemplo, en la última década, solo en Estados Unidos, la friolera del 74 % de las «salidas» de capital de riesgo se han logrado a través de adquisiciones por parte de los titulares. Esta fructífera colaboración lleva de manera eficiente las innovaciones de las empresas emergentes al mercado, al tiempo que proporciona a las empresas establecidas innovaciones de vanguardia para ofrecer a sus clientes.[7]

7. «America's corporate giants are getting harder to topple», *The Economist*, 21 de agosto de 2023, https://www.economist.com/business/2023/08/21/americas-corporate-giants-are-getting-harder-to-topple.

- **Cuatro**. En la búsqueda de la ambidestreza, las empresas deben reconocer que se están embarcando en un viaje en el que a menudo se desconoce el resultado. Por lo tanto, deben aceptar el fracaso como una consecuencia orgánica de este enfoque experimental y, en paralelo, deben asegurarse de no poner «todos los huevos en la misma cesta». Podríamos decir que las empresas deberían optar por una estrategia de «apuestas múltiples», en lugar de «ir a por todas». McGrath también promueve la idea de gestionar una cartera de iniciativas en lugar de centrarse en una sola estrategia. Otros defensores de este enfoque son autores como Clayton Christensen y Eric Ries, que recomiendan a las empresas gestionar simultáneamente una cartera equilibrada de proyectos diversos con diferentes niveles de riesgo y rendimientos potenciales.[8]

La mayoría de los gerentes con los que hemos hablado sobre este tema están de acuerdo en que adoptar un enfoque ambidiestro es sabio. Según Stéphane de la Faverie, presidente ejecutivo de The Estée Lauder Companies: «En medio de este panorama en constante cambio que usted ha descrito como un mundo posdigital, las organizaciones no pueden permitirse el lujo de quedarse quietas o adherirse a patrones familiares. En cambio, deben encarnar la flexibilidad y la agilidad, ajustando constantemente su brújula mientras se mantienen firmes en su estrella polar».[9] En este sentido, De la Faverie parece hacerse eco de Jeff Bezos, quien dijo: «Lo que tenemos que hacer es inclinarnos siempre hacia el futuro. Cuando el mundo cambia a tu alrededor y lo hace en tu contra —lo que solía ser un viento de cola ahora es un viento de frente—, tienes que apoyarte en eso y averiguar qué hacer porque quejarse no es una estrategia».[10]

8. Gunther McGrath, *The End of Competitive Advantage*; Clayton M. Christensen, *The Innovator's Dilemma: When New Technologies Cause Great Firms to Fail* (Boston: Harvard Business Review Press, 2016); Eric Ries, *The Lean Startup: How Today's Entrepreneurs Use Continuous Innovation to Create Radically Successful Businesses* (Nueva York: Crown Business, 2011).
9. Stéphane de la Faverie, entrevista en persona con los autores, 18 de abril de 2023.
10. Joanna Stern, «Jeff Bezos Says Washington Post Could Take a Page from Amazon», *ABC News*, 24 de septiembre de 2013, https://abcnews.go.com/Technology/jeff-bezos-washington-post-page-amazon/story?id=20364644.

Superando los obstáculos

Pero, ¿por qué es tan difícil para muchas empresas predicar con el ejemplo? ¿Qué bloquea el deseo de ser más ágil, adoptar la versatilidad y mantenerse alerta y listo para surfear la próxima ola? ¿Qué es lo que, en última instancia, hace que la ambidestreza falle?

En primer lugar, es innegable que resulta difícil dar la vuelta a un barco, o simplemente cambiar de rumbo. Incluso cuando el equipo de liderazgo valora la ambidestreza organizacional y entiende que la empresa debe desarrollar agilidad y organizar equipos para proteger el negocio como de costumbre mientras explora nuevas empresas, la cantidad de variables necesarias para trabajar en armonía es bastante alta. Es por ello que O'Reilly y Tushman destacan la importancia de la fertilización cruzada entre las unidades de negocio y los terceros involucrados (proveedores, colaboradores, socios, etc.), así como la importancia de prevenir la contaminación cruzada. En sus palabras: «La estrecha coordinación a nivel directivo permite que las nuevas unidades compartan recursos importantes con las unidades tradicionales (efectivo, talento, experiencia, clientes, etc.), pero la separación organizacional garantiza que los procesos, estructuras y culturas distintivos de las nuevas unidades no se vean abrumados por las fuerzas de "business as usual"».[11] Nicola Zotta, un experimentado alto directivo internacional que hoy es el CEO de Artsana, una multinacional italiana fabricante de productos para niños, destaca otra dificultad:

> «Actualmente estamos en medio de un proceso de transformación y buscamos la ambidestreza organizativa. Inevitablemente, nos enfrentamos a prioridades conflictivas y perseguimos múltiples objetivos al mismo tiempo. Aunque esto es absolutamente normal dada la situación, debo admitir que es contradictorio para la mayoría de los directivos, ya que se les mide en base a los KPI específicos y están acostumbrados a ofrecer resultados de acuerdo con un plan de negocios claro. Otro desafío radica

11. Charles A. O'Reilly III y Michael L. Tushman, «The Ambidextrous Organization», *Harvard Business Review*, abril de 2004, https://hbr.org/2004/04/the-ambidextrous-organization.

en la capacidad de mantener la disciplina para priorizar y elegir selectivamente las oportunidades, aceptar las compensaciones y tener el coraje de decir simplemente no a algunas ideas. Ser ambidiestro requiere un gran esfuerzo, ya que nos obliga a poner en discusión la mayor parte de lo que hemos aprendido y a comportarnos de una manera menos directa».[12]

Zotta destaca algunos de los puntos que mencionamos anteriormente en el libro: que la inestabilidad del panorama requiere una mentalidad de gestión diferente y la importancia de tener la capacidad de tomar decisiones rápidas con una visibilidad muy limitada sobre los resultados futuros.

Joseph Pistrui y Dimo Dimov explican cómo lograr ambos objetivos:

«Durante casi 100 años, la gestión ha estado asociada con las cinco funciones básicas descritas por el teórico de la gestión Henri Fayol: planificación, organización, dotación de personal, dirección y control. Estas se han convertido en las dimensiones por defecto de un gerente. Pero están relacionadas con la búsqueda de un objetivo fijo en un paisaje estable. Si se quita la estabilidad del paisaje, hay que empezar a pensar en la fluidez del objetivo. Esto es lo que está sucediendo hoy en día, y los gerentes deben alejarse de los confines amistosos de estas cinco tareas».[13]

Un paso concreto para poner en funcionamiento la ambidestreza y estimular un cambio cultural es contratar a personas clave con diferentes orígenes y dejar que creen orgánicamente una tensión interna positiva aprovechando el poder de la diversidad. En un artículo publicado por McKinsey & Company, Sergei Goncharov, CEO de la cadena rusa de tiendas de conveniencia Pyaterochka, confirma el potencial de este movimiento:

12. Nicola Zotta, videollamada con Giuseppe Stigliano, 12 de junio de 2023.
13. Joseph Pistrui y Dimo Dimov, «The Role of a Manager Has to Change in 5 Key Ways», *Harvard Business Review*, 26 de octubre de 2018, https://hbr.org/2018/10/the-role-of-a-manager-has-to-change-in-5-key-ways.

> «Algo muy interesante comenzó a suceder después de que contratamos talento tecnológico. Como dije, tienen una mentalidad diferente a la de las personas en la industria minorista tradicional. No son tan reacios al riesgo como ellos. A algunos les encanta. Y empezaron a cambiar la cultura que les rodeaba. Su mentalidad arriesgada comenzó a filtrarse en la organización. Empezamos a ver que mucha gente en los departamentos minoristas tradicionales cambiaba de actitud y mentalidad. Creo que todos nos estamos beneficiando de esta mentalidad. Sin duda, se ha convertido en una de nuestras ventajas competitivas».[14]

Otras empresas abordan el cambio mediante la creación de equipos internos de innovación multifuncionales, con empleados de marketing, ventas, operaciones, investigación y desarrollo y tecnología, además de, en caso de ser necesario, consultores con habilidades complementarias específicas, encargados de desarrollar ideas de negocio innovadoras que podrían permitir a la empresa explorar áreas de crecimiento adyacentes e innovadoras. Por supuesto, es crucial en este caso que los equipos cuenten con la libertad y los medios necesarios para obtener los resultados esperados. Hay otras formas de inspirar el cambio con un enfoque de afuera hacia adentro, pero en todos los casos la ambición es crear un choque que desencadene una reacción en cadena capaz de acelerar la transición hacia la ambidestreza.

En conclusión, podemos afirmar que la ambidestreza organizacional sirve como un principio rector vital para todas las empresas que operan en entornos volátiles y complejos. Permite a los minoristas y a las marcas sobrevivir y prosperar, gracias a la explotación paralela del negocio existente y a la exploración de múltiples fuentes nuevas de crecimiento potencial. Sin embargo, también requiere lidiar con los desajustes culturales. Por ejemplo, los empleados tienden a gravitar naturalmente hacia un enfoque en detrimento del otro,

14. Sergei Goncharov, «How a Russian retailer is building a next-generation grocery business», McKinsey & Company, 24 de marzo de 2021, https://www.mckinsey.com/industries/retail/our-insights/how-a-russian-retailer-is-building-a-next-generation-grocery-business.

y una estructura organizativa en silos puede poner en peligro tanto la implementación de la estrategia como la asignación exhaustiva de recursos. Estos obstáculos son aún más problemáticos durante una desaceleración económica y en presencia de prioridades conflictivas. Sin embargo, el hecho de que varias empresas establecidas hayan superado con éxito estos desafíos significa que no son insuperables. Esta perspectiva tiene el potencial de constituir una especie de revancha para las empresas establecidas, ya que desafía la noción de que la innovación se origina principalmente en los recién llegados y que esas empresas son inevitablemente lentas para adaptarse y propensas al fracaso debido a su legado. Ser ambidiestro será clave para guiar con éxito las decisiones comerciales tanto de las empresas emergentes como de las veteranas en un mundo posdigital.

Preguntas de cierre para la reflexión

- ¿Está usted, y el equipo de liderazgo de su organización, en condiciones de perseguir simultáneamente la innovación incremental y radical?
- ¿Cómo está afrontando su empresa la reducción del tiempo en el que se puede explotar una ventaja competitiva? ¿El equipo explora continuamente posibles innovaciones?
- ¿Está listo para surfear la «próxima ola» de innovación, o el legado de su organización es tal que usted y su equipo tendrán que enfrentar desafíos para mantenerse al día?
- ¿Está preparado para evitar las trampas que pueden hacer que la ambidestreza falle (asignación de recursos, desalineación cultural, resistencia al cambio, problemas de gobernanza, prioridades conflictivas, énfasis excesivo en los resultados a corto plazo, brecha de habilidades, etc.)?

CAPÍTULO 14

Be onlife - Ser *onlife*

En el capítulo 6 hablamos de la importancia de integrar varios canales, tanto en línea como fuera de línea, para ofrecer una experiencia de cliente fluida y sin fisuras. La ambición de los minoristas y las marcas de consumo que adoptan este enfoque es satisfacer las diversas preferencias de los clientes de hoy en día ofreciendo comodidad, personalización y flexibilidad. También hemos señalado que el enfoque efectivo no es tratar de estar «en todas partes» donde los clientes quieren, sino estar donde más importa y de manera práctica. Por lo tanto, hemos propuesto reemplazar la estrategia omnicanal por la opticanal, un enfoque que «hace un balance del rendimiento del canal individual y luego realiza optimizaciones basadas en las expectativas del cliente, las preferencias personales y el retorno previsto de la inversión. [...] Al optimizar la experiencia del cliente a través de lo que se prefiere y no solo de lo que está disponible, las marcas pueden reorientar de manera efectiva sus esfuerzos y recursos para comprender plenamente *cómo* las personas llegan a una marca y *por qué* se mantienen comprometidas».[1]

Este enfoque más centrado permite a las empresas satisfacer las expectativas de los clientes garantizando una experiencia coherente e integrada, independientemente del canal o dispositivo utilizado. Comienza con una comprensión integral de los comportamientos y

1. Todd Thompson, «From Omnichannel to Optichannel, Marketing's Return to Rationality» *ClickZ*, 3 de marzo de 2020, https://www.clickz.com/from-omnichannel-to-optichannel-marketings-return-to-rationality/260551/.

preferencias de los clientes. Al aprovechar estos datos, las empresas pueden adaptar sus ofertas, promociones y comunicaciones para ajustarse mejor a cada cliente. Como hemos argumentado, los clientes no ven canales, sino que experimentan marcas. En última instancia, la estrategia opticanal tiene como objetivo mejorar la satisfacción del cliente, aumentar su compromiso y fidelizarlo a largo plazo al brindar una experiencia personalizada que se ajuste a sus preferencias, independientemente de cómo elijan interactuar con la marca.

Sobre la base de este concepto y ampliando esta idea de un recorrido personalizado del cliente, en el capítulo 7 argumentamos que se debe tener en cuenta una tercera dimensión a la hora de planificar una estrategia opticanal: el mundo virtual. Por lo tanto, si los minoristas y las marcas de consumo quieren imaginar una experiencia de cliente verdaderamente fluida, deben considerar un recorrido del cliente tridimensional.

En este capítulo empleamos el concepto de «onlife» para describir la interconexión de las vidas físicas, digitales y ahora virtuales en la era posdigital. Este término reconoce que la tecnología e Internet han arraigado profundamente en nuestra vida cotidiana, influyendo en la forma en que nos comunicamos, trabajamos, compramos, consumimos, aprendemos, nos entretenemos e incluso definimos nuestras identidades. Pone de relieve que nuestras actividades e interacciones en línea tienen un impacto directo en nuestras vidas fuera de línea y viceversa. Y podemos esperar lo mismo en nuestras interacciones en mundos virtuales.

El término *onlife* fue acuñado por primera vez por Luciano Floridi, profesor y director fundador del Digital Ethics Center (Centro de Ética Digital) de la Universidad de Yale. A lo largo de su carrera, ha prestado mucha atención a la ética de la información y su impacto en la sociedad para describir la interconexión entre nuestras vidas en línea y fuera de línea. En este principio rector proponemos una ampliación de la idea original, adoptando *onlife* para describir la fluidez de un mundo posdigital, en el que las líneas que conectan lo físico, lo digital y lo virtual se difuminan en un *continuum* frenético. Para los minoristas y los ejecutivos de marcas de consumo, estar *onlife* significa reconocer la profunda influencia que las plataformas digitales, las redes sociales, los dispositivos móviles, la inteligencia artificial, la realidad aumentada y virtual y el Internet de las cosas (IoT o *Internet of Things*) tienen en la configuración de nuestros comportamientos, percepciones, relaciones y dinámicas sociales. Y anima a las personas, las empresas y la sociedad a navegar por este paisaje interconectado de forma consciente, teniendo en cuenta las implicaciones éticas, sociales y psicológicas de nuestras acciones y elecciones en los ámbitos físico, digital y virtual. Los minoristas y las marcas que entienden la dinámica de un recorrido del cliente tridimensional *onlife* valoran la opticanalidad porque entienden la imposibilidad de aspirar a la ubicuidad. Sin embargo, normalmente tienen que superar varios retos para implementar completamente la estrategia.

Hacer frente a las amenazas más comunes

Como destacamos en los capítulos 6 y 7, una de las preguntas más importantes es cómo garantizar la rentabilidad al implementar estrategias opticanal. De hecho, lograr que estas estrategias sean exitosas, dada la necesidad de elegir entre un número considerable de canales y puntos de contacto en tres dimensiones, requiere un análisis exhaustivo para superar algunos desafíos importantes. En nuestra experiencia, las empresas establecidas que se embarcan en este viaje deben hacer frente a cinco categorías de amenazas:

- **Estructura y cultura organizativas**. Las organizaciones minoristas tradicionales tienden a tener equipos y departamentos separados responsables de diferentes canales, lo que lleva a una falta de coordinación y colaboración. Las mentalidades cerradas y la resistencia al cambio pueden impedir la implementación de una estrategia cohesiva.
- **Complejidad tecnológica** (**sistemas y datos aislados**). La implementación e integración de las tecnologías necesarias en sistemas tradicionales preexistentes puede ser compleja y costosa. Las empresas deben invertir en plataformas de comercio electrónico

sólidas, herramientas de gestión de relaciones con los clientes (CRM, *Customer Relationship Management*), sistemas de gestión de inventario y otras aplicaciones informáticas que permitan un intercambio eficaz de datos entre todos los departamentos. Los minoristas, especialmente los más tradicionales, a menudo tienen dificultades para integrar varios sistemas y fuentes de datos en diferentes canales. Los sistemas heredados y la infraestructura obsoleta pueden socavar la fluidez de información y crear silos, lo que dificulta proporcionar una experiencia fluida en todos los canales. De hecho, sin una integración natural de todos los datos disponibles, es imposible crear una visión unificada del cliente. Por ejemplo, puede ser difícil determinar qué factores llevan a un consumidor a utilizar un canal en lugar de otro, así como calcular las contribuciones marginales reales de cada punto de contacto al recorrido general del cliente. Una estrategia opticanal *onlife* exitosa requiere procesos de limpieza, normalización e integración de datos para evitar discrepancias e inconsistencias en la información del cliente.

- **Desafíos operativos**. Administrar el inventario y la logística a través de múltiples canales puede ser un desafío. Las empresas pueden encontrar conflictos entre sus tiendas físicas y los canales *online*. Por ejemplo, es posible que las ventas en línea canibalicen las ventas de las tiendas físicas, lo que lleva a una disminución de la rentabilidad. Limitarse a los canales óptimos, garantizar sinergias perfectas, mantener niveles de inventario precisos, coordinar el cumplimiento de los pedidos, garantizar la entrega oportuna y gestionar las devoluciones y los cambios en un entorno opticanal requiere operaciones optimizadas y una gestión de la cadena de suministro extremadamente precisa.
- **Coherencia en la experiencia del cliente**. Garantizar que los precios, las promociones, las comunicaciones, la información de los productos y el servicio de atención al cliente sean coherentes y estén sincronizados en todos los puntos de contacto puede ser una tarea compleja que requiere coordinación y alineación en toda la organización.

A estas complejidades hay que añadir el hecho de que las expectativas de los clientes están en constante evolución, y sus puntos de referencia experienciales aumentan día a día. En conjunto, nuestra única opción viable es abandonar el concepto omnidireccional de servir al cliente en todos los puntos de contacto posibles en las tres dimensiones. En su lugar, debemos adoptar una estrategia más realista que se centre en optimizar los puntos de contacto más significativos, los que tienen más probabilidades de proporcionar el recorrido *onlife* «ideal» del cliente. Las empresas seguirán teniendo que adoptar un enfoque holístico, centrándose en la planificación estratégica, la alineación organizativa, las inversiones en tecnología y una mentalidad centrada en el cliente. Aun así, tendrán que invertir en la infraestructura adecuada, implementar soluciones sólidas de integración de datos, fomentar la colaboración interfuncional y priorizar la experiencia del cliente. Pero en lugar de apuntar a ser omnipresentes, diseñarán el viaje en torno a la relevancia para maximizar el valor de su propuesta.

Al recomendar que las empresas adopten la opticanalidad como estrategia central, la mentalidad de «Ser *onlife*» se basa en una comprensión profunda de la delicada interconexión entre todas las dinámicas en juego. Ser *onlife* significa centrarse en los puntos de contacto más relevantes en lugar de perseguir la ubicuidad.

Considere, por ejemplo, cómo la transformación digital ha reducido en gran medida el tráfico peatonal en las sucursales físicas convencionales de los bancos de todo el mundo. Las entidades más exitosas no intentaron mantener intacta su presencia física al mismo tiempo que desarrollaban su presencia digital. Se centraron en las necesidades cambiantes de sus clientes y optimizaron el número total de puntos de contacto. La mayoría de estos bancos de éxito redujeron drásticamente su número de sucursales al tiempo que lanzaron aplicaciones móviles que permitieron a los clientes realizar fácilmente sus tareas más frecuentes. Esto no quiere decir que la opticanalidad implique siempre una reducción del número de puntos de contacto. De lo que se trata es de tener en cuenta la naturaleza *onlife* del viaje posdigital, que implica una optimización que puede llevar o no a reducir los puntos de contacto en función de lo que tenga más sentido en cada situación concreta.

Otro ejemplo relevante de un minorista que ha aprovechado la tecnología para desarrollar todo un ecosistema de servicios en torno a las necesidades emergentes de los clientes es el gigante chino del comercio electrónico Alibaba con sus supermercados Hema (el nombre en inglés es Freshippo). Las tiendas Hema dependen completamente de la aplicación del mismo nombre, que actúa como una herramienta para consultar precios, navegar en la tienda, obtener información nutricional del producto y pagar sin ninguna interacción con un cajero físico ni con una línea de pago (con una tecnología que es casi idéntica a la de las tiendas AmazonGo). Jack Ma, cofundador de Alibaba Group, lo describió como «la integración de la logística y los datos *online* y *offline* en una sola cadena de valor». Además de atender a los clientes, las 257 tiendas (a partir de 2021) actúan como centros logísticos para los pedidos de comestibles en línea de Hema. De hecho, más del 60 % del valor bruto de la mercancía proviene de pedidos en línea. La aplicación utiliza el aprendizaje automático para analizar y recordar los patrones de compra de los consumidores, lo que permite recomendaciones de productos personalizadas adaptadas a las preferencias de cada cliente. Hablando sobre esta perfecta integración de *online* y *offline*, el presidente de Alibaba Group, Michael Evans, dijo: «Los consumidores no piensan en el mundo *online* versus el *offline*. Tampoco deberían hacerlo las marcas y los minoristas».[2]

También hay ejemplos interesantes en los que el mundo físico se mezcla a la perfección con el mundo virtual. Ubisoft Entertainment, un editor de videojuegos francés, lanzó una función gratuita para su popular juego *Assassin's Creed*, que permite a los propietarios de la versión del juego «Origins» acceder al modo «Discovery Tour». En esta opción de entretenimiento educativo, los jugadores pueden viajar por el mundo del juego en el antiguo Egipto, la antigua Grecia y la era vikinga. Ahora, imagine que usted es el propietario de un resort familiar en Egipto y quiere atraer turistas promocionando tanto las antiguas bellezas de su tierra como su resort. Adoptar el principio rector de ser *onlife* lo llevaría a centrarse en el viaje ideal del cliente de un

2. Tricia McKinnon, «The Future of Retail: 9 Ways Alibaba is Redefining Retail Stores», *Indigo9 Digital*, 2 de agosto de 2022, https://www.indigo9digital.com/blog/futureofretailalibaba.

segmento de jugadores jóvenes que viven a miles de kilómetros de distancia y están pasando de la fase de «atención» a la de «atracción» en ese viaje o proceso, a medida que descubren Egipto a través de un videojuego inmersivo. ¿Cuál es la siguiente mejor acción ideal para este cliente? ¿Cómo puede usted, como propietario de un resort interesado en interceptar esa demanda emergente, dirigirse a esa audiencia a medida que ingresa en la etapa de «averiguación»? ¿La siguiente mejor acción sigue estando en el mundo virtual (por ejemplo, una llamada a la acción en el juego) o más bien en el mundo digital (por ejemplo, reorientar a los jugadores por correo electrónico o tal vez publicidad digital)? Analizaremos más a fondo cómo las marcas pueden aprovechar los datos para personalizar la experiencia del cliente en el capítulo 15, cuando presentemos el principio rector «ser personal». Sin embargo, parece muy claro cómo las empresas inteligentes que reconocen la importancia de ser *onlife* y comprenden la dinámica de un viaje del cliente tridimensional pueden desbloquear oportunidades adicionales para ajustar la oferta y la demanda.

Las cinco A: Atención, Atracción, Averiguación, Acción y Apología

En el capítulo 7, «El viaje del cliente posdigital», exploramos las cinco A: Atención, Atracción, Averiguación, Acción y Apología (*Awareness, Appeal, Ask, Act, and Advocacy*). Estas etapas permiten a los líderes empresariales trazar un mapa de las necesidades y prioridades del cliente durante su proceso de compra. El viaje comienza con la fase de generación de **Atención**, donde el cliente toma conciencia de una nueva marca, a menudo a través de anuncios, el boca a boca, las reseñas o el interés en marcas similares. Si nos sentimos atraídos por lo que descubrimos, pasamos a la etapa de **Atracción**, donde queremos buscar más información para validar nuestra impresión inicial. Entramos así en la etapa de **Averiguación**. Aquí, podemos leer reseñas de otros clientes, explorar el sitio web de la marca, visitar sus canales sociales e incluso buscar opiniones de compañeros de confianza.

Si nos gusta lo que encontramos, naturalmente avanzamos a la etapa de **Acción**, el núcleo de la experiencia del cliente. Es entonces cuando se producen interacciones directas con la marca durante y después de la transacción. Si la empresa ofrece una experiencia satisfactoria, se fomenta la lealtad a la marca y nos convertimos en entusiastas defensores y recomendamos la marca a otros. En la era del retail 4.0, la etapa de **Apología o Recomendación** cobró una enorme importancia, ya que cada uno de nosotros poseía la capacidad de llegar a una amplia audiencia a través de la combinación de dispositivos móviles y redes sociales en línea. Este alcance exponencial resalta la importancia de deleitar a los clientes y brindar experiencias excepcionales, ya que esto puede tener un impacto significativo en la reputación de la marca y la adquisición de clientes a través del boca a boca. Tanto en nuestra vida personal como en la de los consumidores, este viaje de conexión, validación y defensa da forma a la naturaleza de nuestras relaciones. Comprender y navegar por este proceso es fundamental para las empresas que buscan crear vínculos duraderos con sus clientes en el panorama en constante evolución del comercio minorista 5.0.

Preguntas similares deberían plantearse cuando las marcas se asocian con desarrolladores de videojuegos o hacen que los productos digitales se conozcan como tókenes no fungibles (NFT) que se pueden gastar en uno de los metaversos. Por ejemplo, Epic Games, un destacado desarrollador estadounidense de videojuegos y software, colaboró con Moncler, una reconocida empresa italiana de ropa de abrigo de lujo, para introducir atuendos exclusivos en el juego para *Fortnite*, uno de sus productos de gran éxito. Inspirándose en la colección física de *prêt-à-porter* de Moncler, el «Moncler Classic Set» ofrece a los jugadores una vía única para la autoexpresión.[3] En su caso, las

3. Sophie Smith, «Moncler collaborates with Fortnite to launch new in-game reactive outfits», *The Industry.fashion*, 24 de noviembre de 2021, https://www.theindustry.fashion/moncler-collaborates-with-fortnite-to-launch-new-in-game-reactive-outfits/.

preguntas apropiadas son: «Dado que algunos jugadores descubrirán la marca a través del juego, ¿cómo puede la firma continuar la relación con ellos? ¿Cuál es el seguimiento ideal en el recorrido *onlife* opticanal del cliente?».

En cuanto al metaverso, la firma de investigación estadounidense Gartner predijo que, para 2026, una de cada cuatro personas pasará al menos una hora al día en este espacio, ya sea por trabajo, compras, educación, socialización y/o entretenimiento. Atraídos por esta perspectiva, muchas marcas han decidido unirse a una de las muchas plataformas populares (Axis, Illuvium, Infinity, Decentraland, Roblox, Sorare, TheSandBox, etc.) para familiarizarse, experimentar, aprender y tratar de capitalizar la ventaja de ser los primeros. La lista de estas marcas abarca todos los sectores e incluye a Adidas, Balenciaga, BMW, Burberry, Chipotle, Coca-Cola, Disney, Estée Lauder, Gucci, Hermès, H&M, Hyundai, Kroger, Louis Vuitton, Nike, Prada, Samsung, Walmart, Zara y muchas otras. Estas empresas están experimentando en diferentes direcciones, desde la logística hasta la reinvención de la forma en que los clientes compran, pasando por la organización de eventos virtuales. Algunas incluso están creando «réplicas» digitales de sus instalaciones para poder simular la mejor manera de agilizar y optimizar los procesos. Independientemente del tipo de actividad o de la naturaleza de la interacción, para el propósito de este libro queremos destacar la plétora de contactos adicionales que los minoristas y las marcas pueden establecer con sus clientes, porque estos mundos virtuales han agregado una tercera dimensión al viaje del consumidor. Al aventurarse más allá de la segunda dimensión, el riesgo es, una vez más, mantener una mentalidad de silo, no entender que todos los canales y puntos de contacto están entrelazados, y que los consumidores inteligentes se mueven a través de ellos sin problemas.

Cuando hablamos de este principio rector con Mauro Porcini, autor, vicepresidente sénior y director de diseño de la corporación estadounidense de alimentos y bebidas PepsiCo, subrayó la necesidad de diseñar el viaje *onlife* con seres humanos «reales» en mente. Con el tiempo, las empresas han cambiado su enfoque del producto al servicio y a la experiencia. Ahora es el momento de centrar la atención en «las necesidades, deseos y sueños específicos de cada ser humano». Según Porcini, independientemente de la nueva tecnología que aparezca en el horizonte:

> «[...]las empresas deben centrarse principalmente en comprender las emociones humanas genuinas, y solo después descubrir cómo aprovechar la tecnología para amplificar la relación con una marca. Por el contrario, la mayoría de las empresas se quedan atrapadas en un bucle de resultados financieros a corto plazo, supremacía en la cuota de mercado y considerar la tecnología únicamente como un medio de ventaja competitiva, en lugar de como un catalizador para crear experiencias agradables. Solo ven a las personas como "clientes en un canal" y tienden a diseñar el viaje como si las personas fueran máquinas completamente racionales».[4]

Una perspectiva muy similar es la que promueven los ejecutivos de Accenture Song, David Droga, CEO global y presidente creativo, y Baiju Shah, director de estrategia. Al hablar del alcance más amplio de la vida contemporánea de los clientes, argumentan: «Con el tiempo, las empresas han pasado de una estrategia producto-céntrica (focalizada en el producto) orientada al rendimiento, a una estrategia cliente-céntrica (focalizada en el cliente) destinada a priorizar la experiencia. Pero ahora, la dinámica es más complicada. Las empresas deben aceptar a sus clientes como personas complejas y en constante cambio, profundamente afectadas por fuerzas externas impredecibles». Y abogan por este enfoque porque permite a las empresas «lograr relevancia al tender un puente entre estas fuerzas vitales y las decisiones cotidianas de sus clientes. Y mantienen esa relevancia evolucionando de manera continuada sus productos, marketing, ventas y experiencias de servicio a medida que la vida sigue cambiando».[5]

4. Mauro Porcini, conversación por Zoom con Giuseppe Stigliano, 23 de mayo de 2023.
5. David Droga y Baiju Shah, «Keeping Up with Customers' Increasing Dynamic Needs», *Harvard Business Review*, 27 de septiembre de 2022, https://hbr.org/2022/09/keeping-up-with-customers-increasingly-dynamic-needs.

Giovanni Valentini, gerente general de Lancôme USA y miembro del equipo de liderazgo de L'Oréal Luxe USA, confirma la importancia de esta perspectiva más amplia al reflexionar sobre el público objetivo:

> «El consumidor moderno va más allá de las limitaciones de las experiencias en tienda, móviles, digitales y virtuales, superando los límites tradicionales del marketing. Como resultado, comprender a los consumidores requiere una perspectiva más integral y holística. En nuestra empresa, nos comprometemos a monitorear y observar continuamente cómo los clientes interactúan con la tecnología a través de múltiples canales, incluidos en la tienda, en línea y, ahora, incluso en mundos virtuales. Además, ponemos gran énfasis en aprovechar las tecnologías de vanguardia que permiten a nuestros clientes interactuar con nuestros productos de manera innovadora. Creemos firmemente que mantenernos en sintonía con los comportamientos y preferencias en constante evolución de nuestros clientes es crucial para nuestro éxito».[6]

Adopción de una estrategia *onlife* opticanal

Centrarse en las necesidades humanas individuales y ver a los clientes en sus vidas plenamente *onlife* requiere comprender cómo la tecnología está cambiando la cultura y nuestras vidas enteras, y hasta qué punto el viaje en el que se embarcan las personas como clientes se ve afectado por este cambio cultural. En esta delicada coyuntura, lo bien que una empresa optimice su propuesta de valor para afinar esta dinámica podría ser la diferencia entre el éxito y el fracaso. Sin embargo, antes de que los minoristas y las marcas se embarquen con entusiasmo en la implementación de sus capacidades opticanal, es crucial que hagan una pausa y reflexionen profundamente sobre los impulsores fundamentales de la creación de valor específicos de su negocio. Sin esta reflexión, los minoristas pueden verse abrumados

6. Giovanni Valentini, conversación telefónica con Giuseppe Stigliano, 14 de julio de 2023.

por una gran cantidad de enfoques, tecnologías, canales y puntos de contacto para elegir. El riesgo, como comentamos anteriormente al explicar las desventajas del enfoque omnicanal, es ser víctimas del «miedo a perderse algo» o FOMO (*Fear Of Missing Out*) e implementar tecnologías o plataformas innovadoras solo por el hecho de hacerlo, sin considerar primero a fondo las necesidades de la empresa. Sobre este punto específico, Greg Hoffman, autor y exdirector de marketing de Nike, sugiere tener siempre en cuenta algunas preguntas fundamentales: «Es muy importante que los líderes empresariales no se dejen seducir por "los nuevos juguetes" de la tecnología. Cada día hay una nueva plataforma digital o una red social de noticias que pretende acercar las marcas a los consumidores. Creo que, en última instancia, se trata de mantenerse fiel y hacerse preguntas como: ¿Cuál es el problema que estoy tratando de resolver para mis clientes? ¿Cómo puedo aportarles un beneficio verdaderamente significativo? ¿Por qué debería importarles?».[7]

En estos temas, los líderes evalúan cuidadosamente el viaje de los customer personas más significativos y luego hacen un plan de acción que toma en consideración de manera meticulosa todos los aspectos de su organización e identifica las brechas entre el escenario «actual» y el «futuro», con el fin de evitar los cinco desafíos que describimos al principio del capítulo. Es muy importante centrarse en las personas, ya que eso permite a las empresas describir segmentos de la población de una manera más matizada y completa de lo que lo hace la segmentación demográfica tradicional. Es una forma de considerar a las «personas» en lugar de a los «clientes». Para evitar peligrosos errores en las asignaciones de recursos, también es muy importante desarrollar una comprensión sólida de la brecha que a menudo existe entre lo que las personas dicen y lo que realmente hacen. Manuel Arroyo, director global de marketing del gigante de los refrescos Coca-Cola Company, compartió con nosotros una verdad contraria a la intuición: «Ya no confío ciegamente en los estudios sobre la percepción de la marca por parte de los consumidores». Y afirmó:

7. Greg Hoffman, entrevista por Zoom con Giuseppe Stigliano, 23 de abril de 2023.

«Durante las últimas dos décadas, hemos seguido de cerca las métricas de amor por la marca, pero el problema radica en el hecho de que la investigación se ha basado en gran medida en la percepción declarada de los consumidores desconectada de su comportamiento actual real. En nuestro sector, hemos descubierto que el aumento de la percepción positiva de los consumidores no se traduce necesariamente en un comportamiento de compra. En realidad, funciona al revés: el consumo, el comportamiento real, siempre se traduce en una percepción positiva, lo que impulsa el amor por la marca. Al adaptar estratégicamente nuestra investigación, datos y enfoque analítico y obtener una comprensión profunda de lo que nuestros clientes consumen regularmente, logramos influir de manera efectiva en el crecimiento real de la marca y generar amor por ella».[8]

En nuestra experiencia, las empresas más exitosas siguen estos tres pasos principales:

- **Comprenden el viaje *onlife* de sus personas más relevantes**. Utilizan todos los recursos disponibles para comprender profundamente cómo las personas a las que pretenden servir navegan a través de varios canales: físicos, digitales y virtuales. En lugar de verlos como clientes pasivos, observan los intrincados matices de su viaje multifacético. Identifican los puntos de contacto en los que sus audiencias interactúan de forma natural con sus marcas y analizan sus comportamientos, preferencias y puntos débiles en cada etapa. Esta comprensión profunda es crucial para evitar futuras inversiones en innovación tecnológica de vanguardia, como sensores en la tienda o espejos inteligentes, que podrían no resonar con sus audiencias.
- **Establecen objetivos claros y realistas**. Evalúan las limitaciones estructurales de sus organizaciones, el panorama competitivo, los puntos de referencia experienciales y la alfabetización digital de las partes interesadas involucradas. Sobre la base de esta evaluación,

8. Manuel Arroyo, entrevista por Zoom con Giuseppe Stigliano, 29 de junio de 2023.

definen los objetivos alcanzables y los resultados deseados para sus estrategias opticanal sin fisuras. Determinan lo que buscan lograr, ya sea mejorar la experiencia del cliente, aumentar las ventas o potenciar la consideración o la lealtad a la marca. Utilizan los conocimientos adquiridos en la primera fase para identificar cuidadosamente dónde la tecnología puede aportar eficiencias y dónde se debe mantener la presencia humana. Consideran la naturaleza de su organización, las habilidades y capacidades de su equipo y el presupuesto realista disponible para la capacitación de los empleados, la contratación de nuevos talentos o consultores y la inversión en nuevas tecnologías y sistemas como CRM o herramientas de gestión de inventario.

- **Planifican la estrategia *onlife* opticanal**. Garantizan una transición fluida y sin fricciones a través de canales y puntos de contacto con atención a cada una de las mejores acciones. Evitar la fricción de canales es esencial para elaborar una estrategia opticanal verdaderamente integrada. Sin una alineación estratégica, las organizaciones a menudo caen en inversiones fragmentadas, asignando recursos a prioridades conflictivas en las operaciones de la tienda, el comercio electrónico, el marketing, las ventas, la TI, los recursos humanos y la cadena de suministro. Siempre hay que tener en cuenta que el *core business* de cualquier negocio es atender a un cliente, lo que en mercados complejos y saturados muchas veces implica simplificarle la vida reduciendo el número de opciones o el tiempo necesario para completar una tarea. Una buena regla general en este sentido, como sugiere Hoffman, es seguir preguntándose «¿Por qué debería importarles?». Las empresas exitosas se aseguran de que el plan sea adaptable e incluya indicadores clave de rendimiento (KPI) y métricas para medir el éxito. Comparten estas métricas ex ante con las partes interesadas clave para mantener la coordinación y minimizar el riesgo de desalineación a lo largo del proceso. Alinean los incentivos para garantizar que todas las partes involucradas se centren en la misma dirección. Priorizan la interoperabilidad para que todos los departamentos puedan acceder simultáneamente al mismo conjunto de datos y facilitan la circulación de la información en tiempo real. Por último, se aseguran de aprovechar los datos para cerrar la brecha entre las declaraciones de los clientes y las acciones reales actuales.

Los minoristas y las marcas que siguen con éxito estos tres pasos y logran superar los desafíos descritos anteriormente comprenden el riesgo de caer en delirios de grandeza. Valoran la importancia de empezar poco a poco, con el objetivo de lograr ganancias tempranas, lo cual es especialmente importante en un escenario de recursos limitados y en un sector como el minorista que tradicionalmente sufre una fuerte presión sobre los márgenes. Al hacerlo, las empresas inteligentes obtienen dos resultados cruciales: (1) motivan a las partes interesadas involucradas a medida que crean un impulso centrado en los pocos frutos que están al alcance de la mano y que se pueden lograr de manera realista en un corto período de tiempo; y (2) se ganan la confianza de la alta dirección y de los accionistas (a quienes sería más difícil mantener motivados si el proceso requiriera inversiones masivas por adelantado, así como un largo período de tiempo antes de ver resultados). Otro movimiento inteligente que hemos observado en las transiciones exitosas hacia la opticanalidad es la creación de equipos multifuncionales compuestos por representantes de diferentes canales departamentales, junto con funciones de apoyo como TI, marketing, ventas y operaciones, que colaboran para poner a prueba nuevas iniciativas. Estos equipos ágiles, que operan como células independientes, suelen lograr resultados significativos en una fracción del tiempo que se requeriría de toda la empresa.

En un mundo posdigital, donde las personas están influenciadas por factores externos en constante cambio y se comportan de manera inconsistente, un enfoque rígido y único para todos sería insostenible. Por lo tanto, la agilidad, la adaptabilidad y la optimización continua son necesarias. Las organizaciones exitosas cosechan las recompensas de alinear su propuesta de valor con la demanda del mercado, lo que se traduce en la conquista de nuevos segmentos de clientes, el aumento de las ventas y la mejora de la eficiencia operativa. Esta búsqueda se centra en la calidad sobre la cantidad, y hace hincapié en la noción de «menos pero mejor» que connota una estrategia *onlife* opticanal.

Preguntas de cierre para la reflexión

- Según su experiencia como cliente, ¿siempre se ha encontrado con transiciones fluidas al interactuar a través de diferentes canales?
- ¿Cuáles son los canales y puntos de contacto que tienen más importancia para usted? ¿Cuáles considera que son principalmente transaccionales y cuáles cree que no deberían incluir llamadas a la acción comerciales?
- ¿Cómo podemos afrontar los desafíos y complejidades asociados con el mundo virtual y las expectativas cambiantes de los clientes en un recorrido del cliente tridimensional?
- ¿Cómo pueden las empresas garantizar la rentabilidad al tiempo que implementan la opticanalidad y eligen entre numerosos canales y puntos de contacto?
- ¿Cómo puede gestionar eficazmente el inventario y la logística a través de múltiples canales teniendo en cuenta los posibles conflictos entre las tiendas físicas y los canales *online*?
- ¿Cómo puede su organización mantener la coherencia y la sincronización en los precios, las promociones, la información de productos y el servicio al cliente en todos los puntos de contacto en un entorno opticanal?

CAPÍTULO 15

Be Personal - Ser personal

Piense en la sensación de satisfacción y gratificación que experimenta cuando entra en su cafetería favorita y pide «lo de siempre». O cuando el camarero se anticipa a sus necesidades y le sirve su capuchino favorito sin que diga nada. Los beneficios de sentir una conexión personal siguen profundamente arraigados en la esencia del comercio, desde los antiguos mercados en los que los comerciantes llamaban a los clientes por su nombre y adaptaban sus ofertas, hasta las herramientas de CRM modernas que utilizan análisis de datos avanzados para ofrecer experiencias personalizadas. En el centro de la actual personalización opticanal impulsada por la tecnología existe una necesidad humana muy básica de ser reconocidos como individuos.

El elemento de personalización en el comercio reconoce que cada persona tiene sus propias características, deseos y comportamientos de compra distintos. Al comprender y abordar estas diferencias individuales, las empresas pueden crear interacciones más significativas y atractivas con los clientes. Esto implica adaptar las ofertas, las recomendaciones y la comunicación en función de un profundo conocimiento de las preferencias individuales, las interacciones previas y la demografía. En el panorama empresarial contemporáneo, la personalización se ha visto reforzada por los avances en tecnología, análisis de datos y conocimientos de los clientes. Con el acceso a grandes cantidades de datos, las empresas ahora pueden aprovechar algoritmos sofisticados y aprendizaje automático para comprender mejor a los clientes y brindar experiencias altamente significativas, oportunas y personalizadas. Sin embargo, la importancia del elemento humano en un mundo posdigital aún puede desempeñar un papel crucial. Al adoptar la personalización, las empresas pueden forjar conexiones más sólidas con los clientes, fomentar la lealtad y, posiblemente, impulsar el crecimiento. Este enfoque también permite a las empresas ofrecer un marketing más específico, así como mejorar las tasas de conversión, la retención de clientes y la eficiencia general del sistema.

Es importante distinguir entre «adaptación» o «customización»[1] y «personalización». «Adaptación» se refiere al proceso de particularizar o hacer a medida un producto, servicio o experiencia para satisfacer las preferencias o requisitos específicos de un grupo particular de clientes (un clúster). Por lo general, implica ofrecer opciones o características entre las que los clientes pueden elegir para crear una combinación que se adapte a sus preferencias. Por lo tanto, es una técnica «reactiva» basada en lo que las personas eligen activamente, y no conduce a la creación de productos únicos. Cada vez que recibimos un boletín con contenido y ofertas que son idénticos a los de otros miembros del mismo grupo que comparten nuestras preferencias, nos encontramos con este mismo tipo de adaptaciones. Aunque el mensaje ha sido «particularizado» para que coincida con nuestras preferencias, e incluso si el mensaje comienza con «Querido Felipe», no es único.

La «personalización», por otro lado, va más allá de la adaptación. Implica la creación de productos, servicios y experiencias individualizadas que permitan a los clientes crear un producto a medida único en su tipo o aprovechar los datos y la información sobre las preferencias, comportamientos y características de un individuo para inferir lo que podría necesitar y querer. Los especialistas en marketing utilizan los mismos datos para ofrecer contenido, recomendaciones o interacciones personalizadas que sean significativas para el individuo. La personalización tiene como objetivo proporcionar una experiencia más

1. El término «customizar» no ha sido reconocido por la Real Academia Española. Sin embargo, se utiliza habitualmente en la profesión como una traducción del término inglés *customization*. La RAE sostiene que: «La voz "customizar" es calco del inglés, poco transparente para quienes no conozcan ese idioma. Es mejor "personalizar", "adaptar" o "hacer a medida"». Fuente: https://x.com/RAEinforma/status/1096383166288412672. Consultada el 9 de julio de 2024. Adoptamos el término «adaptar» y «adaptación».

fluida e intuitiva que se sienta diseñada de manera única para cada persona. Nike, el mayor proveedor mundial de calzado y ropa deportiva, utiliza los datos de los clientes y algoritmos impulsados por la IA para personalizar la experiencia de compra tanto en línea como en la tienda. Analizan el comportamiento, las preferencias y el historial de compras de los clientes para ofrecer recomendaciones de productos personalizadas y contenido adaptado a los intereses de cada individuo. Por ejemplo, si un cliente compra zapatillas para correr con frecuencia, el sitio web y la aplicación de Nike mostrarán nuevos lanzamientos de zapatillas para correr y contenido relacionado cada vez que ese cliente visite el sitio.[2]

No hace falta decir que la adaptación ofrece las ventajas de las relaciones uno a uno, pero también es inherentemente ineficiente debido a su falta de escalabilidad. Y aunque la personalización es más escalable, puede parecer menos auténtica. Por lo tanto, se recomienda una combinación de ambos. Los especialistas en marketing expertos distinguen entre los dos y eligen deliberadamente qué puntos de contacto merecen adaptación, tal vez mejorados por un toque humano, y qué puntos de contacto obtienen suficiente valor de la personalización. Dado que el enfoque más preciso de la personalización suele requerir más tiempo y recursos, es mejor adoptarlo cuando el retorno esperado de la inversión es mayor.

Aunque la personalización opticanal no implica necesariamente tecnología, es cierto que las aplicaciones más avanzadas de IA generativa podrían llevar a transformaciones asombrosas en la forma en que compramos y consumimos, y conducir al santo grial de la personalización masiva. Por ejemplo, considere la prueba virtual impulsada por IA introducida por Google en el verano de 2023. En un movimiento potencialmente innovador que revolucionará la experiencia de compra, la compañía ha fotografiado a un grupo diverso de 40 hombres y 40 mujeres, que abarcan varios tamaños, formas corporales, etnias, tipos de cabello y tonos de piel. Aprovechando este conjunto de datos,

2. Alex Barseghian, «How Nike Is Using Analytics To Personalize Their Customer Experience», *Forbes*, 7 de octubre de 2019, https://www.forbes.com/sites/forbestechcouncil/2019/10/07/how-nike-is-using-analytics-to-personalize-their-customer-experience/.

Google ha desarrollado una herramienta que permite a los usuarios comprobar cómo se ven los diferentes productos en modelos reales, ofreciendo una representación más realista e inclusiva. A diferencia de otras marcas que se han enfrentado a críticas por usar modelos ficticios o digitales, el método de Google evita los problemas éticos al superponer prendas digitales a imágenes de personas reales. Este desarrollo es particularmente significativo a medida que la industria de la moda lidia con altas tasas de devolución (por ejemplo, se estimó que los consumidores estadounidenses devolvieron más del 20 % de todas las compras en línea en 2022) y el impacto ambiental de la sobreproducción y el inventario descartado (se estima que la producción textil por sí sola es responsable de alrededor del 20 % de la contaminación mundial del agua limpia).3

De hecho, las expectativas de los consumidores en torno a la personalización están aumentando. Alrededor del 88 % de los consumidores dicen que es más probable que compren a minoristas que ofrecen experiencias opticanal personalizadas y conectadas. Mientras que el 73 % de los compradores de todo el mundo esperan que las marcas entiendan sus necesidades y expectativas únicas (frente al 66 % en 2020), el 62 % quiere que las empresas se anticipen a sus necesidades (frente al 56 % en 2020) y el 56 % espera que las ofertas sean siempre personalizadas (frente al 52 % en 2020). Curiosamente, el 56 % de los participantes en la encuesta declara que la mayoría de las empresas los tratan como un número, frente al 65 % en 2020.[4] Este último dato parece demostrar que las empresas en general están progresando en la forma en que aprovechan los datos para adaptar y personalizar la relación con los clientes.

3. Maghan McDowell, «Google introduces virtual try-on using generative AI», Vogue Business, 14 de junio de 2023, https://www.voguebusiness.com/technology/google-introduces-virtual-try-on-using-generative-ai; «The impact of textile production and waste on the environment (infographics)», Parlamento Europeo, actualizado el 6 de mayo de 2023, https://www.europarl.europa.eu/news/en/headlines/society/20201208STO93327/the-impact-of-textile-production-and-waste-on-the-environment-infographics.
4. Creative Works, *The Open Creative Project*, Google, s.f. [2023], 13, https://www.thinkwithgoogle.com/_qs/documents/18302/OpenCreative_Final_Reduced.pdf; «Attitude of Consumers Worldwide Toward Personalization and Customer Experience Provided by a Company, 2020 & 2022 (% of respondents)», Salesforce, 13 de mayo de 2022, https://www.insiderintelligence.com/chart/256614/Attitude-of-Consumers-Worldwide-Toward-Personalization-Customer-Experience-Provided-by-Company-2020-2022-of-respondents.

Matt Harker, vicepresidente de Estrategia de Marketing Global y Transformación de Walgreens Boots Alliance, dice: «Cuando piensas en lo que importa a las personas, ya sea un producto, servicio, contenido o mensaje, pronto te das cuenta de que la personalización —a nuestra escala de cientos de millones— te desbordará rápidamente. Se necesita la ayuda de la tecnología para orquestar el contenido y los mensajes para que lleguen a las personas en el momento y contexto adecuados».

Es cierto que los avances recientes en las tecnologías de plataforma de datos de clientes (CDP o *Customer Data Platform*), que cuentan con funcionalidades amigables para el usuario y «listas para utilizar» sin necesidad de capacidades de codificación, brindan a las organizaciones una valiosa oportunidad para acelerar sus esfuerzos de personalización opticanal. Al integrar con éxito sus datos unificados de una CDP en sus sistemas tradicionales, las empresas pueden aprovechar eficazmente la información derivada de los datos y ofrecer adaptación o personalización según el contexto. Estos desarrollos tecnológicos tienen el potencial de llevar la relación con los clientes a un nivel completamente nuevo.[5]

Los beneficios

En el mercado actual, la oferta supera la demanda en casi todos los sectores, y las personas se ven constantemente abrumadas por la paradoja de la elección. En este contexto, la personalización puede desempeñar un papel crucial en la creación de conexiones significativas con los clientes y en la mejora de su experiencia general. Las empresas pueden aprovechar los datos para obtener información valiosa sobre los comportamientos, preferencias y tendencias de los clientes. Estos conocimientos pueden impulsar estrategias de marketing informadas y la toma de decisiones, desbloquear futuras oportunidades de crecimiento y allanar el camino para personalizar la relación con los clientes. Dominar este proceso puede crear un poderoso factor diferenciador y conducir a una ventaja competitiva.

5. *2023 Digital Trends Report*, Adobe, sin fecha, p. 15, https://business.adobe.com/resources/digital-trends-report.html.

Al comprender las preferencias de los clientes y ofrecer experiencias personalizadas, las empresas pueden destacarse, ser más atractivas, anticiparse mejor (por lo tanto, responder más adecuadamente a las necesidades de los compradores), atraer nuevos clientes y retener una base de usuarios leales. En ausencia de una comprensión profunda de los clientes, las empresas corren el riesgo de tratar a los menos valiosos mejor de lo que «merecen», mientras descuidan a sus clientes más valiosos, lo que puede ser una apuesta importante en un panorama competitivo donde las expectativas de experiencia del cliente son elevadas. Para evitar quedarse atrás, las empresas deben esforzarse por comprender a sus compradores a un nivel más profundo y cumplir o superar sus expectativas.

Según nuestra experiencia, los minoristas y las marcas de éxito aprovechan la personalización para buscar los siguientes beneficios principales:

- **Satisfacción del cliente**. Cuando los clientes reciben experiencias personalizadas que se adaptan a sus intereses y preferencias específicas, se sienten valorados y comprendidos. Esto conduce a una mayor satisfacción, lealtad y defensa de la marca.
- **Compromiso con el cliente**. La personalización permite a las empresas adaptar sus mensajes y ofertas de marketing a las preferencias, necesidades y comportamientos individuales de los clientes. Al ofrecer contenido relevante y personalizado, las empresas pueden captar y mantener la atención del cliente, lo que lleva a mayores niveles de compromiso.
- **Retención de clientes**. La personalización construye relaciones más sólidas con los usuarios, lo que fomenta la lealtad y reduce la pérdida de clientes (las fluctuaciones regulares en el grupo de clientes). Al ofrecer constantemente experiencias personalizadas y recomendaciones significativas, las empresas pueden aumentar la retención de clientes y el valor de vida del cliente.
- **Tasa de conversión**. La personalización ayuda a las empresas a enviar mensajes y ofertas específicos y oportunos a los clientes, lo que aumenta la probabilidad de conversión. Al presentar a los

> usuarios productos o servicios significativos en función de sus preferencias e historial de compras, las empresas pueden impulsar mayores tasas de conversión y crecimiento de los ingresos, además de dirigir el tráfico hacia las tiendas físicas y digitales.

Para maximizar estos beneficios, las empresas deben tratar de implementar la personalización opticanal en cada paso del recorrido del cliente, desde el conocimiento hasta la promoción, antes, durante y después de la transacción.

Por ejemplo, el gigante alemán de ropa deportiva Adidas (entre otros) ha introducido en lugares seleccionados estaciones *ad hoc* donde los clientes pueden personalizar los zapatos eligiendo colores, materiales y ciertos elementos de diseño, disfrutando así de una experiencia de compra única e interactiva.[6] Otro minorista que cree en el poder de la personalización es la mencionada empresa japonesa de ropa UNIQLO, que en 2012, en San Francisco, presentó el «World's First Magic Mirror» (Primer espejo mágico del mundo) al vincular la realidad aumentada a un rastreador Kinnect. Los clientes que se probaban uno de los cuatro estilos diferentes de chaqueta frente al espejo podían cambiar el color de la prenda en el reflejo a través de un controlador de pantalla táctil.[7] Aunque en ambos casos los clientes solo pueden elegir entre una gama predefinida de opciones, siguen recibiendo un trato personalizado y tienen la posibilidad de combinar elementos para crear productos únicos.

Según McKinsey & Company, una estrategia de personalización opticanal bien ejecutada puede generar un aumento en los ingresos y la retención que oscila entre el 10 y el 15 %, aportar entre un 10 y un 30 % de eficiencia de marketing y ahorros de costes, incrementar

6. Patty Seybold, «Adidas Pioneered in Providing Custom Footwear», *Outside Innovation: New Ways to Engage Customers in Co-Designing Your Company's Future* (weblog of book *Outside Innovation*), 21 de febrero de 2009, https://outsideinnovation.blogs.com/pseybold/2009/02/adidas-pioneered-in-providing-custom-footwear.html; Hilary Murdock, «Top 4 Customizable Options People Want in an Adidas Shoe Configurator», *Threekit*, 20 de julio de 2021, https://www.threekit.com/blog/top-4-customizable-options-people-want-in-adidas-shoe-configurator.
7. «Uniqlo: World's First Magic Mirror» *Holition*, 2012, https://holition.com/work/uniqlo-world-s-first-magic-mirror; Craig William Smith, «UniQlo's Magic Mirror», *Retail Innovation*, 1 de abril de 2013, https://retail-innovation.com/uniqlos-magic-mirror.

la adquisición de clientes entre un 3 y un 5 %, y elevar del 5 al 10 % la satisfacción y el compromiso del cliente. Sin embargo, solo el 15 % de los especialistas en marketing dicen haber implementado con éxito todas las estrategias de personalización.[8]

¿Por qué? Si los clientes declaran abiertamente que esperan personalización, y los beneficios para las empresas son tan evidentes, ¿qué impide que las organizaciones adopten este enfoque?

La otra cara de la moneda

Nuestra experiencia en consultoría y las múltiples conversaciones que tuvimos con gerentes de todo el mundo sugieren que, aunque la personalización se promociona sin duda como un aspecto crucial del marketing, hay varias preocupaciones que deben tenerse en cuenta y que podrían ralentizar o poner en peligro su estrategia. En particular, las personas están dispuestas a intercambiar sus datos personales solo si reciben un valor auténtico a cambio. A menudo vemos que las empresas definen e implementan su estrategia de datos priorizando sus intereses sobre los de sus clientes, lo que podría deteriorar la confianza del consumidor con el tiempo. A continuación, se detallan los principales retos que los profesionales deben tener en cuenta:

- **Problemas de privacidad**. La personalización se basa en la recopilación y el análisis de los datos de los clientes, lo que puede plantear problemas de privacidad. Los consumidores son cada vez más cautelosos a la hora de compartir su información personal, y las instituciones están introduciendo nuevas leyes para proteger a las personas de los abusos. Las empresas deben navegar por el delicado equilibrio entre la personalización y el respeto de los derechos de privacidad.
- **Desafíos de implementación**. Lograr una personalización integral de la opticanalidad puede requerir muchos recursos, ya que

8. *Retail Speaks: Seven Imperatives for the Industry*, Retail Industry Leaders Association (RILA) y McKinsey & Company, s.f., https://www.mckinsey.com/~/media/McKinsey/Industries/Retail/Our%20Insights/retail%20speaks%20seven%20imperatives%20for%20the%20industry/retail-speaks-full-report.pdf.

requiere personal calificado, una infraestructura tecnológica sólida, integración de datos y capacidades analíticas sofisticadas. Las empresas pequeñas o con recursos limitados pueden tener dificultades para implementar y mantener estrategias de personalización efectivas, lo que limitaría su capacidad para competir con jugadores mejor equipados.

- **Disminución del contacto humano**. La dependencia excesiva de los datos, la analítica y la tecnología puede reducir la interacción humana y el contacto personal en las experiencias de los clientes. Dependiendo de la naturaleza del negocio, la fase del viaje y el punto de contacto específico, hay situaciones en las que los clientes valoran las interacciones humanas y pueden sentirse desconectados o alienados cuando las interacciones se vuelven demasiado automatizadas o impersonales.
- **Riesgo de abrumar a los clientes**. Los intentos de personalización deben ejecutarse cuidadosamente, de lo contrario, pueden saturar a los clientes, lo cual es especialmente molesto cuando los mensajes o sugerencias de productos son irrelevantes. Demasiada personalización puede crear un efecto *boomerang*, que provoca cansancio del cliente y potencialmente lo aleja de la marca. Piense, por ejemplo, cuando la recepción de *Newsletters* o boletines de noticias le exasperan tanto que se da de baja del servicio.
- **Homogeneización de experiencias**. Si a los clientes potenciales se les presentan productos, servicios y perspectivas genéricas, pueden perderse la oportunidad de descubrir nuevos productos u opciones alternativas que podrían enriquecer sus experiencias y desbloquear oportunidades de negocio imprevistas para las empresas. Esto conduce a una falta de serendipia y, por lo tanto, a una homogeneización de las experiencias.
- **Sesgos y estereotipos**. Los algoritmos de personalización no son inmunes a los sesgos y estereotipos, ya que están programados por humanos y se basan en patrones existentes. Si no se supervisan y ajustan cuidadosamente, los esfuerzos de personalización pueden perpetuar las prácticas discriminatorias o reforzar los

sesgos existentes, lo que tiene consecuencias negativas tanto para las empresas como para los clientes.

Las empresas deben sortear cuidadosamente estos problemas para lograr el equilibrio adecuado y fomentar conexiones significativas con los clientes. La promesa de la tecnología es mejorar hasta el punto de mitigar o incluso resolver todas estas preocupaciones gracias al aprendizaje automático, y ofrecer una personalización masiva de una manera que paradójicamente podría percibirse como más humana en lugar de menos humana, ya que en un futuro cercano las personas interactuarán con todos los dispositivos usando sus cuerpos y voces en lugar de teclados y pantallas. Trataremos este aspecto en detalle en el capítulo 16: «Ser humano».

En una era en la que los recorridos de los clientes abarcan múltiples puntos de contacto desconectados en lugar de seguir un camino lineal, llegar de manera efectiva a las personas requiere una colaboración interdisciplinar. «Ser personal» es un principio rector que busca inspirar a los líderes empresariales a encontrar el equilibrio óptimo entre la adaptación y la personalización, así como entre aprovechar la automatización del marketing y mantener un toque personal. Creemos firmemente que los profesionales deben adquirir una comprensión profunda de los intrincados matices que conforman el potencial para ofrecer una experiencia de cliente *onlife* opticanal personalizada. Esta percepción es crucial para determinar la estrategia correcta y definir los pasos apropiados a seguir, ya que damos por sentado que la necesidad de personalización llegó para quedarse.

Esta mentalidad se aplica a cualquier empresa, sin importar el tamaño, el sector o la geografía, aunque también es cierto que la mayoría de las marcas desafiantes carecen de la capacidad, los recursos y la experiencia técnica para rivalizar con gigantes de la industria como Adidas, Nike, UNIQLO, Walmart, Walgreens o Starbucks. En esa situación, la estrategia óptima es crear una hoja de ruta de datos y tecnología que describa casos de uso muy específicos, centrados en el cliente y con requisitos detallados. Por ejemplo, identificar los elementos de datos del cliente necesarios para determinar las integraciones de sistemas requeridas para ofrecer servicios de valor agregado significativos, como el envío de información sobre el alquiler de un automóvil en un aeropuerto específico después de que un cliente reserve un vuelo.

Este enfoque permite a las marcas retadoras aprovechar los datos y la tecnología de manera efectiva, incluso sin tener la escala o los recursos de sus competidoras más grandes.

Llegados a este punto del libro, es probable que se haya dado cuenta de que no existe una hoja de ruta única que funcione para todas las empresas. La complejidad del mundo posdigital, combinada con las diferencias sustanciales y las peculiaridades de cada empresa, requiere que los líderes empresariales procedan a un análisis preciso caso por caso. Pero podemos ofrecerle las principales conclusiones que hemos extraído de nuestras conversaciones con ejecutivos de marcas minoristas y de consumo. Una vez que se hayan abordado los posibles desafíos de implementación estructural (habilidades, capacidades, procesos, tecnología, presupuesto, etc.), recomendamos encarecidamente tener en cuenta lo siguiente:

- Recuerde que las personas están dispuestas a intercambiar sus datos solo si reciben un valor auténtico a cambio.
- Reflexione sobre lo que debe adaptarse frente a lo personalizado, considere las inversiones necesarias y asigne los recursos en consecuencia.
- Evalúe todos los puntos de contacto y defina qué interacciones deben automatizarse y cuáles, en cambio, deben manejarse con el toque personal de un ser humano (consulte el siguiente capítulo para obtener más información sobre este aspecto).
- Asegúrese de que las decisiones se tomen después de haber encontrado el equilibrio adecuado entre *big* y *small data* para evitar la homogeneización y el sesgo de los datos, que podrían tener graves repercusiones en la reputación de su marca.
- Supervise constantemente la legislación nacional y global establecida para proteger la privacidad de los consumidores de modo que pueda evitar infracciones legales.

- Evalúe y optimice continuamente sus esfuerzos de personalización en función de los comentarios de los clientes y las tendencias cambiantes del mercado.

Al considerar con la máxima diligencia las oportunidades y los desafíos descritos en este capítulo, y si se tienen en cuenta las pautas anteriores, los minoristas y las marcas de consumo estarán en una buena posición para implementar con éxito su estrategia de personalización opticanal *onlife*. Como hemos visto, la tecnología está destinada a desempeñar un papel crucial a la hora de permitir una personalización escalable. Sin embargo, para garantizar la autenticidad, todavía habrá casos en los que las organizaciones necesiten confiar en la capacidad de los seres humanos para forjar conexiones emocionales genuinas. En el siguiente capítulo, exploraremos específicamente el papel evolutivo de los humanos en un mundo predominantemente moldeado por máquinas y software.

Preguntas de cierre para la reflexión

- ¿En qué canales valora que le identifiquen y reconozcan como individuo? ¿En qué canales está más interesado en realizar rápidamente su tarea?
- ¿Cómo puede lograr el equilibrio adecuado entre la adaptación y la personalización en sus interacciones con los clientes, asegurándose de asignar los recursos de manera efectiva?
- ¿Su organización está abordando los posibles desafíos de los problemas de privacidad, la sobrecarga de información, el sesgo y la homogeneización de las experiencias en sus esfuerzos de personalización?
- ¿Está evaluando y optimizando continuamente sus esfuerzos de personalización en función de los comentarios de los clientes y las tendencias cambiantes del mercado?

CAPÍTULO 16

Be Human - Ser humano

El Connaught Bar, ubicado en Mayfair, Londres, ha sido galardonado con el prestigioso título de mejor bar del mundo tanto para 2020 como para 2021. Hablamos con Agostino Perrone, el director de Mixology, y su primer asistente, Giorgio Bargiani sobre el secreto del encanto de este bar, famoso por su servicio impecable y la presentación ceremoniosa de los martinis. Sin dudarlo, respondieron: «Cualquiera puede crear un buen cóctel. En última instancia, todo se reduce a tener los ingredientes correctos y conocer la receta. Lo que distingue a los mejores *bartenders* es la habilidad para combinar la bebida perfecta con el arte de elaborar una ceremonia única que supere las expectativas y cree una experiencia excepcional para el cliente».[1] Este punto pone de relieve cuán efectivas pueden ser la creatividad y el ingenio humanos, lo que es claramente aún más cierto cuando la competencia son las máquinas. Por otro lado, la estandarización puede proporcionar una gran eficiencia y escala, tanto si la permite la tecnología digital como si no.

En el capítulo 8, «Alta tecnología + Alto contacto», analizamos el gran valor que el personal humano puede aportar al recorrido del cliente, así como la importancia de encontrar la combinación adecuada de canales a la hora de planificar una estrategia opticanal *onlife*. En este capítulo hablaremos del equilibrio entre humanos y máquinas a

1. Agostino Perrone y Giorgio Bargiani, entrevista personal con Giuseppe Stigliano, 23 de enero de 2023.

la hora de crear la mejor experiencia para el cliente. Este tema es particularmente actual teniendo en cuenta el debate en torno al papel de la IA generativa en la remodelación del trabajo. Según la red de servicios profesionales PwC, el 52 % de los CEOs que entrevistaron en la encuesta «Workforce of the future» (Fuerza laboral del futuro) están estudiando actualmente los beneficios de que los humanos y las máquinas trabajen juntos, y el 58 % ya está analizando las implicaciones de la automatización en la confianza de los grupos de interés.[2]

En *The Wall Street Journal* de agosto de 2011, Marc Andreessen, un empresario estadounidense, inversor de capital de riesgo e ingeniero de software, comparó el hecho de que cada vez más empresas de todos los sectores industriales estuvieran siendo «gestionadas mediante software y ofrecidas como servicios en línea» con el equivalente a que «el software se está comiendo el mundo». En aquel entonces, había «solo» 2 000 millones de personas que podían acceder a Internet de banda ancha, frente a los 5 180 millones de abril de 2023. Desde 2011, la industria del software ha experimentado un crecimiento asombroso, y las empresas tradicionales reconocen cada vez más la necesidad de adoptar una mentalidad centrada en el software para competir y prosperar en la era posdigital. Los ejemplos más emblemáticos de esta transición son la debacle de Kodak en la industria de la fotografía, la desaparición del minorista físico Blockbuster tras el auge de Netflix basado en software y, por supuesto, el caso de Amazon frente a las librerías tradicionales y otros minoristas. A los operadores establecidos no les quedó más remedio que adaptarse rápidamente o desaparecer. Algunos de ellos reaccionaron con adquisiciones, como cuando Disney compró la compañía de software «insurgente» Pixar para seguir siendo relevante en la industria del cine animado. Otros operadores tradicionales lograron pasar de un modelo tradicional a uno más basado en software. Como se señaló anteriormente, Walmart se subió con mucho éxito a la ola del mercado en línea, manteniéndose como el principal minorista mundial a pesar del aumento de los agresivos competidores nativos digitales. Por supuesto, hay sectores relativamente menos afectados

2. PwC, *Workforce of the future: The competing forces shaping 2030*, sin fecha, https://pwc.to/2Rfozuq.

por esta revolución, como la construcción, la minería, el petróleo y el gas, pero está claro que la predicción de Andreessen resultó ser totalmente cierta.[3]

Ya hemos hablado anteriormente del cambio hacia la digitalización y su impacto en los minoristas y las marcas de consumo, refiriéndonos a ella como retail 4.0. A medida que avanzamos hacia la era posdigital del retail 5.0, se vuelve crucial que los líderes empresariales comprendan y aborden las implicaciones específicas de este mundo para sus propias organizaciones. Como dijimos en la introducción, el retail 5.0 es el momento en el que las expectativas convergen con la realidad, lo que requiere decisiones estratégicas y acciones concretas sobre la integración de la innovación digital y la experiencia humana específica. Por ejemplo, considere las siguientes preguntas: ¿Cómo pueden las organizaciones lograr un equilibrio entre aprovechar la automatización y preservar el toque humano en las interacciones con los clientes? ¿Cuáles son las habilidades y capacidades únicas que aportan los empleados humanos y cómo pueden aprovecharse eficazmente en un panorama impulsado por la tecnología? ¿De qué manera pueden los empleados humanos colaborar con la IA y la robótica para mejorar la productividad y la innovación? ¿Qué medidas se pueden tomar para reciclar y mejorar las habilidades de los empleados para adaptarse a las demandas cambiantes de la era digital? ¿Cómo pueden las empresas fomentar una cultura que valore y fomente la creatividad humana, el pensamiento crítico y la inteligencia emocional junto con los avances tecnológicos? Estas preguntas apremiantes encapsulan la esencia del mundo posdigital y exigen la atención inmediata de todos los líderes empresariales que esperan hacer una transición exitosa al comercio minorista 5.0.

En 2018, Giuseppe Stigliano tuvo el placer de visitar la sede de la marca italiana de moda de lujo Brunello Cucinelli, una empresa que

3. Marc Andreessen, «Why Software Is Eating the World», *The Wall Street Journal*, actualizado el 20 de agosto de 2011, https://www.wsj.com/articles/SB10001424053111903480904576512250915629460; Ani Petrosyan, «Number of Internet and Social Media Users Worlwide as of April 2023», 22 de mayo de 2023, https://www.statista.com/statistics/617136/digital-population-worldwide/#:~:text=Worldwide%20digital%20population%202023&text=As%20of%20April%202023%2C%20there,percent%20of%20the%20global%20population.

siempre ha puesto al ser humano en el centro de su filosofía empresarial. Durante la visita, Brunello Cucinelli le mostró al autor un área del gran espacio abierto donde varios profesionales que dominaban diferentes idiomas escribían a mano cartas de agradecimiento que luego se introducían en las cajas destinadas a los clientes de comercio electrónico. Cada nota estaba redactada en el idioma nativo del cliente. Esta política ejemplar demuestra cómo una organización de gran tamaño, que opera en tres continentes con una facturación superior a los 1 000 millones de dólares[4], ha optado por priorizar el toque humano en un aspecto específico del recorrido del cliente. La intención del fundador de la empresa con esta práctica es expresar gratitud por la compra del cliente y mejorar la experiencia de recibir el paquete, con el objetivo de evocar parte del encanto que se experimenta normalmente en sus boutiques físicas. Este gesto reflexivo muestra el compromiso de la empresa de infundir una sensación de calidez y conexión personal en la experiencia del cliente, incluso en el ámbito del comercio electrónico.

Si bien reconocemos que la implementación de una práctica como esta no sería adecuada para todas las empresas, creemos que las compañías que aspiran a prosperar en retail 5.0 deben determinar estratégicamente su propio equilibrio óptimo de opticanalidad, en este caso con especial atención a «ser humano». Es crucial que las organizaciones seleccionen cuidadosamente puntos de contacto específicos en los que resalten intencionadamente el toque humano. Nos atreveríamos a decir que esta alquimia determinará el éxito o el fracaso de las empresas en el retail 5.0: cada elemento de esta fórmula será fundamental para aprovechar las eficiencias operativas facilitadas por la tecnología digital y, al mismo tiempo, nutrir su propuesta de valor única. Naturalmente, cada empresa debe adaptar su enfoque para lograr el equilibrio adecuado y alinearse con sus objetivos comerciales generales en el cambiante panorama minorista.

Tomemos como ejemplo el sector de la belleza. Vasiliki Petrou, directora ejecutiva del grupo Unilever Prestige, una marca paraguas que incluye varias firmas de belleza prémium de clase mundial,

4. Financial highlights: *2022 — Summary of data*, Brunello Cucinelli, s.f., http://investor.brunellocucinelli.com/en/financials/financial-highlights.

incluidas Tatcha, Dermalogica, Kate Somerville, Garancia, Murad, Paula's Choice, Ren, Hourglass y Living Proof[5], nos dijo: «En el futuro previsible, es poco probable que las personas prefieran las máquinas a las personas para que toquen su rostro y piel». Explicó que «para muchos clientes, la conexión humana entre un experto profesional y el cliente es lo que realmente mejora la experiencia general. Dicho esto, automatizar la evaluación inicial de los diagnósticos faciales y corporales y ofrecer consejos rápidos basados en datos para predecir y recomendar un régimen a medida es perfectamente aceptable. Sin embargo, sobre todo cuando se trata de productos estrechamente relacionados con el propio cuerpo, creo que los clientes seguirán deseando interactuar con una persona».[6]

En Canada Goose, el *holding* canadiense de fabricantes de ropa de invierno, también se ocupan de este equilibrio. La directora de marketing y experiencia, Penny Brook, nos dijo: «En el mundo pos-COVID, hemos llegado a comprender la mayor importancia de establecer conexiones emocionales con nuestros clientes. Como resultado, hemos dedicado una mayor atención e inversión a mejorar la forma en que las personas interactúan con los clientes en nuestras tiendas. Desde el cálido momento de bienvenida hasta las presentaciones de productos y todas las experiencias que lo acompañan, nos esforzamos por crear interacciones significativas y memorables. Este enfoque genera un boca a boca positivo tanto en línea como fuera de línea».[7] Federico Turconi, CEO de Gucci para las Américas, se hace eco de este sentimiento: «Si bien la tecnología juega un papel crucial antes y después de la visita a la tienda, creemos que hay que fomentar una interacción pura de persona a persona durante la experiencia en la tienda. Este toque humano es lo que realmente resuena con nuestros clientes, lo que hace que su tiempo en nuestras tiendas sea más significativo y fomente conexiones más sólidas que perduran más allá de su visita».[8]

5. «Nurturing the Soul of a Brand» *Women's Wear Daily*, sin fecha, https://wwd.com/business-news/business-features/unilever-founders-nurturing-the-soul-of-a-brand-1235407060.
6. Vasiliki Petrou, entrevista en persona con Giuseppe Stigliano, 21 de junio de 2023.
7. Penny Brook, entrevista de Zoom con Giuseppe Stigliano, 29 de junio de 2023.
8. Federico Turconi, entrevista personal con Giuseppe Stigliano, 18 de abril de 2023.

La unión hace la fuerza

El principio «ser humano» reconoce que el verdadero poder radica en aprovechar las fortalezas tanto de las máquinas como de los humanos. Al integrar los conocimientos y la automatización impulsados por las máquinas con la creatividad, la empatía, el ingenio y el pensamiento estratégico humanos, las organizaciones pueden lograr una excelencia de marketing sin precedentes en el panorama empresarial en constante evolución. De cara al futuro, esta integración determinará la propia propuesta de valor de las empresas. Algunas construirán su posicionamiento en torno a un alto grado de automatización impulsada por máquinas; otras harán hincapié en el factor humano en etapas específicas del viaje del cliente. La clave del éxito estará dictada por la capacidad de adaptar y perfeccionar continuamente la estrategia para maximizar tanto las eficiencias lideradas por las máquinas como el toque cálido de las personas. De hecho, aunque hay situaciones en las que una opción indudablemente funciona mejor que la otra, la elección también estará impulsada por el deseo de crear diferenciación, de ofrecer algo que nadie más hace.

Para reflexionar mejor sobre este aspecto, consideremos a continuación las fortalezas y debilidades de las máquinas y los humanos. Las máquinas tienden a superar a los humanos en los siguientes dominios:

- **Análisis de datos y reconocimiento de patrones**. Las máquinas poseen una potencia de cálculo sin precedentes, lo que les permite analizar rápidamente grandes cantidades de datos e identificar patrones intrincados que escaparían a la percepción humana. Desde la segmentación de clientes hasta el análisis predictivo, las máquinas sobresalen en la extracción de información procesable a partir de conjuntos de datos complejos.
- **Personalización a escala**. Como resaltamos en el capítulo anterior, las máquinas pueden proporcionar experiencias altamente personalizadas en múltiples puntos de contacto porque son capaces de procesar sin esfuerzo inmensos volúmenes de datos de clientes. A través de algoritmos avanzados y procesos de aprendizaje automático, pueden ofrecer contenido personalizado y

ofertas y recomendaciones individualizadas a una amplia base de clientes.

- **Optimización en tiempo real basada en el rendimiento**. Las máquinas son expertas en monitorear y ajustar continuamente las campañas de marketing en tiempo real. Con su capacidad para procesar y responder a los datos de forma instantánea, pueden optimizar de forma autónoma la orientación publicitaria, las estrategias de puja y la entrega de contenido para maximizar de forma eficiente la participación y la tasa de conversión.
- **Atención al cliente automatizada**. Las máquinas destacan en el manejo de consultas rutinarias de los clientes y en brindar respuestas rápidas. Piense en chatbots y asistentes virtuales impulsados por IA, por ejemplo. Su disponibilidad las 24 horas del día, los 7 días de la semana, garantiza la asistencia inmediata para consultas estándar, reduce los tiempos de espera de los clientes y libera a los agentes humanos para que se centren en interacciones más complejas y de valor añadido.
- **Medición, atribución y predicción**. Las máquinas pueden rastrear y atribuir con precisión las actividades de marketing a resultados específicos, lo que permite la toma de decisiones basada en datos y predicciones bastante precisas. A través de análisis avanzados y modelos de atribución, proporcionan información valiosa sobre la efectividad y el ROI de varios canales y campañas de marketing, lo que aumenta la eficiencia y la eficacia de futuras campañas.

Como destacamos en el capítulo 8, un ejemplo interesante de la creciente influencia de las máquinas está representado por las tiendas parcial o totalmente automatizadas y los robots «empleados» como asociados de ventas o servidores. A la hora de decidir si tomar o no ese camino, las empresas deben tener en cuenta diferentes factores, como el aumento de la eficiencia, la experimentación con nuevas tecnologías, el aprovechamiento de las preferencias emergentes de los clientes y el deseo de ser percibidos como innovadores.

A continuación se presentan algunas de las muchas formas en que los humanos sobresalen sobre las máquinas:

- **Creatividad e innovación**. La imaginación humana, la intuición, el ingenio, el pensamiento lateral y la inteligencia emocional fomentan la creatividad y la innovación en todos los ámbitos, incluido, por supuesto, el marketing. Los seres humanos poseen la capacidad de pensar más allá de los datos y los algoritmos, imaginar nuevas estrategias y crear narrativas convincentes que resuenen con las audiencias a un nivel más profundo.
- **Conexión emocional y empatía**. Los seres humanos poseen una capacidad innata para empatizar y conectarse emocionalmente entre sí. Los especialistas en marketing y los representantes de ventas capacitados pueden comprender todos los matices de las motivaciones, aspiraciones y puntos débiles de los clientes. Con estos datos, pueden fomentar conexiones emocionales genuinas, construir relaciones duraderas y fomentar la lealtad a la marca. La capacidad de establecer confianza, entablar un diálogo significativo y cultivar asociaciones sigue siendo un rasgo humano único, y es fundamental incluso en actividades orientadas al cliente, como el marketing de *influencers*, las promociones en la tienda, las demostraciones de productos, la venta directa, etc.
- **Resolución de problemas complejos**. Los seres humanos sobresalen a la hora de abordar desafíos intrincados y ambiguos que requieren pensamiento crítico, planificación estratégica y adaptabilidad. Pueden desenvolverse en situaciones con matices, considerar perspectivas múltiples y, a veces, contradictorias, y desarrollar soluciones creativas que trasciendan las limitaciones de un enfoque basado en datos.
- **Toma de decisiones ética y basada en valores**. Los seres humanos poseen juicio moral y razonamiento ético, lo que les permite tomar decisiones basadas en valores que se alinean tanto con el propósito de una organización como con las expectativas sociales. Los profesionales del marketing pueden sortear dilemas éticos y garantizar prácticas de marketing responsables.

Los líderes empresariales tendrán que comprender a fondo las fortalezas y debilidades de ambos mundos, analizar el viaje de los clientes a los que sirven, evaluar las características de sus organizaciones y los recursos a su disposición y, finalmente, combinar todos los «ingredientes» para crear el «cóctel» perfecto. Habrá situaciones en las que una empresa puede favorecer la atención al cliente automatizada, tal vez porque la mayoría de las consultas de los clientes son para verificar información básica, y otras en las que preferirá el toque cálido de un operador humano. Habrá tareas para las que una empresa duplicará los algoritmos basados en el rendimiento y otras en las que el instinto y la intuición humana liberarán el poder de la resolución creativa de problemas. En el otro extremo del espectro, los clientes elegirán la propuesta de valor que mejor se adapte a sus preferencias y presupuesto.

Tratamos este aspecto con Martin Lindstrom, un autor, consultor y conferenciante danés que ha sido definido como un Sherlock Holmes moderno por su capacidad para aprovechar el poder de lo que él ha definido como «small data». Nos aportó una interesante perspectiva sobre cómo las marcas deben considerar el equilibrio entre el poder de la tecnología para procesar datos y automatizar acciones y el papel de las auténticas emociones humanas. A lo largo de los años, Lindstrom ha visitado miles de hogares, en casi un centenar de países diferentes, con el fin de comprender lo que se necesita para crear transformaciones culturales que impacten tanto en los negocios como en la sociedad. Afirma que, si bien el *big data* es valioso para analizar el pasado, carece de la capacidad de predecir el futuro, lo que lo convierte en una solución valiosa pero incompleta. Desde su punto de vista, «el *big data* sobresale en el descubrimiento de correlaciones en vastos conjuntos de datos, pero el *small data* es la clave para revelar la causalidad, el "por qué" detrás del comportamiento del consumidor. Necesitamos ambas cosas. Sin embargo, es crucial reconocer que el *big data* por sí solo puede no evocar emociones ni proporcionar información profunda sobre las razones subyacentes del comportamiento del cliente. A menudo, el enfoque más eficaz para descubrir deseos insatisfechos, identificar brechas en las ofertas y personalizar las relaciones con los clientes radica en las pistas pequeñas y sutiles». Lindstrom ofrece a las empresas una perspectiva complementaria que aprovecha las capacidades de procesamiento de datos de la tecnología, al tiempo que subraya que las emociones son difíciles de describir únicamente a través de los datos. Sin una comprensión profunda de las emociones, las empresas luchan por formar conexiones genuinas con sus clientes.

Estamos convencidos de que esta capacidad de establecer una conexión emocional será aún más crucial en un mundo cada vez más dominado por la tecnología, la inteligencia artificial y la automatización. Por lo tanto, las empresas deben discernir cuidadosamente los canales en los que quieren delegar tareas a las máquinas y aquellos en los que los humanos siguen siendo la aplicación clave. Como hemos dicho en el capítulo 8 («Alta tecnología + Alto contacto»), cuando la personalización se basa en la tecnología pero es realizada por una persona, se libera todo su potencial.

Es importante reconocer que la aplicación del principio «ser humano» a los negocios no se limita al ámbito de las transacciones empresa — consumidor (B2C). Al igual que el concepto de empresa a persona (BTP) y la idea más amplia del marketing de persona a persona (H2H) (que analizamos en otro libro, *Marketing humanístico. La génesis del Marketing Human to Human*), abogamos por un cambio de paradigma general hacia un enfoque más centrado en el ser humano en el marketing y los negocios. La aplicación de este principio rector a los contextos de empresa a empresa (B2B) implica reconocer la importancia de las interacciones y los valores humanos, incluso dentro de los departamentos de adquisiciones y compras, y entre los compradores y proveedores industriales. A pesar de la naturaleza profesional de estas relaciones, es crucial comprender el papel de los seres humanos en estas interacciones, ya que todos los individuos, independientemente de sus funciones comerciales, están impulsados por la búsqueda de valor y guiados por su propio conjunto de valores.

En conclusión, la compleja resolución de problemas del mundo posdigital requiere pensamiento estratégico y adaptabilidad. Los seres humanos pueden navegar por la ambigüedad y la incertidumbre, incorporando la dinámica del mercado en tiempo real y la evolución de las expectativas de los clientes en su proceso de toma de decisiones.

Pueden ajustar las estrategias según sea necesario, teniendo en cuenta los desafíos y oportunidades imprevistos que puedan surgir durante la fase de implementación. En este escenario, confiar únicamente en máquinas y enfoques basados en datos sería insuficiente. Si bien las máquinas pueden proporcionar información valiosa y respaldar los procesos de toma de decisiones mediante el análisis de grandes cantidades de datos, carecen de la capacidad humana para pensar críticamente, adaptarse a las circunstancias cambiantes y desarrollar soluciones innovadoras que vayan más allá de los patrones predefinidos. Por lo tanto, en un mundo posdigital complejo que incluye desafíos intrincados, la participación humana es esencial para aprovechar el pensamiento crítico, la planificación estratégica y la capacidad de adaptación para impulsar soluciones efectivas y sostenibles. Mientras escribimos, la IA generativa está mostrando habilidades asombrosas. En los próximos años, será nuestra responsabilidad garantizar que la unidad se convierta en fuerza.

Preguntas de cierre para la reflexión

- ¿Cuáles son las habilidades y capacidades únicas que los seres humanos aportan y cómo pueden aprovecharse eficazmente en un panorama impulsado por la tecnología?
- ¿Cómo pueden las empresas fomentar una cultura que valore y fomente la creatividad humana, el pensamiento crítico y la inteligencia emocional junto con los avances tecnológicos?
- ¿De qué manera pueden los empleados humanos colaborar con la IA y la robótica para mejorar la productividad y la innovación?
- ¿Qué medidas se pueden tomar para reciclar y mejorar las habilidades de los empleados con el fin de que se adapten a las demandas cambiantes de la era digital?
- ¿Cómo pueden las organizaciones lograr un equilibrio entre aprovechar la automatización y preservar el toque humano en las interacciones con los clientes?

CAPÍTULO 17

Be a destination - Ser un destino

En 1974, en el *Journal of Retailing*, Philip Kotler argumentó que «uno de los avances recientes más importantes en el pensamiento empresarial es el reconocimiento de que las personas, en su toma de decisiones de compra, responden a algo más que simplemente el producto o servicio tangible que se ofrece. El producto tangible (un par de zapatos, un refrigerador, un corte de pelo o una comida) es solo una pequeña parte del paquete total de consumo. Los compradores responden al producto total. Incluye los servicios, garantías, embalaje, publicidad, financiación, obsequios, imágenes y otras características que acompañan al producto». Y utilizó el concepto de «atmósfera» para definir la forma en que se pueden concebir las tiendas para estimular a los clientes: «Usaremos el término "atmósfera" para describir el diseño consciente del espacio para crear ciertos efectos en los compradores. Más concretamente, la atmósfera es el esfuerzo por diseñar entornos de compra que produzcan efectos emocionales específicos [en los compradores] que mejoren [su] probabilidad de compra».[1] De hecho, la atmósfera es una herramienta de marketing.

Al diseñar y gestionar cuidadosamente el entorno en el que se presentan los productos o servicios, las empresas pueden crear atmósferas memorables y emocionalmente resonantes que influyen en las percepciones, actitudes y decisiones de compra de los consumidores. Estas

1. Philip Kotler, «Atmospherics as a Marketing Tool», *Journal of Retailing* 49, no. 4 (enero de 1974): 48—64, https://www.researchgate.net/publication/239435728_Atmospherics_as_a_Marketing_Tool.

atmósferas tienen como objetivo involucrar a los clientes a un nivel más profundo, fomentando la lealtad a la marca y la diferenciación en un mercado altamente competitivo. En el momento del artículo, a mediados de los años setenta, los principales impulsores eran el color, el brillo, el tamaño, la forma, el volumen, el aroma, la temperatura, etc. En un mundo posdigital, el concepto de atmósfera también se puede aplicar a los «espacios» digitales o virtuales, ya que también representan entornos de compra y deben diseñarse para producir efectos específicos destinados a mejorar la probabilidad de compra.

«Ser un destino» representa una evolución del concepto de «atmósfera como herramienta de marketing», ya que se aplica a todos los puntos de contacto que constituyen un recorrido tridimensional del cliente. El objetivo final es establecer destinos cautivadores que ofrezcan a los visitantes una razón convincente para estar allí. Estos destinos pueden atender a diversos propósitos, como experiencias puramente transaccionales, educativas, de entretenimiento, recreativas o inmersivas, con el objetivo de crear lugares que las personas realmente quieran visitar y con los que se involucren. Lo que importa es que cada destino viva en armonía con todos los demás de una manera que amplifique el resultado general a lo largo de un recorrido tridimensional del cliente. También en este caso, el todo es mayor que la suma de sus partes. Podríamos decir que una estrategia opticanal se basa en una secuencia armónica de destinos cuidadosamente diseñados y perfectamente integrados. Huelga decir que esto plantea desafíos que deben abordarse en términos de coordinación, contribución marginal y habilidades necesarias para gestionar el proceso.

Ser un destino significa reconocer la fluidez del recorrido tridimensional del cliente *onlife* y la importancia de crear lugares a los que se quiera ir, que atraigan a los clientes y sean coherentes con el ecosistema de marca más amplio. Estos espacios pueden ser permanentes o temporales. Por ejemplo, a finales de 2022, BMW creó la exposición *The Italians' Touch* en Milán, tanto para rendir homenaje a los muchos talentos italianos que han contribuido al éxito de BMW Group en todo el mundo como para inspirar la gestión de la sucursal italiana. La exposición se llevó a cabo en un espacio innovador que combina la alta tecnología con el alto contacto, construido especialmente en el centro de Milán y conocido como la Casa de BMW. La idea de la compañía era crear un espacio para establecer una conexión emocional con el público italiano.

También hay situaciones en las que estos destinos no forman parte del ecosistema de la marca, sino que son intermediarios de comercio electrónico de terceros en todo el mundo que se han consolidado como lugares de referencia para millones de personas. Piense en Alibaba, Amazon, Americanas, eBay, Farfetch, JD.com, Mercado Libre, Pinduoduo, Rakuten, YNaP, Zalando. Tanto si estas plataformas se utilizan en la etapa del «embudo superior», cuando los consumidores están investigando una compra futura, o en el «embudo inferior», cuando se convierten en clientes, estas plataformas son destinos imprescindibles. Según el *Jungle Scout's Consumer Trends Report* (Informe de tendencias de consumo de Jungle Scout), solo en los EE. UU., al iniciar el viaje en línea, el 61 % de los compradores comienzan su búsqueda de productos en Amazon y el 49 % en un motor de búsqueda (los encuestados podían seleccionar múltiples opciones). Y el 77 % de los encuestados en general dijeron que buscan específicamente reseñas; este número es aún mayor para la generación Z (87 %) y los *millennials* (81 %). Curiosamente, incluso el 11 % descubre productos en TikTok (y no olvidemos que, en todo el mundo, se prevé que las ventas minoristas de comercio electrónico superen los 8 billones de dólares en 2026).[2]

Estos son datos muy importantes, ya que las redes sociales son *de facto* una de las fuentes de inspiración más confiables y efectivas para encontrar nuevos productos, servicios y experiencias, a pesar de que las plataformas *per se* no son propiedad de ninguna marca. Y esto es especialmente cierto para las generaciones más jóvenes que tienden a pasar más tiempo en línea y están menos apegadas a las tiendas físicas, al menos desde un punto de vista transaccional. Las

2. Sara Lebow, «Over 60% of US online shoppers start their product search on Amazon», *Insider Intelligence*, 9 de agosto de 2022, https://www.insiderintelligence.com/content/online-shoppers-search-on-amazon; Danny Goodwin, «50% of product searches start on Amazon», Search Engine Land, 16 de mayo de 2023, https://searchengineland.com/50-of-product-searches-start-on-amazon-424451; Stephanie Chevalier, «Retail e-commerce sales worldwide from 2014 to 2026», *Statista*, 21 de septiembre de 2022, https://www.statista.com/statistics/379046/worldwide-retail-e-commerce-sales/.

redes sociales atraen, diariamente, a casi 5 000 millones de personas en todo el mundo, con un uso diario promedio de 144 minutos.[3] Y van mucho más allá de la fase de descubrimiento y conocimiento; en muchos casos la gente compra (y vende) directamente dentro de estas plataformas. Esto significa que los usuarios pueden pasar rápidamente del conocimiento a la acción en cuestión de segundos sin salir de la aplicación (describimos el proceso de las cinco A: atención, atracción, averiguación, acción y apología, en el capítulo 14). A escala mundial, los ingresos del comercio social ascendieron a unos 728 000 millones de dólares, en 2022, y las previsiones proyectan una notable tasa de crecimiento anual compuesta (CAGR) del 31,6 % de 2023 a 2030, lo que impulsará los ingresos en este segmento hasta alcanzar un estimado de 6,2 billones de dólares para 2030.[4]

Estos destinos digitales representan entornos seguros que las personas visitan regularmente atraídas por una experiencia de usuario familiar, una interfaz de usuario eficiente, transacciones seguras, atención al cliente efectiva, la posibilidad de interactuar con pares y la opción de descubrir (y comprar) productos, servicios y experiencias lejos de los puntos de contacto de la marca, que inevitablemente son menos objetivos. En otros casos, el punto de contacto digital que se transforma en un destino está controlado por la marca. Esto sucede, por ejemplo, con el sitio web de una empresa o una plataforma de contenido de marca, que suelen ser los mejores medios para recopilar datos de primera mano sobre los usuarios y, por lo tanto, representan un gran valor para los minoristas y las marcas. De hecho, no se puede acceder a estos datos pormenorizados de los usuarios a través de terceros, como plataformas de comercio electrónico o redes sociales.

Observamos una dinámica similar incluso en relación con la dimensión más reciente del viaje del cliente, la virtual. Como vimos en el capítulo 14 («Ser *onlife*»), los jugadores de *Assassin's Creed* pueden

3. Dave Chaffey, «Global social media statistics research summary 2023», *Smart Insights*, 7 de junio de 2023, https://www.smartinsights.com/social-media-marketing/social-media-strategy/new-global-social-media-research/.
4. Stephanie Chevalier, «Social commerce revenue worldwide from 2022 to 2030», *Statista*, 12 de abril de 2023, https://www.statista.com/statistics/1231944/social-commerce-global-market-size/.

disfrutar de recorridos en varios países y viajar en el tiempo, y los jugadores de *Fortnite* pueden comprar NFT de chaquetas de marca sin salir de su plataforma favorita. Y en los próximos años, es probable que aumente el número de mundos virtuales en los que las personas pasarán parte de su vida por diversas razones, como descubrir y comprar productos, estudiar, formarse y trabajar. El tamaño del mercado global del metaverso, por ejemplo, se estimó en 234 040 millones de dólares en 2022, y se prevé que crezca de 416 020 millones de dólares en 2023 a 3 409 290 millones de dólares para 2027, con una CAGR del 69,2 % durante el período de previsión.[5] Los puntos de contacto digitales y virtuales representan por derecho propio destinos que las personas preferirán cada vez más cuando no se sientan inclinadas a dirigirse a una tienda física.

Redefinición de las tiendas físicas

Si bien «ser un destino», como principio rector del retail 5.0, es válido para todos los puntos de contacto, es particularmente relevante para las tiendas físicas por dos razones. En primer lugar, porque la mayoría de las transacciones siguen ocurriendo en tiendas físicas; y en segundo lugar porque, como hemos comentado, su relevancia se ve desafiada por una plétora de puntos de contacto más recientes y potencialmente más atractivos. Por esta razón, los minoristas y las marcas deben repensar su propuesta de valor a la luz de un viaje del cliente tridimensional *onlife* y un mundo posdigital. Las tiendas físicas poseen cualidades únicas que les permiten desempeñar un papel vital en el recorrido general del cliente. Sin embargo, para mantener su relevancia, deben establecer una razón convincente para su existencia.

En un panorama complejo en el que las personas pueden hacer prácticamente todo con dispositivos digitales y virtuales, las tiendas físicas deben aprovechar sus peculiaridades y redoblar sus esfuerzos en características muy específicas. Los gerentes minoristas podrían

5. «Metaverse Market Size, Share & COVID-19 Impact Analysis, by ... 2023—2027», Informe ID: FBI106574, *Fortune Business Insights*, mayo de 2023, https://www.fortunebusinessinsights.com/metaverse-market-106574.

decidir invertir en robots, subiéndose al carro de «transformar en avatares a las personas de servicio», para citar a los desarrolladores de software Humanizing Technologies, con sede en Alemania. Por ejemplo, considere el robot de cocina de hamburguesas Flippy, diseñado para reducir los costos operativos de los restaurantes y sorprender a los clientes con una experiencia innovadora. Otros minoristas, como los de moda, calzado y accesorios, podrían decidir ir en la dirección opuesta, aprovechando la posibilidad hasta ahora única de probarse prendas, creando una ceremonia que ensalce las características de sus productos al tiempo que evoca emociones, estados de ánimo o experiencias específicas para influir en el comportamiento del consumidor. En este caso, el producto tiende a convertirse en el recuerdo de la experiencia general[6] y la tienda en un destino codiciado.

Algunas marcas están utilizando el espacio físico para crear un lugar emblemático experiencial. En París, la marca de lujo Dior ha presentado su tienda insignia, meticulosamente renovada y transformada en un espacio polivalente y versátil. Con una extensión de casi 10 000 metros cuadrados, el gran edificio cuenta con una gran cantidad de ofertas, que incluyen un amplio espacio de exhibición permanente, dos exquisitos restaurantes, tres encantadores jardines e incluso una lujosa *suite* privada para invitados. Pietro Beccari, presidente y director ejecutivo de Christian Dior Couture, lo describe así: «No es solo un buque insignia, es un universo lo que presentamos». También en París, Galeries Lafayette, los icónicos grandes almacenes del Boulevard Haussmann en el distrito 9, inauguraron en 2022 una *Wellness Galerie* de 3 000 metros cuadrados —toda su planta baja— con la intención de ser *el* destino de la esfera del bienestar.[7]

6. Sitio web de Humanizing Technologies, https://humanizing.com/en/; Brian Heater, «Flippy, the hamburger-cooking robot, gets more capable», *TechCrunch*, 2 de noviembre de 2021, https://techcrunch.com/2021/11/02/flippy-the-hamburger-cooking-robogets-a-more-capable-successor/; Fiona Noble, exdirectora de marketing de Quintessentially, durante la Cumbre de CMO de Forbes en 2019, dijo que «el producto se ha convertido en un recuerdo de la experiencia».

7. *Retail Futures 2022*, The Future Laboratory, s.f., p. 20, https://www.thefuturelaboratory.com/reports/2022/retail-futures; Stephanie Hirschmiller, «Galeries Lafayette Wellness Floor Is The Largest In Europe And Has Its Own 14-Strong Concierge Team», *Forbes*, 30 de julio de 2022, https://www.forbes.com/sites/stephaniehirschmiller/2022/07/30/galeries-lafayette-wellness-floor-is-the-largest-in-europe/?sh=73f16e993ed9.

Otros espacios comerciales dedicarán una parte a la comunidad de clientes, lo que les permitirá alquilar el espacio para eventos privados. Por ejemplo, el minorista de lujo británico Selfridges ofrece ceremonias de boda no tradicionales en su icónica e histórica sede de Oxford Street. Ofertan una variedad de paquetes, incluida una opción íntima que atiende a solo seis personas. Las parejas reciben consejos de moda personalizados de los estilistas expertos de la tienda, y pueden peinarse y maquillarse de manera experta en el local antes de la ceremonia. Las opciones adicionales incluyen acceso a un cine privado, exquisitas experiencias gastronómicas o un set de DJ de cuatro horas para acompañar la celebración.[8]

Algunos minoristas se dirigen a las familias. El Dubai Mall de los Emiratos Árabes Unidos, uno de los centros comerciales más grandes del mundo, ofrece varias atracciones orientadas a la familia, como KidZania (una ciudad a escala donde cada niño tiene la libertad de ser quien quiera), una pista de hielo cubierta, un parque de realidad virtual, un acuario y un espectáculo de fuentes.

Cuando hablamos de este aspecto con Lucia Marcuzzo, vicepresidenta sénior y directora general del norte de Europa de Levi Strauss & Co., compartió con nosotros la visión de la empresa: «Entendemos que en un mundo posdigital, el papel de cada punto de contacto debe ser distintivo y planificado estratégicamente. En nuestra opinión, nuestro sitio web de comercio electrónico es «el buque insignia de todos los buques insignia» y debe representar nuestro surtido completo, con todas las opciones de personalización disponibles, además de algunas exclusivas que despierten un compromiso más profundo. En cuanto a las tiendas físicas, hemos diseñado toda la experiencia para atraer, involucrar y servir a un público más joven».[9] Carlo Colpo, director de Comunicación y Marketing del Grupo y director de Marca de Lavazza, confirmó este enfoque destinado a evitar solapamientos y conflictos entre diferentes canales. Según Colpo:

8. Oliver Barnes, «Selfridges granted licence to host weddings», *Financial Times*, 11 de mayo de 2021, https://www-ft-com.ezp.lib.cam.ac.uk/content/bdc7d3f7-2367-4c4b-836c-8fc3d5a5f4c2.
9. Lucia Marcuzzo, llamada de Zoom con Giuseppe Stigliano, 14 de agosto de 2023.

«Es crucial asignar objetivos específicos a cada punto de contacto, capitalizando sus fortalezas individuales, independientemente de si la interacción se produce en plataformas propias de Lavazza o en canales de terceros. De hecho, no hay necesidad de competir contra empresas con una escala significativa y experiencia en dominios específicos. En cambio, Lavazza busca colaborar de manera beneficiosa para todos, encontrando formas complementarias de trabajar juntos. Por otro lado, la marca tiene como objetivo ofrecer a los clientes que interactúan con los canales propios de Lavazza productos, servicios y experiencias únicos y exclusivos. Este enfoque garantiza que los clientes tengan razones convincentes para elegir las plataformas propiedad de Lavazza, donde pueden acceder a ofertas incomparables y participar en interacciones distintivas».[10]

Dados los numerosos experimentos que los minoristas y las marcas están llevando a cabo en todo el mundo, transformando constantemente sus espacios físicos para adaptarse a las expectativas de los clientes en constante evolución, está claro que las posibilidades son infinitas. En algunos casos, las líneas entre las tres dimensiones de lo físico, lo digital y lo virtual se mezclan a la perfección.

La empresa de telecomunicaciones Ericsson afirma que los consumidores esperan que las experiencias de los centros comerciales híbridos sean comunes para 2030 y predice la aparición de espacios físicos habilitados para la conectividad híbrida, donde las gafas de realidad aumentada, las gafas de realidad virtual impermeables, los trajes y guantes hápticos equipados con sensores para una simulación precisa de sensaciones táctiles podrían formar parte del equipo de los consumidores cuando visitan los centros comerciales. Un servicio común será lo que llaman «Meta Tailor», donde los clientes pueden cocrear prendas a medida para usar tanto en la vida real como en forma de avatares, ya que las personas desearán cada vez más verse igual de bien en ambas dimensiones.[11]

10. Carlo Colpo, entrevista en persona con los autores, 23 de junio de 2023.
11. «Ericsson ConsumerLab: Ten Hot Consumer Trends 2030—The Hybrid Mall», 15 de diciembre de 2021, https://www.ericsson.com/en/press-releases/2021/12/ericsson-consumerlab-ten-hot-consumer-trends-2030--the-hybrid-mall.

Esto forma parte de la llamada tendencia *Crypto-and-Mortar* descrita por The Future Laboratory, en la que las marcas venden activos digitales (NFT) a través de tiendas tradicionales, en un esfuerzo por responder a la creciente demanda de activos virtuales que estén más o menos alineados con el estilo de sus propietarios humanos. Como se indica en su investigación: «La marca de ropa deportiva Adidas y la marca de lujo Prada colaboraron en un proyecto de *Crypto-and-Mortar* de colaboración colectiva, lanzado en enero de 2022. Las marcas recopilaron 3 000 fotografías enviadas por los consumidores, seleccionadas por sorteo, para acuñarlas en NFT de forma gratuita, al tiempo que le daban al creador original la opción de poseer o vender su NFT. Todas las imágenes se combinaron y se expusieron en una instalación a gran escala en las tiendas insignia de Prada y Adidas».[12]

El concepto de las tiendas como espacios de reunión social para comunidades específicas no es nuevo, pero es aún más poderoso en un mundo posdigital. Y es una excelente manera de subrayar el rasgo peculiar de este punto de contacto de proporcionar a las personas una razón y un lugar para reunirse físicamente. Las tiendas de Apple, entre otras, son conocidas por organizar muchas actividades comunitarias, talleres gratuitos y eventos sobre fotografía, codificación, música y más. Estos actos atraen a personas de todas las edades y niveles de habilidad, convirtiendo las tiendas Apple en centros de aprendizaje comunitarios y fomentando el vínculo con la marca. REI, el minorista estadounidense especializado en actividades al aire libre, organiza clases en el exterior, talleres y excursiones de senderismo, animando a los clientes a adoptar un estilo de vida activo y a conectar con personas de ideas afines. Isetan, unos grandes almacenes japoneses con sucursales en todo Japón y el sudeste asiático, suele contar con tiendas *pop-up* temáticas, instalaciones artísticas y festivales gastronómicos, lo que convierte las compras en una experiencia multisensorial y atrae tanto a lugareños como a turistas. Decathlon, un minorista francés de artículos deportivos con más de 2 080 tiendas en 56 países y regiones de Europa (2023), en un esfuerzo por promover un estilo de vida activo y

12. *Retail Futures 2022*, The Future Laboratory, s.f., p. 9, https://www.thefuturelaboratory.com/reports/2022/retail-futures.

alentar a los clientes a probar nuevos deportes, ofrece talleres y actividades relacionados con el deporte, como clases de yoga, recorridos en bicicleta y sesiones de escalada. Y Eataly, el mayor mercado de comida italiana y concepto de restaurante, con más de 40 ubicaciones en todo el mundo, ofrece clases de cocina, catas de vino y otras actividades educativas relacionadas con el sector de alimentos y bebidas.[13]

Los ejemplos por excelencia de este concepto están representados por la creación de hoteles de marca y clubes de socios, que generalmente se dirigen a un público de alto nivel. Las casas de moda de lujo como Armani, Bulgari, Fendi, Louis Vuitton, Missoni y Versace se han aventurado en el sector de la hostelería y han creado sus propios destinos hoteleros, ofreciendo a los viajeros experiencias únicas y lujosas que reflejan sus respectivas identidades de marca y brindan un punto de contacto adicional para crear un viaje holístico. Francesca Bellettini, exdirectora de la casa de moda de lujo Yves Saint Laurent y actualmente al frente de Gucci, nos confirmó que «lo que sigue siendo clave es continuar asegurando el más alto nivel de servicio al cliente a través de experiencias únicas y deseables. Por encima de todo, siempre nos esforzaremos por crear deseo, sin el cual el lujo se convierte en una mercancía».[14]

En 2023, Harrods, el histórico minorista, actualmente propiedad de Qatar Investment Authority, inauguró su primer club privado para socios en Shanghái (China), en un edificio protegido que abarca más de 522 metros cuadrados. Los miembros pueden participar de la primera experiencia gastronómica de Gordon Ramsay en Shanghái, así como del salón, los comedores privados, las terrazas, el salón de té y el piano bar. Michael Ward, director general de Harrods, nos describió el espacio como «un hogar lejos del hogar para servir a una comunidad seleccionada de miembros exigentes. Este es un nuevo formato para Harrods y también una propuesta única en Shanghái. Nuestros socios

13. *#TomorrowStartsToday*: Non-Financial Reporting Declaration 2020, Decathlon, s.f., https://drive.google.com/file/d/1qCmtb2mXP_CBCSAyqYre7RBxazxyyidF/view; «12 Fun Facts about Eataly», sitio web de Eataly, sin fecha, enero de 2019, https://www.eataly.com/us_en/about-eataly/news/fun-facts-about-eataly; «Eataly vede rosso per 25 milioni, Farinetti», *Economia*, 4 de julio de 2023, https://www.targatocn.it/2023/07/04/amp/argomenti/economia-7/articolo/eataly-vede-rosso-per-25-milioni-farinetti-numeri-come-da-previsioni-in-arrivo-200-milioni-per-r.html.
14. Francesca Bellettini, correspondencia por correo electrónico con los autores de *Onlife Fashion: 10 Rules for the Future of High-End Fashion*, julio de 2020.

no solo disfrutarán de comidas y licores de primera clase con una comunidad de ideas afines, sino que también se beneficiarán del estilo de vida internacional exclusivo de Harrods y los servicios de conserjería para crear una experiencia de cliente sin igual».[15] Los clubes privados ofrecen a las marcas un entorno exclusivo y personalizado para sus clientes, con el objetivo de crear una sensación de exclusividad y privilegio. Este entorno más íntimo facilita la creación de relaciones y permite a los minoristas comprender mejor las preferencias y necesidades de sus clientes, conocimientos que pueden utilizar para ofrecer productos y servicios más personalizados. Además, los miembros pueden sentirse atraídos por eventos exclusivos, productos de edición limitada u ofertas personalizadas, lo que puede conducir a un aumento de las ventas y los ingresos para el minorista de lujo.

No hace falta decir que, en este contexto, el papel de los vendedores debe variar. En primer lugar, deben desarrollar capacidades tecnológicas y adoptar un enfoque más holístico. Además, necesitan reinterpretar su papel para un mundo en el que, en muchos casos, la gente esperará de todo *menos* comprar productos en una tienda. Necesitan convertirse en especialistas, anfitriones, facilitadores, asesores e incluso antropólogos, sociólogos y psicólogos.

Rasgos comunes

En un mundo en el que reina la abundancia y las opciones abruman, la esencia de un destino de negocios exitoso, ya sea físico o en línea, radica en su capacidad para seleccionar lugares de referencia para los clientes. Estos destinos sirven como puertos seguros donde las personas pueden navegar con confianza por el vasto mar de opciones para satisfacer sus necesidades y deseos. Basándonos en nuestra experiencia, los destinos físicos, digitales y virtuales exitosos a menudo presentan características comunes:

- **Propuesta de valor convincente**. Los destinos exitosos tienen una propuesta de valor clara y convincente que actúa en sinergia

15. Michael Ward, conversación en persona con los autores en Harrods, 3 de abril de 2023.

con todos los puntos de contacto y resuena en el público objetivo. El propósito es siempre satisfacer necesidades o deseos específicos, ya sea ofreciendo una respuesta funcional o creando atmósferas cautivadoras que capten la atención y el interés de los visitantes y deje una impresión duradera. Ya no es viable construir una ventaja competitiva solo sobre diferencias sutiles.

- **Fuerte identidad de marca**. Los destinos exitosos tienen una identidad de marca bien definida que transmite sus valores, misión y personalidad única. Esta consistencia genera lealtad a la marca, confianza y credibilidad entre los visitantes.
- **Diseño amigable para el ser humano**. La facilidad de uso es crucial para los destinos digitales y virtuales. La navegación por la plataforma debe ser intuitiva y sencilla, lo que garantiza una experiencia fluida y agradable para los usuarios. Dado que esto también es cierto en el mundo físico, se debe prestar mucha atención al implementar tecnologías avanzadas en la tienda, como robots e interfaces automatizadas.
- **Comunidad e interacción social**. Los destinos exitosos a menudo fomentan un sentido de comunidad e interacción social. Propician la comunicación, la creación de redes y el intercambio de ideas entre visitantes, clientes y asociados de ventas. Y aunque esto es relevante en la mayoría de las circunstancias, no lo es tanto para los puntos de contacto que maximizan la eficiencia.
- **Atención al cliente receptiva**. La atención al cliente receptiva en todos los puntos de contacto es esencial para cultivar relaciones genuinas con los clientes. Proporcionar asistencia rápida y útil para resolver los problemas con prontitud es un elemento clave en un mundo complejo *onlife*.

Al diseñar atmósferas atractivas (destinos) en tiendas físicas, plataformas en línea o espacios virtuales, las empresas pueden mejorar la percepción de la marca y el compromiso del cliente y, en última instancia, impulsar las ventas al dar forma a la experiencia general del consumidor. Y para aquellas marcas que venden mayoritariamente a través de intermediarios, estos espacios representan una oportunidad especialmente vital para construir una relación directa con los consumidores y, potencialmente, recopilar sus valiosos datos sin ningún tipo de intermediación (como hemos comentado en el capítulo 3, al referirnos a las oportunidades de los fabricantes para operar en modo directo al consumidor).

También habrá escenarios más extremos en los que el objetivo principal de las tiendas físicas se limite al papel de centros logísticos para los recorridos de los clientes en línea y virtuales, o tal vez situaciones híbridas que requieran adaptar la infraestructura y las operaciones para cumplir múltiples funciones (por ejemplo, mantener el diseño actual y dedicar parte de la superficie a la recogida de pedidos en línea por parte de los usuarios finales o mensajeros urgentes que gestionan la entrega de última milla). Por ejemplo, en respuesta a la pandemia, el importante minorista de electrónica Best Buy dedicó parte de sus tiendas a centros logísticos, lo que facilitó una entrega local rápida. Las tiendas Whole Foods y Amazon Fresh son expertas en entregar pedidos en línea directamente desde sus ubicaciones físicas. Hacen de ellas «tiendas fantasma» (*dark stores*) dedicadas exclusivamente a la tarea de cumplir con los pedidos.[16]

Ya sea que los minoristas y las marcas opten por un impulso ambicioso pero potencialmente gratificante en la dirección de una experiencia de marca convincente, o que pivoten hacia destinos más funcionales, la conclusión es que en el ámbito posdigital, los destinos deben servir a un propósito muy específico. Como hemos visto, en un enfoque opticanal no hay lugar para propuestas de valor de todo para todos. Para ser un destino, los minoristas y las marcas harían bien en centrarse en cada punto de contacto para garantizar la relevancia y la optimización. En retail 5.0, todos los actores deben tener una visión integral de su presencia física, digital y virtual. Estos canales

16. Matthew Boyle, «Best Buy Tests Smaller Shopping Areas to Focus on E-Commerce», Bloomberg, actualizado el 23 de febrero de 2021 de https://www.bloomberg.com/news/articles/2021-02-23/best-buy-said-to-expand-rollout-of-smaller-store-footprints?in_source=embedded-checkout-banner; Russell Redman, «Whole Foods opens online-only "dark store" in Brooklyn», *Supermarket News*, 2 de septiembre de 2020, https://www.supermarketnews.com/online-retail/whole-foods-opens-online-only-dark-store-brooklyn.

no deben ser vistos como sustitutos o competidores. En su lugar, cada empresa tendrá que encontrar su configuración única y optimizar todos los puntos de contacto/destinos para obtener la máxima complementariedad.

Preguntas de cierre para la reflexión

- En un mundo posdigital, ¿cómo pueden las tiendas físicas redefinir su propuesta de valor para seguir siendo relevantes y atractivas para los clientes que tienen acceso a una gran cantidad de opciones de compra en línea y virtuales?
- ¿Cómo pueden las empresas crear de manera efectiva destinos emocionalmente resonantes tanto en espacios físicos como digitales para influir en las percepciones y decisiones de compra de los consumidores?
- ¿Cómo puede su empresa transformar eficazmente los puntos de contacto en destinos?
- ¿Qué estrategias debe emplear su empresa para convertir las tiendas físicas en espacios de reunión social que fomenten el compromiso con la comunidad y fortalezcan el vínculo con la marca?
- ¿Cómo pueden los minoristas y las marcas equipar a los vendedores con las habilidades necesarias para convertirse en especialistas, anfitriones, facilitadores y asesores inteligentes en un mundo posdigital?

CAPÍTULO 18

Be Exponential - Ser exponencial

El nombre de este principio rector está inspirado en el libro de 2014 *Exponential Organizations: Why New Organizations Are Ten Times Better, Faster, and Cheaper Than Yours (and What to do About It)* (Organizaciones exponenciales: por qué las nuevas organizaciones son diez veces mejores, más rápidas y más baratas que las suyas (y qué hacer al respecto)) de Salim Ismail con Michael S. Malone y Yuri van Geest. Este tipo de organización aprovecha tecnologías y estrategias exponenciales para lograr un rápido crecimiento y superar a los competidores lineales tradicionales. Las organizaciones exponenciales suelen estar estructuradas de forma descentralizada, apoyándose en redes, plataformas y ecosistemas. Aprovechan los recursos externos para ampliar sus capacidades y acceder a una amplia gama de conocimientos.

El principio de «ser exponencial» anima a los minoristas y a las marcas a adoptar un enfoque abierto y flexible de la innovación. Creemos firmemente que en el mundo actual, que evoluciona rápidamente, donde los sectores se entremezclan y las expectativas de los clientes se transforman rápidamente, depender únicamente de los recursos internos para la innovación resultaría contraproducente. El verdadero camino hacia el éxito radica en la colaboración, la cocreación y la integración perfecta de diversas ideas y perspectivas. Por lo tanto, adoptar este principio para una organización requiere aceptar sus límites, evaluar sus áreas potenciales de crecimiento y explorar genuinamente todas las opciones para determinar qué enfoque es preferible: tratar de desarrollar una solución interna o buscar uno o más socios para que colaboren en el desarrollo, o incluso lo gestionen, construyendo así una alianza estratégica.

Esta colaboración puede manifestarse de diversas maneras. Algunos forman asociaciones tácticas con otras marcas destinadas a lanzar productos que atraigan a las audiencias actuales o potenciales de cada uno. O varias marcas pueden unirse en una empresa conjunta para introducir un nuevo servicio, aprovechando sus respectivas fortalezas y capacidades.

Cristiano Fagnani de Reebok nos contó cómo han construido su colaboración exponencial con sus socios clave:

> «En Reebok, el equipo directo al consumidor gestiona la relación y el negocio con plataformas de comercio electrónico clave como Zalando o Farfetch. Actualmente estamos desarrollando un "programa de socios" que tiene como objetivo hacer una transición completa de estos clientes de la venta al por mayor a una asociación digital integrada, basada en la alineación estratégica en el *Go To Market* y el acceso a un inventario compartido. Cuando los consumidores se conectan a Internet buscando Reebok, queremos asegurarnos de que podemos atraerlos y atenderlos de la mejor manera posible desde los diferentes puntos de acceso disponibles. Apoyamos a nuestros socios digitales y valoramos su capacidad para establecer un compromiso directo con el consumidor, complementando los esfuerzos de la marca en los canales propios. Por lo tanto, un enfoque más estratégico es fomentar la colaboración bajo la filosofía «ser exponencial» que usted ha descrito, asegurando una alineación perfecta en la comunicación, el acceso a nuestro inventario completo (más allá de las existencias acordadas) y una logística optimizada (eliminando la necesidad de que nuestros socios almacenen productos)».[1]

Aunque hay muchos enfoques diferentes, la verdadera esencia de este principio alcanza su cenit dentro de un ecosistema, donde cada

1. Cristiano Fagnani, comunicación presencial y por WhatsApp, 16 de julio de 2023.

participante tiene la oportunidad de experimentar un crecimiento exponencial aprovechando las fortalezas colectivas de toda la red. Definimos un ecosistema empresarial como una configuración concreta en la que las empresas colaboran con el fin de combinar sus capacidades específicas para crear, ofrecer y capturar valor.

Esta configuración mutuamente beneficiosa tiene el potencial de generar un valor mayor, aumentando así los beneficios para todas las partes involucradas. La ambición es unir fuerzas para crear una propuesta de valor que satisfaga la demanda de los clientes de una manera «nueva» y permita un *modus operandi* más eficiente para todos los implicados. Si todo funciona bien, es el proverbial escenario en el que todos ganan. Por supuesto, el éxito de esta estrategia depende tanto de su ejecución como de la eficacia de la colaboración entre las partes. Los ecosistemas involucran a varios actores (proveedores, clientes, socios, competidores) que trabajan juntos de manera compleja e interdependiente.

Michael G. Jacobides, profesor de Estrategia y Emprendimiento en la London Business School (LBS), es una autoridad mundial en la materia. Nos explicó:

> «Los ecosistemas son el resultado del cambio exponencial de lo que usted describe como un mundo posdigital. Su ascenso ha estado estrechamente relacionado con el dominio de las grandes tecnológicas como Google, Apple, Facebook, Microsoft, Amazon, Tencent y Alibaba, que han basado su éxito en la construcción de ecosistemas en torno a sus plataformas. Los ecosistemas ahora interesan a todos, les guste o no, por dos razones: en primer lugar, la digitalización permite a las empresas, incluidas las más tradicionales, interconectarse y reconfigurar sus actividades de formas sin precedentes, redefiniendo sectores antiguos y nuevos; y en segundo lugar, la desregulación ha difuminado los límites entre sectores, lo que ha llevado a un enfoque de la producción y el consumo muy diferente al que teníamos hasta hace poco».

Diferentes tipos de ecosistemas empresariales

Estos ecosistemas pueden estar bastante estructurados. A menudo involucran a varios agentes, en sentido ascendente y descendente de una misma industria. Los proveedores, los clientes, los socios e incluso los competidores trabajan juntos de manera compleja e interdependiente. Como hemos visto, los ecosistemas pueden ser intrínsecamente digitales —plataformas tecnológicas, mercados de comercio electrónico, redes sociales, tiendas de aplicaciones, Internet de las cosas (IoT)—, o pueden estar habilitados por la digitalización en sectores más maduros. (Para obtener más información sobre la distinción entre «plataformas» y «ecosistemas», consulte la nota a pie de página).[2]

A continuación, se muestran algunos ejemplos de empresas o industrias que, a efectos de este capítulo, podemos considerar ecosistemas empresariales:

- **Plataformas tecnológicas**. Empresas como Google, Apple y Microsoft pueden verse como ecosistemas empresariales. Proporcionan plataformas que atraen a desarrolladores, creadores de aplicaciones, proveedores de contenido, anunciantes y clientes, creando un efecto de red que beneficia a todos los participantes. Otros ejemplos de plataformas tecnológicas en el sector de la movilidad son Uber, Lyft y Didi, que conectan a conductores, pasajeros y servicios adicionales a través de sus plataformas. Las plataformas de reparto de alimentos como Deliveroo, DoorDash, Just Eat, Swiggy y Uber Eats interconectan restaurantes, cocinas fantasma, pasajeros y clientes.

2. Michael G. Jacobides estaría parcialmente en desacuerdo con esta lista. De hecho, también sugirió que consideremos una distinción entre plataformas tecnológicas (soluciones de base tecnológica que permiten que múltiples actores interactúen) y ecosistemas propios (que son grupos de productos o servicios conectados y los actores que colaboran para producirlos). Nos dijo que la mejor manera de resumir esta distinción es: «Las plataformas están hechas de tecnología, los ecosistemas están hechos de personas, productos y organizaciones». Para obtener más detalles sobre la «confusión» entre los dos términos, consulte Michael G. Jacobides, «How to Compete When Industries Digitize and Collide: An Ecosystem Development Framework», *California Management Review* 64, no. 3 (2022): 99—123, https://doi.org/10.1177/00081256221083352.

- **Comercio electrónico**. Los mercados en línea como Alibaba, Amazon, Farfetch, Flipkart, JD.com, YNaP, Rakuten o Zalando facilitan las interacciones entre compradores, vendedores y proveedores de logística, formando un ecosistema sólido de comercio electrónico.
- **Redes sociales**. Plataformas como Facebook, Instagram, LinkedIn, TikTok y X forman ecosistemas empresariales en los que usuarios, anunciantes, creadores de contenido y desarrolladores externos interactúan y contribuyen al crecimiento general del ecosistema.
- **Tiendas de aplicaciones**. Apple App Store y Google Play Store sirven como ecosistemas para desarrolladores de aplicaciones, usuarios e incluso otras empresas que crean aplicaciones y servicios complementarios.
- **Internet de las cosas**. Los ecosistemas de IoT involucran a empresas que crean y conectan dispositivos inteligentes, servicios de análisis de datos y plataformas de software para ofrecer soluciones y servicios inteligentes.

Además de la movilidad y el reparto de alimentos, hay otras industrias tradicionales que se han interesado por esta dinámica, entre ellas:

- **Cuidado de la salud**. El sector sanitario puede verse como un ecosistema complejo que involucra hospitales, médicos, compañías farmacéuticas, proveedores de seguros, fabricantes de dispositivos médicos y pacientes. Por ejemplo, Philips, una empresa de tecnología para el cuidado de la salud, ha desarrollado el ecosistema HealthSuite, una plataforma abierta basada en la nube que recopila, compila y analiza datos clínicos y de otro tipo de una amplia gama de dispositivos y fuentes, incluidos dispositivos médicos, registros médicos electrónicos y aplicaciones de salud, para proporcionar información sanitaria personalizada a pacientes y proveedores de atención médica.[3]

3. «HealthSuite: Powering the Next Generation of Connected Cloud Health Applications», sitio web de Philips, sin fecha, https://www.usa.philips.com/healthcare/innovation/about-health-suite.

- **Servicios financieros**. El sector financiero incluye bancos, compañías de tarjetas de crédito, procesadores de pagos, nuevas empresas de tecnología financiera y otras instituciones pertenecientes al mismo sector, formando un ecosistema interconectado para brindar diversos servicios financieros. Por ejemplo, Alipay, operado por Ant Group, es un ecosistema de pagos digitales que ofrece pagos móviles, transferencias *peer-to-peer*, servicios de gestión patrimonial y facilidades de crédito. Ha transformado la forma en que las personas realizan transacciones financieras en China.[4]
- **Energía**. Los proveedores de energía renovable, las tecnologías de redes inteligentes, las empresas de almacenamiento de energía y la infraestructura de vehículos eléctricos se han unido para crear soluciones energéticas más sostenibles y eficientes. Por ejemplo, la empresa energética Enel X ha desarrollado un ecosistema de movilidad eléctrica que incluye infraestructura de carga de vehículos eléctricos, soluciones de carga inteligente y asociaciones con fabricantes de automóviles y proveedores de servicios de movilidad.[5]

Estos ejemplos son solo algunos de los numerosos ecosistemas empresariales que existen en diferentes industrias. La característica que los define es que involucran a múltiples participantes interconectados que colaboran para crear, ofrecer y capturar valor.

McKinsey prevé que, para 2025, el panorama actual de más de 100 industrias y cadenas de valor se consolidará en aproximadamente una docena de ecosistemas colosales, que generarán unos ingresos estimados en 60 billones de dólares. Además, un estudio de BCG reveló que el uso del término «ecosistema» en los informes anuales de las principales empresas se multiplicó por trece entre 2012 y 2022. Asimismo, informan de que las empresas que adoptaron activamente este

4. «What the Largest Global Fintech Can Teach Us About What's Next in Financial Services», CB Insights, 4 de octubre de 2018, https://www.cbinsights.com/research/ant-financial-alipay-fintech/.
5. Sitio web de Enel X, https://corporate.enelx.com/en.

concepto y actuaron en consecuencia experimentaron tasas de crecimiento significativamente más altas en comparación con las que no lo hicieron.[6]

Como destaca Jacobides en un artículo sobre el tema, desde una perspectiva comercial «un ecosistema de múltiples actores denota una alternativa a la decisión convencional de hacer o comprar».[7] En un ecosistema, todas las partes involucradas tienen la oportunidad única de construir en colaboración algo más grande que la suma de sus partes individuales. Este aspecto crucial es especialmente importante en el mundo actual, donde se espera que las empresas exploren nuevas posibilidades y exploten de manera eficiente los recursos existentes. De este modo, el ecosistema permite y acelera el proceso de innovación para todos los participantes, ya que asumen conjuntamente las cargas financieras y operativas mientras se concentran en sus respectivas fortalezas.

En algunos casos, las organizaciones establecidas intentan ser exponenciales colaborando con *startups*. Esto puede conducir a la colaboración con incubadoras y aceleradoras de empresas externas o a la creación de aceleradoras corporativas internas o programas de emprendedores residentes. Por ejemplo, en 2015, la corporación minorista estadounidense Target unió fuerzas con Techstars, uno de los mayores inversores pre-semilla del mundo, para poner en marcha una aceleradora de *startups* centrada en el comercio minorista que puede satisfacer las necesidades de innovación del minorista. Aunque la aceleradora incluye una pequeña participación en el capital, las *startups* no se limitan a trabajar con Target. Techstars se había asociado anteriormente con Disney para crear una aceleradora centrada en los medios de comunicación y el entretenimiento, y también con

6. Venkat Atluri, Miklós Dietz y Nicolaus Henke, «Competing in a World of Sectors without Borders», McKinsey / Digital: Insights, 12 de julio de 2017, https: / / www.mckinsey.com / capabilities / quantumblack / our-insights / competing-in-a-world-of-sectors-without-borders; Ulrich Pidun, Martin Reeves y Maximilian Schüssler, «Do You Need a Business Ecosystem?» BCG Henderson Institute Publications Online, 27 de septiembre de 2019, https: / / www.bcg.com / publications / 2019 / do-you-need-business-ecosystem.
7. Michael G. Jacobides, «How to Compete When Industries Digitize and Collide: An Ecosystem Development Framework», *California Management Review* 64, n.º 3 (2022): 103, https: / / doi.org / 10.1177 / 00081256221083352.

Barclays para acelerar e incubar empresas de tecnología financiera.[8] Este ejemplo ilustra cómo, en un mercado volátil y turbulento, las empresas pueden explorar nuevas vías de innovación. Uno de estos jugadores es Walmart, que optó por crear un departamento interno de innovación llamado Store N° 8 para incubar y acelerar nuevas empresas «para ayudar a dar un salto hacia donde irán el cliente y el mercado [...] para enriquecer la vida de los clientes y asociados de Walmart.»[9]

Pero Target y Walmart no son las únicas empresas del sector que exploran cómo ser exponenciales. Según Stefano Portu, fundador y CEO de ShopFully:

> «El comercio minorista es una de las industrias más grandes del mundo y su transformación no se puede retrasar más. Hoy en día, los minoristas se enfrentan a una disrupción tecnológica multifacética, que incluye dimensiones muy diversas como el comercio electrónico, el *drive-to-store*, [y] los medios de suministro y minoristas, solo por mencionar algunos de los temas más candentes en las agendas de nuestros socios minoristas. Incluso los grupos más grandes han comprendido que esto no se puede lograr solo con un esfuerzo interno. Por el contrario, es crucial combinar algunas actividades básicas desarrolladas internamente con una red de socios especializados. Nuestro objetivo en ShopFully es exactamente ofrecer a los minoristas una manera fácil de conectarse con su audiencia, datos y promociones en un nuevo ecosistema digital de medios de comunicación minorista y *drive-to-store*».

Empresas como ShopFully —una plataforma líder de marketing *drive-to-store* que ofrece un alcance de casi 200 millones de compradores

8. «Target Teams Up with Techstars for Retail Accelerator in Minneapolis», A Bullseye View, 16 de septiembre de 2015, https://corporate.target.com/article/2015/09/techstars-announcement; Anthony Ha, «Target Teams Up With Techstars To Create A Retail-Focused Startup Accelerator», TechCrunch, 18 de octubre de 2015, https://techcrunch.com/2015/10/18/target-retail-accelerator/.
9. Store No. 8, s.f., https://www.storeno8.com/.

a los principales minoristas y marcas de 25 países—, se posicionan como un socio estratégico en una actividad específica (*drive-to-store* en este caso) y el facilitador para construir conjuntamente un ecosistema de vanguardia, uniendo datos *online* y *offline*.[10]

El ejemplo más relevante de un ecosistema construido por un minorista establecido nos lleva una vez más a Walmart. Con el tiempo, su expansión abarcó varios sectores, lo que les permitió competir con otros gigantes del comercio minorista y electrónico como Amazon.[11]

El ecosistema de Walmart incluye un mercado en línea, comestibles, servicios de salud y bienestar, automóviles y neumáticos, artículos para mascotas, electrónica, moda y más.

El gigante minorista construyó su extenso ecosistema a través de una combinación de desarrollo interno y adquisiciones estratégicas, incluida Jet.com (adquirida en 2016 por aproximadamente 3 300 millones de dólares para reforzar su presencia en línea y que cesó sus operaciones en 2020); Flipkart (una participación del 77 % en la plataforma de comercio electrónico líder de la India fue adquirida en 2018 por 16 000 millones de dólares); Moosejaw (un minorista de ropa y ocio al aire libre adquirido en 2017 por 51 millones de dólares y vendido a Dick's Sporting Goods en 2023); ModCloth (un minorista de moda femenina en línea adquirido en 2017 por una suma no revelada de entre 50 y 75 millones de dólares para ampliar su oferta de moda y atraer a una base de clientes más amplia, y vendido dos años después); Bonobos (una marca de ropa masculina conocida por su comercio electrónico y su concepto de «guideshop» de tienda física adquirida por 310 millones de dólares en 2017 y vendida en 2023 a Express, WHP Global); y PhonePe (una *startup* de India de pagos digitales y servicios financieros, en la que Walmart posee la mayor parte de las acciones, valorada en 12 000

10. Stefano Portu, correspondencia por correo electrónico con Giuseppe Stigliano, 27 de julio de 2023.
11. Para profundizar en este tema, recomendamos el libro de Nirmalya Kumar Clash: *Amazon versus Walmart* (Penguin Random House, 2024).

millones de dólares en 2023).[12] Aunque algunas de estas adquisiciones no dieron los resultados esperados y se tradujeron en pérdidas netas, fueron parte del intenso proceso de construcción del ecosistema articulado que permitió a Walmart sobrevivir y prosperar ante el ascenso de competidores nativos digitales como Amazon. E incluso cuando no tuvieron éxito desde una perspectiva pura de fusiones y adquisiciones, infundieron al minorista una gran cantidad de conocimientos que permitieron a la gerencia reducir la curva de aprendizaje y contener los costos iniciales en cada área específica. El resultado es una impresionante red de productos, servicios y experiencias obtenidas a través del desarrollo interno, las asociaciones estratégicas y las adquisiciones destinadas a satisfacer el recorrido *onlife* de sus clientes.

La compañía cree firmemente que esta estrategia es la mejor manera de consolidar su posición de liderazgo. En el informe anual de 2022, la dirección declaró: «A medida que ejecutamos nuestra estrategia [de ecosistema], nuestro motor de crecimiento o círculo virtuoso[13]

12. «Walmart Agrees to Acquire Jet.com, One of the Fastest Growing e-Commerce Companies in the U.S.», Walmart, 8 de agosto de 2016, https://corporate.walmart.com/newsroom/2016/08/08/walmart-agrees-to-acquire-jet-com-one-of-the-fastest-growing-e-commerce-companies-in-the-u-s; Melissa Repko, «Walmart winds down Jet.com four years after $3.3 billion acquisition of e-commerce company», CNBC, actualizado el 19 de mayo de 2020, https://www.cnbc.com/2020/05/19/walmart-winds-down-jetcom-four-years-after-3point3-billion-acquisition.html; «Walmart to Invest in Flipkart Group, India's Innovative eCommerce Company», Walmart, 9 de mayo de 2018, https://corporate.walmart.com/newsroom/2018/05/09/walmart-to-invest-in-flipkart-group-indias-innovative-ecommerce-company; «Walmart Announces the Acquisition of Moosejaw, a Leading Online Outdoor Retailer», Walmart, 15 de febrero de 2017, https://corporate.walmart.com/newsroom/2017/02/15/walmart-announces-the-acquisition-of-moosejaw-a-leading-online-outdoor-retailer; Gabrielle Fonrouge, «Dick's Sporting Goods to buy e-commerce outdoor retailer Moosejaw from Walmart», CNBC, 22 de febrero de 2023, https://www.cnbc.com/2023/02/22/dicks-sporting-goods-buys-moosejaw-walmart.html; «Walmart Announces the Acquisition of ModCloth, a Leading Online Women's Fashion Retailer», Walmart, 17 de marzo de 2017, https://corporate.walmart.com/newsroom/2017/03/17/walmart-announces-the-acquisition-of-modcloth-a-leading-online-womens-fashion-retailer; Zoe Schiffer, «Walmart sells ModCloth just two years after buying it», The Verge, 4 de octubre de 2019, https://www.theverge.com/2019/10/4/20899540/walmart-sells-modcloth-acquisition-compete-amazon; «Walmart to Acquire Bonobos and Appoint Andy Dunn to Oversee Exclusive Consumer Brands Offered Online», Walmart, 16 de junio de 2017, https://corporate.walmart.com/newsroom/2017/06/16/walmart-to-acquire-bonobos-and-appoint-andy-dunn-to-oversee-exclusive-consumer-brands-offered-online; Daphne Howland, «Walmart is selling Bonobos to Express, WHP Global for $75M», Retail Dive, 14 de abril de 2023, https://www.retaildive.com/news/walmart-sells-bonobos-express-seventy-five-million/647654/; Meenakshi Maidas, «Walmart pumps $200 million in Indian fintech PhonePe in ongoing fundraise», Reuters, 18 de marzo de 2023, https://www.reuters.com/world/india/walmart-pumps-200-mln-indian-fintech-phonepe-ongoing-fundraise-2023-03-17/.
13. El término original en inglés utilizado es *flywheel*.

se acelera a través de ofertas como nuestro negocio de publicidad Walmart Connect, Walmart Fulfillment Services, nuestro negocio de salud y bienestar, que incluye Walmart Health, y nuestro negocio de servicios financieros. Estas ofertas representan piezas complementarias de nuestro motor que se centran en nuestros clientes de todo el mundo, quienes buscan cada vez más comodidad».[14]

Hablamos de ello con Federico Marchetti, empresario italiano que en el año 2000 fundó y, hasta julio de 2021, fue presidente y director general de YOOX Group (desde 2015 se denomina YOOX Net-a-Porter Group tras la fusión entre ambas empresas), un minorista de Internet y empresa de servicios de comercio electrónico. La idea detrás de YOOX surgió de la observación de Marchetti de que el sector de la moda de lujo era relativamente lento para adoptar las oportunidades emergentes que presentaba Internet. Vio un gran potencial en la construcción de un ecosistema que pudiera reunir a las marcas de lujo y a los entusiastas de la moda en el ámbito *online*. YOOX ganó popularidad rápidamente y se convirtió en una de las empresas pioneras en el espacio del comercio electrónico de lujo, ampliando su oferta y colaborando con varias marcas de lujo en todo el mundo. Como explicó Marchetti: «Fundé la empresa con la creencia de que una poderosa colaboración entre las casas de moda tradicionales y un socio nativo digital como nosotros podría producir resultados exponenciales para ambas partes. Utilizamos una fórmula para describir esta filosofía: C2C + 020 = EC2 (*Content-to-Commerce* + *Online-to-Offline* = *Ecommerce Squared*)»[15]. Además, explicó: «El contenido atractivo y relevante juega un papel vital para atraer a los usuarios e impulsar el comercio junto con la integración perfecta de la experiencia de compra en línea con los espacios minoristas físicos. El efecto combinado de estos elementos conduce a resultados exponenciales».[16] La receta de Marchetti resultó ser muy exitosa, y es una prueba convincente del poder exponencial de la colaboración. Sin el apoyo de YOOX, las casas de moda habrían carecido

14. *2022 Annual Report: Building Our Flywheel*, p.8, Walmart, https://s201.q4cdn.com/262069030/files/doc_financials/2022/ar/WMT-FY2022-Annual-Report.pdf.
15. Contenido a Comercio + *Online* a *Offline* = Comercio electrónico al cuadrado
16. Federico Marchetti, conversación con Giuseppe Stigliano durante una conferencia en la UCL School of Management, 24 de enero de 2022.

de la capacidad y la preparación para aprovechar las oportunidades que presenta el incipiente comercio electrónico. Tampoco habrían obtenido acceso a una audiencia tan amplia, infraestructura digital, eficiencias operativas, capacidades logísticas y la facultad de aprovechar el contenido para el comercio a través de varios canales.

La unión hace la fuerza

Alentamos a los minoristas y a las marcas a explorar los beneficios de ser exponenciales, ya que permite a las empresas ofrecer a los clientes una propuesta de valor que es mucho mayor de lo que realmente podrían permitirse si confiaran solo en sus recursos internos. También permite a las compañías explorar sectores adyacentes sin sufrir todos los riesgos típicamente relacionados con los procesos de innovación, incluida la exposición financiera, las implicaciones operativas, la adquisición de talento, etc. Esta idea está muy alineada con el concepto de «innovación abierta», que anima a las organizaciones a no confiar únicamente en «sus propios conocimientos, fuentes y recursos internos (como su plantilla o equipo de investigación y desarrollo, por ejemplo) para la innovación (de productos, servicios, modelos de negocio, procesos, etc.), sino [a utilizar también] múltiples fuentes externas (como los comentarios de los clientes, patentes publicadas, competidores, agencias externas, el público, etc.) para impulsar la innovación».[17] Como hemos visto, esta exploración se puede llevar a cabo «de afuera hacia adentro», cuando una organización examina constantemente el mercado para obtener ideas, asociarse o, tal vez, adquirir actores externos; o «de adentro hacia afuera», cuando una empresa desarrolla un nuevo producto o servicio internamente para maximizar el efecto de red, integrando potencialmente de forma nativa la nueva solución con una ya existente. La innovación de afuera hacia adentro ha sido utilizada por Lego cuando la compañía danesa de juguetes desarrolló una plataforma de innovación

17. «Open Innovation: definition and explanation», *Oxford Review Briefings*, s.f., https://oxford-review.com/oxford-review-encyclopaedia-terms/encyclopaedia-open-innovation-definition-explanation/. Para más información sobre este tema, véase *Open Innovation: The New Imperative for Creating and Profiting from Technology* (Boston: Harvard Business School Press, 2006) de Henry Chesbrough.

abierta llamada Lego Ideas que permite a los seguidores y entusiastas enviar sus diseños únicos para nuevos sets. Luego, los usuarios pueden votar por sus propuestas favoritas, y la compañía considera las más populares para una posible producción. Esta plataforma ha dado lugar a la creación de nuevos sets exitosos basados en sugerencias de los seguidores, y ha llevado a la creación de un ecosistema interesante que, en este caso, incluye clientes. Este enfoque particular de ser exponencial se define como cocreación e implica una participación activa de los clientes, pero potencialmente también de los proveedores y otros socios comerciales, en el proceso creativo que conduce al lanzamiento de nuevos productos, servicios y experiencias.

En esencia, ser exponencial se traduce en encontrar formas inteligentes de aprovechar las propias capacidades en colaboración con uno o más socios con capacidades complementarias. Como dijimos al principio de este capítulo, aunque los ecosistemas representan el cenit de una estrategia exponencial, el principio está dirigido a inspirar a los líderes y gerentes a dar la bienvenida a cualquier tipo de colaboración, incluso si solo conduce a una alianza temporal con uno u otros actores, en nombre de la innovación abierta. Este enfoque se aplica a menudo para entrar en nuevos sectores o mercados. En 2023, la casa estadounidense de joyería de lujo Tiffany y el gigante deportivo Nike sorprendieron al mundo al lanzar las «Nike-Tiffany Air Force 1 1837», unas zapatillas confeccionadas en ante negro de primera calidad con el característico *swoosh* de Nike en el color azul de Tiffany y el logotipo de la joyería en la lengüeta. Y aunque esta no era la primera vez que Tiffany forjaba una asociación inesperada destinada a aumentar su relevancia cultural ante un público más amplio, sí fue la primera ocasión en la que «la joyería de la Quinta Avenida prestó su nombre, su color icónico o su logotipo a un zapato».[18]

Otro caso es la colaboración de Nestlé, líder mundial en la industria de alimentos y bebidas, y L'Oréal, uno de los principales actores en la industria cosmética. En 2014 crearon una empresa conjunta 50-50

18. «Nike/Tiffany», Tiffany & Co., s.f., https://www.tiffany.co.uk/stories/tiffany-and-nike-air-force/; Samuel Hine, «Nike and Tiffany & Co. Made Sneaker Dynamite», GQ, 31 de enero de 2023, https://www.gq.com/story/nike-tiffany-air-force-1.

denominada Galderma, que se centró en la investigación, el desarrollo y la comercialización de productos dermatológicos. Al combinar sus conocimientos en diferentes áreas, pudieron crear una empresa exitosa en el mercado del cuidado de la piel.[19] Otro caso relevante es la alianza estratégica firmada en 2018 entre Apple y Best Buy. Best Buy se enfrentaba a una dura competencia de los minoristas en línea y necesitaba renovar sus tiendas para ofrecer mejores experiencias a los clientes, y Apple buscaba ampliar su presencia minorista y llegar a más clientes potenciales. Por este motivo, crearon secciones de Apple que ofrecían una amplia gama de sus productos y servicios dentro de las tiendas Best Buy. A través de esta alianza, Best Buy obtuvo la ventaja de tener productos muy buscados de Apple en sus tiendas, y Apple amplió significativamente su presencia minorista, llegando a más lugares a través de la extensa red de tiendas de Best Buy. Esto proporcionó a Apple una ventaja competitiva frente a otras marcas de productos electrónicos al garantizar un alto nivel de visibilidad y accesibilidad.[20] Este concepto de tienda dentro de una tienda, o negocio dentro del negocio, donde un minorista crea una sección o espacio dedicado dentro de la tienda de otro minorista, es una oportunidad apasionante para el crecimiento exponencial. Es especialmente atractiva para las marcas más pequeñas o para aquellos que buscan explorar nuevos conceptos, ya que les permite mostrar sus productos y servicios a una audiencia cautiva ya existente. En pocas palabras, este enfoque del principio rector de «ser exponencial» amplía los límites de la colaboración para lograr resultados que son exponencialmente mayores de lo que una organización podría lograr por sí sola.

Otra aplicación interesante de esto es la llamada «coopetición» (cooperación con competidores) para lograr beneficios mutuos. Por ejemplo, en 2018, Toyota y Mazda, competidores tradicionales en el mercado de la automoción, establecieron una planta conjunta de

19. «Nestlé acquisition of L'Oréal's 50% stake in Galderma completed», Nestlé, 8 de julio de 2014, https://www.nestle.com/media/pressreleases/allpressreleases/nestle-acquisition-loreal-galderma-complete.

20. «Apple partners with Best Buy for expanded repair service», Apple Newsroom, 19 de junio de 2019, https://www.apple.com/newsroom/2019/06/apple-partners-with-best-buy-for-expanded-repair-service/.

ensamblaje en Estados Unidos. Esta colaboración estratégica tenía como objetivo capitalizar sus recursos de fabricación combinados, lo que llevó a una reducción de los costos de producción para ambas empresas. Sorprendentemente, lograron mantener sus posiciones competitivas al tiempo que fomentaban el crecimiento mutuo a través de esta asociación innovadora.[21] Otro ejemplo es el de Samsung, gigante surcoreano de la electrónica, y Sony, la compañía japonesa de electrónica, empresas rivales desde hace mucho tiempo. Cooperaron en el desarrollo de S-LCD Corporation, una empresa conjunta para fabricar y suministrar paneles LCD a ambas empresas, lo que les permitió reducir los costos de producción y competir de manera más efectiva contra otros fabricantes de pantallas. O considere la plataforma de transmisión en línea Hulu, que es capaz de ofrecer una amplia gama de programas de televisión y películas porque es una empresa conjunta entre The Walt Disney Company, NBC Universal de Comcast y Warner Media (anteriormente Time Warner).[22] Aunque estos gigantes de los medios de comunicación son competidores en varios sectores del entretenimiento, se unieron para crear Hulu como respuesta al cambiante panorama del consumo de medios de comunicación.

Dada la rapidez de los avances tecnológicos —sin mencionar el aumento de la tasa de adopción y los puntos de referencia experienciales cada vez mayores—, numerosos agentes tradicionales de diversos sectores están aprovechando la oportunidad de colaborar con socios tecnológicos para el desarrollo de sus interfaces digitales. Al hacerlo, no solo aceleran el proceso de investigación y desarrollo requerido para lanzar innovaciones, sino que también ofrecen a sus clientes acceso a los ecosistemas existentes. Un ejemplo convincente de esto es cómo la histórica marca alemana de automóviles de lujo y vehículos comerciales Mercedes se asoció con Google para integrar Maps y YouTube en sus vehículos, en lugar de «reinventar la rueda» con

21. «Mazda and Toyota Establish Joint-Venture Company: "Mazda Toyota Manufacturing, U.S.A., Inc."», Toyota, 9 de marzo de 2018, https://global.toyota/en/newsroom/corporate/21408293.html.
22. Peter Clarke, «S-LCD joint venture to be born of Samsung, Sony display deal», *EE Times*, 8 de marzo de 2004, https://www.eetimes.com/s-lcd-joint-venture-to-be-born-of-samsung-sony-display-deal/; «About Hulu», *Hulu Press*, s.f., https://press.hulu.com/corporate/.

tecnología propia. Del mismo modo, el gigante automovilístico alemán BMW se ha asociado con Meta para explorar la integración de tecnologías de realidad aumentada y virtual en sus vehículos.[23]

Fabrica, compra o alíate

En conclusión, recapitulemos los factores clave que las organizaciones deben considerar cuidadosamente al decidir cómo adoptar el principio rector de ser exponencial, especialmente teniendo en cuenta el hecho de que la decisión de desarrollar una solución internamente o a través de la colaboración con terceros, incluida la creación o la incorporación a un ecosistema, es una decisión empresarial crucial.

- **Competencias básicas, recursos y experiencia**. Las organizaciones deben valorar si la solución se alinea con sus competencias principales y evaluar sus recursos y experiencia internos. Si la solución requiere capacidades más allá de las fortalezas principales de la empresa, una asociación puede ser más adecuada.
- **Acceso al mercado**. Las colaboraciones pueden proporcionar acceso a mercados o segmentos de clientes adyacentes, o incluso permitir que una empresa lance una nueva empresa completamente separada de su negocio principal, como se ve en algunos de los ejemplos mencionados anteriormente. En algunos casos, las barreras de entrada —en particular la gran escala de los líderes del mercado— son tales que puede ser un desafío para una sola empresa ingresar sola.
- **Tiempo de comercialización**. La colaboración ofrece un acceso acelerado a las oportunidades y, en ciertos casos, la velocidad de comercialización es fundamental. Si una asociación permite a la empresa acceder a la solución de manera más rápida, eficiente y efectiva de lo que podría hacerlo desde el desarrollo interno, la colaboración se convierte en una opción muy favorable.

23. Kirsten Korosec, «Mercedes partners with Google to bring Maps and YouTube into its vehicles», *TechCrunch*, 22 de febrero de 2023, https://techcrunch.com/2023/02/22/mercedes-google-maps-youtube/; «Meta and BMW: Taking AR and VR Experiences on the Road», sitio web de Meta, 17 de mayo de 2023, https://about.fb.com/news/2023/05/meta-bmw-ar-vr-experiences/.

- **Consideraciones de costos**. Desarrollar una solución desde cero puede ser costoso en comparación con asociarse con alguien cuyas fortalezas principales complementan las competencias de la organización, lo que hace que una alianza sea una solución más rentable en algunos casos.
- **Riesgos y responsabilidades**. Las colaboraciones pueden ayudar a mitigar los riesgos y responsabilidades, que pueden ser engorrosos en un panorama impredecible y en constante cambio. Puede ser preferible compartir estas cargas con un socio, especialmente en proyectos complejos.
- **Innovación y creatividad**. Con el tiempo, es posible que las organizaciones pierdan su capacidad de innovar. La colaboración con socios externos puede aportar nuevas perspectivas, ideas innovadoras y creatividad, no solo al proyecto colaborativo en sí, sino también a toda la organización.
- **Panorama competitivo**. Analizar el panorama competitivo es crucial. Si los competidores están formando asociaciones exitosas, puede ser una señal para considerar un enfoque similar, incluso si es solo una forma de construir una defensa contra los competidores. Sin embargo, hay que tener en cuenta la ventaja de ser el primero, ya que la oportunidad de mercado puede estar ya saturada.

Al sopesar cuidadosamente estos factores, las organizaciones pueden tomar decisiones informadas y aprovechar el poder de la colaboración para impulsar la innovación, el crecimiento y el éxito en un entorno empresarial en rápida evolución. Las empresas más tradicionales pueden beneficiarse de ser exponenciales, ya que eso puede proporcionar el presupuesto, las personas, el tiempo y la tolerancia al riesgo para moverse de forma autónoma. Sin embargo, también hay algunas desventajas potenciales a considerar. En base a nuestra experiencia, las principales preocupaciones que surgen son las siguientes:

- **Choque cultural**. Las organizaciones tienen distintos estilos de liderazgo, culturas, procesos, ética de trabajo y estilos de comunicación. Si estas diferencias no se gestionan con cuidado, pueden obstaculizar la colaboración eficaz y causar fricciones entre los miembros del equipo. Por ejemplo, este aspecto es muy delicado cuando una organización establecida interactúa con una *startup*, ya sea solo para una asociación o un proceso de fusiones y adquisiciones, ya que la brecha cultural tiende a ser enorme.

- **Pérdida de control**. Al asociarse con otros, es posible que una organización tenga que compartir la autoridad para la toma de decisiones, lo que puede conducir a una pérdida de control sobre ciertos aspectos de la colaboración. Por ejemplo, puede haber un desajuste en los objetivos o en la asignación de recursos debido a prioridades conflictivas, o es posible que haya una dependencia excesiva del socio o del organizador de un ecosistema. Otro ejemplo típico de pérdida de control es la exposición al riesgo asociado a la otra empresa (o empresas) involucradas: si alguien con quien está asociado se involucra en prácticas poco éticas o se enfrenta a una crisis de relaciones públicas, la imagen de su empresa también puede verse afectada negativamente. Pueden surgir desacuerdos y conflictos en la toma de decisiones y poner en peligro todo el acuerdo.
- **Problemas de propiedad intelectual**. La colaboración con otras empresas puede requerir el intercambio de información patentada y propiedad intelectual, que en algunos casos son la principal fuente de ventaja competitiva de una organización. En una asociación, y más aún en un ecosistema, proteger los datos confidenciales y garantizar su uso adecuado puede ser un desafío. Este aspecto es especialmente relevante teniendo en cuenta las diferentes legislaciones relativas a la privacidad y la gestión de datos.
- **Costo de oportunidad**. Al colaborar con un socio, es posible que pierda oportunidades de trabajar con otros socios potenciales o de emprender proyectos independientes que podrían haber sido más beneficiosos para su organización. Y dadas las obligaciones contractuales asociadas a estos acuerdos, la desvinculación puede ser bastante complicada. Además, en algunos casos existe un costo de oportunidad relacionado con las inversiones requeridas para participar en una determinada colaboración, lo que puede reducir

drásticamente la capacidad de la empresa para invertir en otras actividades.

Incluso teniendo en cuenta estas preocupaciones, seguiríamos abogando por ser exponenciales. En nuestra experiencia, una evaluación exhaustiva de la oportunidad de negocio, la diligencia adecuada de todas las partes involucradas, una comunicación clara y un acuerdo bien definido no solo pueden ayudar a mitigar estas posibles desventajas, sino que también pueden conducir a resultados exponencialmente mayores. Un ingrediente clave que debe nutrirse constantemente en las estrategias colaborativas es la confianza, entre los socios comerciales y con los clientes. De hecho, la falta de confianza puede destruir un acuerdo perfectamente equilibrado y socavar una experiencia del cliente que de otro modo sería impecable. A partir de su amplia experiencia como profesor y consultor, Jacobides de LBS compartió con nosotros una advertencia final sobre los riesgos a los que se enfrentan las empresas al implementar una estrategia colaborativa. «Asumiendo que hay una oportunidad de negocio validada que una empresa decide perseguir a través de la colaboración, el paso crucial es comprender el tipo de relación que la organización quiere establecer. ¿Será una asociación táctica, una empresa conjunta propiamente dicha o un ecosistema integral? ¿Quién asumirá las funciones de orquestador, socio y acompañante? ¿Cuáles serán las reglas que regirán el compromiso y la colaboración? ¿Por qué otros actores estarían interesados en unirse a la asociación?». Además, explicó: «El problema que hemos observado en muchas de las empresas que estudiamos es que se obsesionan demasiado con sus propios objetivos, y esto las lleva a crear un sistema de ego en lugar de un ecosistema».[24]

24. Michael Jacobides, conversación en persona con los autores, julio de 2023. Para un análisis más profundo de los pasos a seguir al construir un ecosistema y una descripción precisa de los diferentes papeles que pueden desempeñar las empresas, consulte Michael G. Jacobides, «How to Compete When Industries Digitize and Collide: An Ecosystem Development Framework», *California Management Review* 64, núm. 3 (2022): 112, https://doi.org/10.1177/00081256221083352. Sobre este aspecto específico, y sobre los ecosistemas en general, véase también Ulrich Pidun, Martin Reeves y Maximilian Schüssler, «Do You Need a Business Ecosystem?», Boston Consulting Group, 27 de septiembre de 2019, https://www.bcg.com/publications/2022/what-is-your-business-ecosystem-strategy.

Preguntas de cierre para la reflexión

- ¿Cómo pueden los principios de «ser exponenciales» inspirar a los minoristas y a las marcas a adoptar un enfoque más abierto y flexible de la innovación en el mercado actual, que evoluciona rápidamente?
- ¿Cuáles son los factores clave que las organizaciones deben tener en cuenta a la hora de decidir si desarrollar una solución internamente o buscar la colaboración con terceros?
- ¿Cuáles son las ventajas clave y los principales factores a tener en cuenta a la hora de participar en la colaboración, la cocreación o la coopetición?
- ¿De qué manera el concepto de ecosistema empresarial ayuda a las organizaciones a navegar eficazmente por el mundo posdigital y ofrece una propuesta de valor única, tanto a las empresas como a los clientes, en comparación con las estructuras comerciales tradicionales?
- ¿Cuáles son las posibles desventajas y riesgos relacionados con la asociación con otras empresas y cómo pueden las organizaciones mitigar eficazmente estas preocupaciones?

CAPÍTULO 19

Be invisible - Ser invisible

En la introducción hablamos de cómo, en un mundo posdigital, el retail está entrando en su quinta ola y la tecnología es cada vez menos visible pero más presente. En todas partes, pequeños sensores recopilarán y analizarán datos sobre las personas con una precisión cada vez mayor en tiempo real. Esto revolucionará la manera en que las personas interactúan entre sí y la forma en que las marcas y los minoristas se comunican y venden. Esas comunicaciones serán adecuadas a su contexto y completamente personalizadas para cada cliente. Aunque resulte sorprendente, esta personalización masiva se sentirá aún más humana, ya que las personas se involucrarán con la tecnología a través de sus cuerpos y se comunicarán con su voz, en lugar de usar teclados y pantallas. También argumentamos que en la era posdigital, lo digital y lo virtual se sentirán (casi) tan reales como las experiencias físicas.

Una de las razones por las que la gente espera que la tecnología sea invisible es su ubicuidad. En el capítulo 4, «Análisis de *benchmark* experienciales», exploramos cómo la adopción generalizada de la tecnología está derribando barreras en diversas industrias y sectores minoristas. Esta tendencia ha planteado desafíos para las marcas y minoristas establecidos, ya que ha abierto nuevas oportunidades para que los agentes más pequeños e innovadores compitan de frente. La accesibilidad de tecnologías que alguna vez fueron prohibitivamente costosas ha alimentado este círculo virtuoso, permitiendo a las empresas nativas digitales experimentar e introducir productos y servicios de vanguardia sin las limitaciones de los sistemas heredados. Como resultado, las expectativas de los clientes han evolucionado, estableciendo nuevos puntos de referencia experienciales y obligando a las empresas establecidas a adaptarse rápidamente o correr el riesgo de quedarse obsoletas.

«Ser invisible» es un principio rector diseñado para inspirar a las empresas a considerar que en el retail 5.0 los compradores esperan que la tecnología esté presente y sea persistente, porque todos nos hemos acostumbrado a su papel como motor de nuestro mundo. Sin embargo, con esta expectativa viene el deseo de que la tecnología se integre sin problemas y sin esfuerzo en su recorrido tridimensional del cliente *onlife*. En otras palabras, la tecnología nunca debe llamar la atención sobre sí misma ni complicarnos la vida obligándonos a entender cómo funciona. La tecnología nunca debe ser una barrera o una distracción, sino una herramienta que mejore nuestras experiencias y simplifique nuestras interacciones con el mundo. En conjunto, la tecnología debe ser completamente invisible, funcionar entre bastidores y permitirnos disfrutar de sus beneficios sin experimentar ninguna complejidad relacionada con su despliegue o mantenimiento. Una tecnología «invisible» es intuitiva, fácil de usar y requiere una carga cognitiva mínima para funcionar. Se desvanece en un segundo plano, lo que nos permite centrarnos en la experiencia en la que estamos participando en lugar de en la tecnología. Por ejemplo, cuando se utiliza un teléfono inteligente, la atención debe ponerse en el contenido, la comunicación o las actividades que permite, en lugar del dispositivo en sí. Considere la frustración que experimentamos cuando uno de nuestros dispositivos se bloquea o no realiza la tarea que se supone que debe hacer. Eso demuestra cuánto confiamos en los beneficios que nos ofrece la tecnología.

La experiencia minorista *check-out-free* implementada por Amazon Fresh y Hema, y presentada en este libro, es un gran ejemplo de cómo la tecnología debe interactuar de forma natural y sin esfuerzo con sus usuarios. Cuanto más invisible sea, más accesible será para una gama más amplia de personas, independientemente de su experiencia técnica. Y, a su vez, esto amplía la audiencia de marcas y minoristas, que idealmente pueden ofrecer un valor tangible al tiempo que crean una relación armoniosa en la que la tecnología mejora el viaje del cliente sin ser molesta ni distraer.

Hay muchos ejemplos de cómo las tecnologías transformadoras se están integrando a la perfección en nuestra vida diaria, haciendo que las interacciones en cada punto de contacto sean menos intrusivas y más intuitivas.

Pensemos, por ejemplo, en los dispositivos portátiles como los relojes inteligentes (una industria que alcanzará los 456,89 millones de unidades en 2028, frente a los 134,12 millones de unidades de 2023, con la región de Asia-Pacífico liderando la tasa de adopción).[1] El hecho de que los relojes inteligentes estén siempre conectados a Internet y sean capaces de procesar los datos del entorno permite a los usuarios disfrutar de experiencias fluidas, como recibir ofertas adecuadas al contexto o sugerencias sobre experiencias significativas que el usuario puede realizar en la zona. El objetivo de cualquier tecnología invisible es siempre mejorar la comodidad, la eficiencia y la experiencia general del usuario, sin causar interrupciones ni requerir su intervención activa.

Una regla general eficaz para las marcas y los minoristas que pretenden ser invisibles es aprovechar las tecnologías que los consumidores ya están utilizando, ya que esto permite a las empresas basarse en una experiencia de usuario familiar. Por ejemplo, como comparte Stephen J. Andriole en *MIT Sloane Management Review*:

> «Considere la forma en que Uber Technologies Inc. y Airbnb Inc. han suplantado, gradualmente, a los taxis y hoteles, respectivamente. Si bien las tecnologías emergentes han contribuido al ascenso de Uber y Airbnb, sus ganancias más significativas han derivado del aprovechamiento de las tecnologías de redes convencionales que ya están en manos de los consumidores: teléfonos móviles, aplicaciones y sitios web optimizados para transacciones rápidas y seguimiento de ubicación. A menudo es

1. «Smartwatch Market Size & Share Analysis: Growth Trends & Forecasts (2023—2028)», *Mordor Intelligence*, sin fecha, https://www.mordorintelligence.com/industry-reports/smartwatch-market.

más fácil lograr un impacto con tecnologías que ya se utilizan ampliamente que con tecnologías emergentes».[2]

Lo mismo ocurre con aquellas empresas que aprovechan las aplicaciones generalizadas. Por ejemplo, el popular minorista de moda español Zara ha integrado WhatsApp como canal de atención al cliente. Los usuarios pueden usar la aplicación para informarse sobre la disponibilidad de productos, tamaños y estilos. El servicio también permite a los clientes realizar pedidos, recibir actualizaciones de los mismos e incluso realizar un seguimiento de sus entregas a través de la aplicación.[3] Y el minorista francés de belleza y cosméticos Sephora ofrece un asistente de belleza basado en WhatsApp. Los clientes pueden interactuar con el asistente para obtener recomendaciones de belleza personalizadas, consejos de maquillaje e información sobre productos. Este tipo de comercio conversacional también lo ha adoptado Mall of Emirate, el centro comercial de Dubai antes mencionado. Han introducido un servicio de conserjería integrado con una popular aplicación móvil que permite a los clientes entablar conversaciones en tiempo real con los representantes y explorar una amplia selección de marcas internacionales y locales disponibles para su compra, con entrega de los artículos en pocas horas y sin cargo adicional.

El concepto de ser invisible aprovechando las tecnologías de redes convencionales se lleva al extremo en China, donde millones de clientes utilizan las llamadas superaplicaciones (plataformas digitales multifuncionales) para una amplia gama de servicios, desde mensajería y redes sociales hasta comercio conversacional, comercio electrónico, servicios financieros y más.

Por ejemplo, muchos minoristas han integrado el sistema de pago WeChat en sus tiendas, lo que permite a los clientes realizar compras utilizando la aplicación. Además, los minoristas utilizan las cuentas oficiales de WeChat para interactuar con los clientes, ofrecer

2. Stephen J. Andriole, «Five Myths About Digital Transformation», *MIT Sloane Management Review*, 6 de febrero de 2017, https://sloanreview.mit.edu/article/five-myths-about-digital-transformation/.

3. C. Juárez, «Hello, It's Zara: how fashion is entering WhatsApp», MDS, 20 de mayo de 2019, https://www.themds.com/companies/zara-on-hows-fashion-is-entering-whatsapp.html.

promociones y brindar atención al cliente.[4] Y con la aplicación todo en uno «Meituan», la autodenominada «empresa minorista impulsada por la tecnología», los usuarios pueden pedir comida, flores y medicinas, reservar entradas de cine y acceder a otros servicios.[5]

Cinco beneficios significativos de las tecnologías invisibles

Como muestran estas iniciativas, las tecnologías transformadoras invisibles están redefiniendo la experiencia del cliente en todo el mundo. Teniendo en cuenta el impacto significativo que estos cambios continuos tendrán en el negocio, hemos identificado cinco áreas cruciales a las que las marcas y los minoristas deben dedicar especial atención:

- **Pagos inteligentes**. En todo el mundo, las empresas están implementando tecnologías de pago móvil para simplificar la experiencia de compra. Apple Pay, GCash, Google Pay, KakaoPay, LINE Pay, OVO, PayPal One Touch, RuPay, Samsung Pay, WeChat Pay, y la lista continúa. Todos permiten a los usuarios realizar transacciones sin usar físicamente sus tarjetas de crédito. Algunas empresas ya están experimentando con tecnologías similares para integrar sistemas biométricos (huellas dactilares, palma de la mano o reconocimiento facial) para hacer que el proceso de pago sea aún más fluido y «humano».

  Varios minoristas han desarrollado sus propios sistemas de pago inteligente patentados para aprovechar los datos de primera mano y mejorar la experiencia del cliente. Con «Mobile Order & Pay» de Starbucks, por ejemplo, los clientes de la cadena multinacional estadounidense pueden usar la aplicación de la compañía para

4. Mark J. Greeven, Katherine Xin y George S. Yip, «How Chinese Retailers Are Reinventing the Customer Journey», *Harvard Business Review*, septiembre-octubre de 2021, https://hbr.org/2021/09/how-chinese-retailers-are-reinventing-the-customer-journey «WeChat Pay + Official Account», sitio web de WeChat Pay, sin fecha, https://pay.weixin.qq.com/index.php/public/wechatpay.
5. Meemi O., «Introducing Meituan», *Investor Insights Asia*, 11 de enero de 2023, https://www.investorinsights.asia/post/introducing-meituan.

pedir y pagar sus bebidas con antelación, lo que reduce los tiempos de espera en las tiendas. Del mismo modo, McDonald's, la cadena de restaurantes de comida rápida más grande del mundo, con más de 40 000 puntos de venta y 21 000 millones de dólares en ventas, tiene una función de «Mobile Order & Pay» en su aplicación[6] que permite a los clientes pedir y pagar sus comidas por adelantado y recogerlas en el restaurante. Costa Coffee, una cadena de cafeterías con sede en el Reino Unido propiedad de Coca-Cola, ofrece la aplicación «Costa Coffee Club», que permite a los clientes ganar puntos y recompensas por sus compras.[7] Incluso Falabella, una gran empresa minorista con sede en Chile, ha desarrollado un sistema de pago móvil patentado, llamado «CMR Puntos», que permite a los clientes que forman parte del programa de fidelidad CMR usar la aplicación móvil para ganar y canjear puntos de fidelidad y realizar pagos. Y Mercado Libre, una de las empresas de comercio electrónico más grandes de América Latina, ofrece su propia billetera digital, llamada «Mercado Pago», que permite a los clientes realizar pagos, enviar dinero y acceder a servicios de crédito para transacciones *online* y *offline*. Por último, Lotte Mart, una importante cadena minorista de Corea del Sur, presentó su servicio de pago móvil, llamado «L.pay», que los clientes pueden utilizar para realizar pagos en las tiendas Lotte Mart y ganar puntos de recompensa por sus compras.

- **Computación en la nube (*cloud computing*)**. Los servicios basados en la nube desmaterializan la tecnología y permiten a los usuarios acceder y almacenar datos, archivos y aplicaciones en varios dispositivos sin problemas. Esta tecnología permite una fácil colaboración y sincronización sin que los usuarios tengan

6. Brielle Jaekel, «Starbucks' Mobile Order & Pay drives sales during peak hours», *Retail Dive*, sin fecha, https://www.retaildive.com/ex/mobilecommercedaily/elevated-foot-traffic-means-higher-mobile-order-pay-usage-for-starbucks; «Biggest fast food chain in the world», *Statistics and Data*, s.f., https://statisticsanddata.org/data/biggest-fast-food-chain-in-the-world/; «Mobile Order & Pay», McDonald's, s.f., https://www.mcdonalds.com/us/en-us/mobile-order-and-pay.html.
7. «Let the Free Times Roll», Costa Coffee, s.f., https://www.costa.co.uk/costa-club; Sitio web de CMR Puntos, https://www.cmrpuntos.cl/; Sitio web de Mercado Pago, Mercado Libre, https://www.mercadopago.com.ar/; «L.pay», PaymentWall Docs, sin fecha, https://docs.paymentwall.com/payment-method/lpay.

que preocuparse por el almacenamiento físico o las copias de seguridad manuales. Los minoristas y las marcas pueden aprovechar esta tecnología para recopilar y analizar grandes cantidades de datos de clientes procedentes de múltiples fuentes, como las interacciones en línea, el historial de compras y la actividad en las redes sociales. Al utilizar estos datos, los minoristas pueden optimizar el recorrido del cliente y crear recomendaciones, ofertas y promociones personalizadas adaptadas a las preferencias y necesidades de cada uno. Los minoristas también pueden aprovechar la computación en la nube para mejorar sus sistemas de gestión de inventario con el fin de tener visibilidad en tiempo real de sus niveles de existencias en todas las ubicaciones. Esto garantiza que los clientes puedan acceder a información precisa sobre la disponibilidad de los productos y los plazos de entrega, lo que reduce el riesgo de quedarse sin existencias y, por lo tanto, mejora la satisfacción del cliente.

- **Internet de las cosas (IoT o *Internet of Things*)**. Los dispositivos IoT están diseñados para ser invisibles. Se conectan y se comunican entre sí sin problemas, a menudo sin necesidad de la intervención del usuario. Los dispositivos domésticos inteligentes, como algunos termostatos, cerraduras y electrodomésticos, funcionan en segundo plano para optimizar el uso de la energía y proporcionar un entorno de vida más cómodo. Por supuesto, a medida que las personas se acostumbren a los beneficios de esta tecnología, sus puntos de referencia experienciales aumentarán aún más, y los minoristas y las marcas tendrán que hacer frente a esas expectativas en todos los puntos de contacto. Los minoristas pueden utilizar la tecnología IoT para recopilar datos sobre el comportamiento y las preferencias de los clientes mientras los consumidores están dentro de la tienda y, en consecuencia, ofrecer recomendaciones y promociones personalizadas adecuadas a los clientes mientras compran. Los datos recopilados también se pueden utilizar para predecir el comportamiento de los usuarios y administrar el inventario de manera más eficiente.

Otra implementación se refiere a las estanterías inteligentes, que pueden ajustar dinámicamente la información y las promociones de productos en función de factores como la demanda, los niveles de inventario y, potencialmente, las preferencias individuales de los clientes. Las estanterías inteligentes ofrecen un enfoque mucho más rentable para actualizar los precios, lo que en algunos casos puede resultar muy costoso. En 2014 y 2022, las cadenas de supermercados estadounidenses Safeway y Target pagaron acuerdos millonarios en California por «inexactitudes en los precios», que pueden originarse en parte cuando las actualizaciones electrónicas de los mismos —por ejemplo ante fluctuaciones de los precios de los *commodities* o productos básicos—, no coinciden con los marcados en las etiquetas de estantería. Otras cadenas afectadas fueron Walmart y Walgreens. Dos de las principales razones de estos errores son los niveles de tecnología y contacto: las tiendas que carecen del software para verificar los precios actualizados al minuto, y las tiendas que carecen del personal para cambiar físicamente las etiquetas de los estantes [8] (un problema que se vio agravado en Estados Unidos por el fenómeno de la Gran Renuncia, que creció significativamente tras la pandemia de COVID). Por lo tanto, considere la gran mejora de las estanterías inteligentes, que integran a la perfección (y de manera invisible) los canales en línea y en la tienda, al tiempo que monitorizan las métricas de participación. Estos estantes «inteligentes» cuentan con pantallas electrónicas que muestran detalles del producto, como información nutricional, y facilitan la comparación de productos sin esfuerzo. Equipados con sensores, también rastrean los niveles de inventario y detectan rápidamente los artículos agotados, a menudo junto con cámaras y tecnologías RFID (*Radio Frequency Identification* o identificación por radiofrecuencia), como se ve en las tiendas de AmazonGo y Hema.

8. Kellie Hwang, «Safeway was caught overcharging. How to find out if your grocery store is doing the same», *San Francsico Chronicle*, 20 de agosto de 2023, https://www.sfchronicle.com/bayarea/article/grocery-stores-overcharging-18303789.php.

Los principales minoristas, como Walmart, Kroger y Walgreens, han adoptado en sus tiendas de EE. UU. y Canadá las etiquetas electrónicas para estantes (ESLs o *Electronic Shelf Labels*), los sensores, las etiquetas RFID y los lectores. Una tendencia similar se está desarrollando en las regiones de APAC (Asia Pacífico) y EMEA (Europa, Oriente Medio y África), donde se prevé que el mercado de estanterías inteligentes experimente un crecimiento significativo, con un aumento estimado del triple para 2027. A nivel mundial, se espera que el tamaño del mercado crezca de un valor estimado de 3 000 millones de dólares en 2022 a 8 300 millones de dólares para 2027, a una CAGR del 22,4 % de 2022 a 2027. [9]

La IoT, combinada con otras tecnologías aquí descritas, está impulsando los llamados medios minoristas, un enfoque que capitaliza la base de clientes del minorista, los conocimientos de datos y la integración perfecta de sus plataformas de ventas y comunicación (incluso con terceros en algunos casos) para crear una nueva fuente de ingresos para los minoristas, al tiempo que brinda a las marcas oportunidades para aumentar la inteligencia comercial, la visibilidad, las ventas y el compromiso con el cliente. Se espera que los medios minoristas sean un negocio de 61 000 millones de dólares en 2024, según la consultora Bain & Company.[10]

- **Inteligencia artificial (IA) y aprendizaje automático (ML o *Machine Learning*)**. Las tecnologías impulsadas por IA serán cada vez más invisibles a medida que se integren en diversas aplicaciones y servicios. Los chatbots y los asistentes virtuales pueden interactuar con los clientes en tiempo real, proporcionando soporte

9. Se prevé que el mercado de estanterías inteligentes crezca a una CAGR del 27,63 % hasta alcanzar los 4 892,39 dólares en APAC y a una CAGR del 26,98 % hasta alcanzar los 7 432,90 dólares en EMEA. «The Worldwide Smart Shelves Industry is Expected to Reach $19 Billion by 2027», Business Wire, 19 de octubre de 2022, https://www.businesswire.com/news/home/20221019005813/en/The-Worldwide-Smart-Shelves-Industry-is-Expected-to-Reach-19-Billion-by-2027---ResearchAndMarkets.com; «Global Smart Shelves Market Report 2022: Increased Use of Technologies Like IoT and RFID in Retail Driving Growth», *GlobeNewswire*, 2 de septiembre de 2022, https://www.globenewswire.com/en/news-release/2022/09/02/2509214/28124/en/Global-Smart-Shelves-Market-Report-2022-Increased-Use-of-Technologies-Like-IoT-and-RFID-in-Retail-Driving-Growth.html.

10. Nikhil Raj, Christian Fenner, Anastassia Dobrinevskaia y Stephen Mewborn, «Are You Ready for the Retail Media Revolution?», Bain & Company, s.f., https://www.bain.com/how-we-help/are-you-ready-for-the-retail-media-revolution/.

y asistencia instantáneos. Estos sistemas de IA pueden manejar consultas comunes de los clientes, ofrecer información sobre productos y guiar a los usuarios a través del proceso de compra, mejorando el servicio al cliente antes, durante y después de la misma. La búsqueda visual impulsada por IA cambiará la forma en que los clientes descubren y encuentran productos cargando imágenes de la web o usando las cámaras de sus teléfonos inteligentes para tomar fotografías de los productos que les gustan y quisieran comprar. Esta función ayuda a los clientes a encontrar productos que coincidan con sus preferencias, incluso cuando no pueden describirlos con palabras. Los minoristas y las marcas tendrán que desarrollar tecnologías capaces de comunicarse de manera efectiva con este software para permitir un diálogo fluido que pueda llevar a los clientes desde el embudo superior (atención, atracción, averiguación) hasta la acción (comprar el producto). (Una vez más, remitimos a la explicación brindada en el capítulo 14 para ampliar información sobre este proceso).

- ***Blockchain***. *Blockchain* es un sistema de contabilidad digital descentralizado y seguro que registra transacciones e información en múltiples ordenadores, lo que garantiza la transparencia, la inmutabilidad y la confianza en los datos. También se puede utilizar para crear una cadena de suministro transparente y trazable, que proporciona a los clientes información en tiempo real sobre el origen y la autenticidad de los productos. Esto genera confianza y ayuda a los clientes a tomar decisiones de compra más informadas. Por ejemplo, Walmart se asoció con IBM e Hyperledger para implementar un «sistema de trazabilidad de alimentos basado en *blockchain*» que les permite rastrear el origen de docenas de productos de varios proveedores. De hecho, en 2018, tras la última aparición de la bacteria *Escherichia coli*, solicitó a sus proveedores de verduras de hoja verde que «rastrearan sus productos hasta la granja» a través de su sistema de trazabilidad. Las marcas de lujo están utilizando esta tecnología invisible para combatir la falsificación y asegurar a los clientes la autenticidad de sus productos. En 2021, LVMH, Prada Group y Cartier lanzaron el Consorcio

Aura Blockchain con el objetivo de permitir a los clientes verificar la autenticidad de sus artículos de lujo a través de un certificado digital almacenado en la cadena de bloques.[11] Con *blockchain*, los minoristas y las marcas también pueden dar a los clientes más control sobre sus datos personales y su privacidad. De hecho, los usuarios pueden elegir qué datos compartir y con quién, lo que reduce las preocupaciones por las violaciones de datos y el uso no autorizado, y pueden tener un control total sobre sus puntos de fidelidad, transfiriéndolos a diferentes negocios e incluso intercambiarlos por criptomonedas.

Estos ejemplos demuestran lo invisibles que se han vuelto las tecnologías transformadoras y cómo se irán haciendo cada vez más naturales en nuestra vida diaria. A medida que la tecnología continúa avanzando, es probable que persista la tendencia hacia la integración invisible, mejorando aún más la experiencia general del cliente, llegando a todos los puntos de contacto de un recorrido del cliente tridimensional y simplificando la forma en que interactuamos con el mundo que nos rodea. Es por eso que abogamos firmemente por que los minoristas y las marcas adopten el principio rector «ser invisible».

O bien... no tan rápido

Sin embargo, habrá circunstancias en las que algunos minoristas y marcas preferirán hacer una transición más lenta hacia la invisibilidad y mantener tecnologías más visibles en sus espacios físicos. Este cálculo dependerá de una serie de variables, entre las que se encuentran la alfabetización digital del público objetivo, la disponibilidad de conexiones rápidas a Internet, las características de los productos y

11. «How Walmart Brought Unprecedented Transparency to the Food Supply Chain with Hyperledger Fabric», Hyperledger, s.f., Linux Foundation, https://www.hyperledger.org/learn/publications/walmart-case-study; Matt Smith, «In Wake of Romaine E. coli Scare, Walmart Deploys Blockchain to Track Leafy Greens», *Walmart Communications*, 24 de septiembre de 2018, https://corporate.walmart.com/newsroom/2018/09/24/in-wake-of-romaine-e-coli-scare-walmart-deploys-blockchain-to-track-leafy-greens; Sitio web de Aura Blockchain Consortium, sin fecha, https://auraluxuryblockchain.com/.

servicios, el posicionamiento estratégico del negocio frente a los competidores y los objetivos comerciales de la empresa. Es justo decir que las tecnologías emergentes, por definición, aún no son lo suficientemente convencionales como para ser adoptadas por una gran audiencia, y esto podría ser un problema para los grandes minoristas. Por otra parte, en ciertos entornos minoristas, mostrar tecnología de vanguardia puede ser una parte integral de la experiencia de marca. Algunos minoristas se posicionan como pioneros o innovadores en su industria, y al presentar la tecnología de manera destacada y visible, pueden demostrar su dedicación por mantenerse a la vanguardia de los desarrollos tecnológicos y ofrecer a los compradores las últimas soluciones. Los clientes pueden sentirse atraídos por estas tiendas para conocer los últimos avances. Por ejemplo, Xiaomi, una empresa china de electrónica, ha ganado popularidad por sus tiendas minoristas que muestran una amplia gama de dispositivos y gadgets, desde teléfonos y relojes inteligentes hasta electrodomésticos inteligentes y dispositivos portátiles, con los que los consumidores pueden interactuar en la tienda y hacer sus propias pruebas antes de comprar. Del mismo modo, la tienda Samsung 837 en Manhattan es tanto el buque insignia del gigante de la electrónica surcoreano como «un patio de recreo interactivo lleno de estaciones de juego de última generación».[12]

Otro caso en el que se prefiere la tecnología visible es cuando las pantallas de realidad aumentada o realidad virtual permiten a los clientes seleccionar colores, tamaños o elementos de diseño específicos que no están disponibles en una tienda física, visualizar productos en diferentes entornos o probar experiencias virtuales. Estas pantallas también pueden mostrar características y funcionalidades que ayuden a los clientes a tomar decisiones más informadas sobre sus compras. Por ejemplo, IKEA, el gigante sueco de los muebles listos para montar, ha adoptado la realidad aumentada en su aplicación móvil, lo que permite a los clientes colocar virtualmente los muebles en los lugares exactos de sus hogares antes de realizar una compra. En algunos entornos minoristas, las tecnologías visibles pueden ayudar a generar

12. «Experience a whole new Samsung 837», sitio web de Samsung, s.f., https://www.samsung.com/us/explore/837/.

confianza y transparencia. Por ejemplo, las cámaras de seguridad claramente visibles en los centros comerciales pueden demostrar transparencia y fortalecer la confianza del cliente.

En última instancia, la decisión de hacer que la tecnología sea visible o invisible depende de la estrategia general de marca del minorista y del público objetivo, así como del tipo de experiencia de compra que pretende ofrecer. Sin embargo, la decisión de invertir en tecnologías visibles debe ser deliberada y planificada estratégicamente, y no solo el resultado de la falta de innovación. No hay duda de que el mundo se encamina hacia una integración perfecta de todas las tecnologías disponibles, a través de la plétora de canales y puntos de contacto, por lo que descuidar esta realidad podría llevar a los minoristas y las marcas a una peligrosa desconexión con su audiencia. Es esencial equilibrar completamente la tecnología visible con la integración invisible y sin fisuras para garantizar que la experiencia del cliente se vea mejorada en vez de obstaculizada. La gente espera que las empresas creen escenarios en los que todos salgan ganando y que simplifiquen sus vidas.

Preguntas de cierre para la reflexión

- En la era posdigital, la tecnología es cada vez menos visible pero está más presente. ¿Cómo pueden los minoristas y las marcas asegurarse de integrar a la perfección las tecnologías transformadoras en el recorrido tridimensional del cliente sin causar interrupciones ni complejidad?
- ¿Cómo puede su empresa aprovechar aplicaciones de uso generalizado como WhatsApp o WeChat para crear una experiencia de cliente fluida y familiar? ¿Cómo pueden las organizaciones aprovechar la computación en la nube, IoT, IA y *Blockchain* para ofrecer una experiencia personalizada al cliente sin ser intrusivas?
- ¿Cómo puede su empresa aprovechar las oportunidades de los medios minoristas?
- ¿Cuáles son las circunstancias en las que los minoristas y las marcas pueden preferir la tecnología visible?

CAPÍTULO 20

Be Loyal - Ser leal

Está en su restaurante favorito, donde usted y sus amigos cercanos cenan regularmente. En medio de risas y charlas, uno de sus amigos anuncia que una amiga de la infancia de Italia, Gaia, acaba de mudarse a la ciudad. A medida que su amigo le cuenta historias de su infancia juntos, descubre que Gaia y usted comparten una serie de intereses: visitar museos, ir al gimnasio, ¡incluso ella ha realizado un curso de cata de whiski! Dado su profundo amor por el néctar ámbar, está ansioso por saber más sobre esta posible alma gemela, así que le pide a su amigo que le cuente más cosas sobre ella. Cuando, más tarde esa noche, revisa los perfiles de Gaia en las redes sociales, está convencido de que quiere conocerla en persona, así que le pide a su amigo que invite a Gaia a la próxima cena. Cuando finalmente la conoce, siente una conexión inmediata, como si se conocieran desde hace años. A partir de ahí se ven regularmente. A medida que su amistad se hace más fuerte, Gaia se convierte en una parte vital de su mundo, y hablará con entusiasmo de ella a cualquiera que le escuche. Sin embargo, como en cualquier relación, surgen desafíos. Comienza a ver aspectos de Gaia que le disgustan, y esta fricción ensombrece la relación que una vez fue armoniosa. Se siente un poco traicionado y no está seguro de poder continuar su amistad como antes. Y como está tan triste por la situación, comparte sus sentimientos con sus amigos.

Seguramente, muchos de los lectores han experimentado escenarios similares. Cada vez que nosotros, como seres humanos, nos conectamos con los demás, se inicia un viaje familiar. En ocasiones, cuando conocemos a alguien, tenemos la sensación de que podría gustarnos. Intrigados, buscamos más información. Si esa información refuerza nuestro instinto, estamos ansiosos por seguir conociéndolo. Si todo va bien, podemos desarrollar una relación sólida y abrirnos progresivamente a la otra persona, compartiendo más sobre nosotros mismos, incluso nos convertimos en defensores, presentándola a nuestro círculo de amigos. Sin embargo, si surge la discordia, podemos sentirnos desilusionados o decepcionados. Si este patrón continúa, la relación puede desvanecerse o incluso desmoronarse. Este viaje es sorprendentemente similar al que emprendemos como clientes cuando construimos relaciones con las marcas: el viaje a través de las etapas de atención, atracción, averiguación, acción y apología.

¿Por qué el viaje personal y el del cliente son tan similares? Porque los humanos somos criaturas sociales, y solo conocemos una forma de relacionarnos entre nosotros. Y las marcas, al igual que las personas, construyen y cultivan relaciones con una audiencia. Piense en las personas que más le importan, aquellas que también le han cuidado, le han apoyado, han compartido experiencias con usted o incluso le han enseñado algo inolvidable. Esta relación mutuamente beneficiosa, este intercambio de valor, está en el centro del concepto mismo de lealtad, y no puede limitarse a los aspectos transaccionales. Si usted es leal a las personas que le importan solo por lo que puede obtener a cambio, no le mueve una emoción genuina y profunda. Es puramente transaccional. Y el riesgo de que un día cambie esa relación por otra, de la que puede extraer *más* valor, es muy alto. Así es como nos comportamos los humanos. Esto es lo que nos mueve. Por lo tanto, comprender la forma en que las personas se comportan en relación con otras personas, desde puntos de vista psicológicos, sociológicos y antropológicos, puede enseñarnos mucho sobre cómo las personas se comportan como clientes.

Por supuesto, hay matices en esta analogía, ya que la mayoría de las relaciones no son transaccionales. Podemos ser mucho más indulgentes con nuestros seres queridos que con las marcas a las que somos leales. Pero una buena regla general para crear una estrategia de fidelización como marca es asegurarse de que el valor que recibe de un cliente fiel es proporcional al valor que ofrece a cambio al cliente, y no estamos hablando de detalles tangibles como los productos o servicios ofrecidos y los fondos recibidos a cambio. Se trata de aspectos mucho más matizados de la relación.

Por ejemplo, puede hacerse preguntas como las siguientes:

- ¿Compartimos los mismos valores con nuestros clientes?
- ¿Nos estamos comportando de manera consistente?
- ¿Estamos presentes en los acontecimientos que les importan?
- ¿Estamos negociando valor en la proporción correcta?
- ¿Estamos correspondiendo a su confianza de una manera significativa (más allá de las transacciones)?
- ¿Estamos proporcionando de forma transparente la información que necesitan para estar tranquilos y pasar de «averiguar» a «actuar»?
- ¿Estamos incentivando a nuestros clientes satisfechos para que nos recomienden a sus conocidos?
- ¿Cómo podemos evitar fricciones que puedan llevar a nuestros clientes a plantearse interrumpir la relación?

Si las respuestas a todas estas preguntas son afirmativas, es probable que usted esté construyendo una relación sólida y a largo plazo con su base de clientes. Si es así, es una fantástica noticia, porque este vínculo es primordial en un mundo posdigital dominado por la volatilidad, donde la oferta supera con creces a la demanda y donde cada día surgen opciones alternativas.

Lealtad de los grupos de interés

Ser leal significa, en primer lugar, reconocer que (a día de hoy) el 100 % de sus clientes son personas, y las personas tienen necesidades y deseos específicos, y suelen seguir ciertos pasos cuando construyen relaciones. Ser leal también significa entender que las personas valoran la consistencia, y prestan mucha atención a si los demás, especialmente las empresas, predican con el ejemplo. Por lo tanto, es cada vez más probable que los clientes se preocupen de que el producto o servicio que disfrutan no les haya llegado a expensas de otro —desde granos de café de comercio justo hasta cremas de belleza libres de crueldad—, y cómo la dirección trata al personal de la empresa minorista. En otras palabras, el concepto de lealtad a la marca debe evolucionar desde los KPI básicos, como la retención de clientes y la tasa de recompra —el típico esquema de fidelización «earn-and-burn»—, para convertirse en un intercambio de valor constante entre la empresa y todas las partes involucradas en sus operaciones, incluidos, por supuesto, sus clientes. (Más adelante hablaremos de nuevo sobre «earn-and-burn»).

The Body Shop, a pesar de sus problemas financieros, es un caso interesante de lealtad hacia sus diferentes audiencias o grupos de interés por su fuerte compromiso con la priorización de las necesidades e intereses de los mismos. El enfoque comercial de la empresa se centra en la construcción de relaciones significativas y duraderas con todos los grupos que interactúan con la marca, y predican con el ejemplo en todos los sentidos. Tienen un profundo compromiso con el abastecimiento ético y la sostenibilidad. No solo venden productos libres de crueldad animal, sino que también abogan en contra de la experimentación con animales para cosméticos; invierten en el bienestar y el desarrollo de los empleados, incluidas las iniciativas para empoderar a las mujeres y ofrecer oportunidades de empleo justas; participan activamente en iniciativas sociales y ambientales para apoyar los derechos humanos, la conservación del medio ambiente y el empoderamiento de la comunidad; han desarrollado un programa de fidelización de clientes que ofrece diversos beneficios y recompensas a los compradores habituales, al tiempo que se involucran constantemente con la base de clientes a través de eventos comunitarios, campañas y redes sociales, animándoles a convertirse en defensores de las causas que defiende la marca; y se comprometen a la transparencia sobre sus prácticas comerciales. En otras palabras, el énfasis de The Body Shop en la lealtad hacia sus diferentes audiencias o grupos de interés ha sido fundamental para crear una fuerte identidad de marca que resuena con las personas que priorizan las prácticas éticas y sostenibles.

Hablando específicamente de los clientes, hay que prestar mucha atención a todo su recorrido. Esto se debe a que la lealtad a la marca es el resultado de la experiencia general del cliente, que a su vez es la suma de todas las interacciones que tiene con una marca en *todos los* puntos de contacto de su recorrido tridimensional del cliente *onlife*. Cada punto de contacto cuenta, y cada interacción puede nutrir o socavar el conocimiento de la marca, la reputación, la consideración, la recompra y la promoción. Esta es otra razón por la que es tan importante pasar de una estrategia omnicanal a una opticanal. De lo contrario, sería prácticamente imposible dedicar la misma atención a la experiencia del cliente en cada punto de contacto, y la lealtad a la marca se vería constantemente amenazada. Los ejecutivos de negocios deben evaluar constantemente el recorrido de sus clientes para garantizar que la confianza que las personas brindan a la empresa no solo se les devuelve, sino que también se cultiva en cada interacción. De hecho, en un mundo en el que los puntos de referencia experienciales son cada vez más altos, las inconsistencias y las fricciones pueden conducir a la desconexión y a una publicidad potencialmente mala, o algo peor. De hecho, en el mundo actual, los clientes observan cada vez más lo que sucede entre bastidores y extienden su interés más allá de la mera relación comercial que comparten con la marca.

Es por eso que ser leal significa para los minoristas y las marcas establecer, nutrir y mantener una relación de lealtad recíproca con todas las partes interesadas que entran en contacto con su negocio. En otras palabras, significa que los líderes y gerentes deben priorizar y actuar en el beneficio de todos aquellos que tienen un interés personal en el éxito de la organización. Las partes interesadas suelen incluir accionistas, empleados, clientes, proveedores y la comunidad en general en la que opera la empresa. Cada uno de estos grupos contribuye a la organización de diversas maneras y depende de ella para obtener ciertos beneficios. La lealtad a las partes interesadas significa que la empresa debe tener en cuenta las necesidades, los derechos y las expectativas de estos grupos a la hora de tomar decisiones y emprender acciones, exactamente como lo hace con sus clientes.

Esta no es una tarea fácil para quienes están al frente de la organización, ya que las diferentes partes interesadas pueden tener distintas prioridades, y garantizar la coherencia mientras se persigue el éxito a largo plazo podría ser complicado. Ser leal a los accionistas implica actuar de una manera que maximice su valor a largo plazo y el retorno de la inversión. Esto incluye la toma de decisiones estratégicas que promuevan el crecimiento y la rentabilidad, al tiempo que se adhieren a prácticas comerciales éticas. Ser leal a los empleados implica tratarlos de manera justa, proporcionar un entorno de trabajo seguro e inclusivo, ofrecer oportunidades de crecimiento y desarrollo, y reconocer sus contribuciones al éxito de la empresa. Ser leal a los proveedores implica tratos justos y transparentes, pagos puntuales y el mantenimiento de relaciones mutuamente beneficiosas. Y, por último, ser leal a la comunidad en general significa ser un buen ciudadano corporativo y participar en prácticas socialmente responsables.

Decodificar la lealtad y la pérdida de clientes

Las personas ofrecen su lealtad, tanto en las relaciones personales como en las comerciales, cuando sienten que están en una relación mutuamente beneficiosa, donde hay un intercambio genuino de valor y donde la consistencia es la norma. Por lo tanto, la lealtad debe ganarse a través de la aportación constante de valor y el cumplimiento de las expectativas de los clientes. Analicemos algunos de los factores principales que conducen a la fidelización de los clientes:

- **Conexión**. Compartir valores es la base de toda relación genuina. Los clientes que se sienten identificados con los valores y la estética de una marca, y que tienen un sentimiento de comunidad con otros clientes de ideas afines, tienden a desarrollar un sentido de lealtad (exactamente como lo hacen cuando se relacionan con otras personas). Este vínculo emocional puede conducir a la lealtad y la defensa a largo plazo.
- **Confianza**. La lealtad se deriva de la confianza y de una reputación positiva. Una marca que cumple constantemente sus promesas, prioriza la satisfacción del cliente y mantiene prácticas éticas se gana la confianza de todas sus partes interesadas. Los clientes

leales confían en que la marca actuará en su mejor interés y estarán dispuestos a intercambiar su información personal a cambio de valor. Este aspecto es especialmente importante en tiempos de incertidumbre y cambio. De los 13 000 consumidores de 29 países encuestados en 2023 por Salesforce, una empresa estadounidense de software en la nube, el 88 % afirma que «la confianza se vuelve más importante en tiempos de cambio».[1]

- **Personalización**. Como comentamos en el capítulo 15, «Ser personal», a las personas les gusta que las traten como individuos, por lo tanto, valoran las experiencias de cliente personalizadas. La tecnología puede facilitar y mejorar este aspecto, permitiendo a las marcas aprovechar los datos para ofrecer recomendaciones a medida, ofertas relevantes o acceso a eventos deseados. La personalización puede generar lealtad porque hace que los clientes se sientan valorados y comprendidos.
- **Calidad**. Los clientes tieneden a elegir marcas que ofrecen productos o servicios de alta calidad y una experiencia de cliente coherente en todos los puntos de contacto. Si confían en que sus expectativas se cumplirán o se superarán, se fomenta un sentido de pertenencia y fiabilidad que conduce a la lealtad. No hace falta decir que, cuando nos referimos a la calidad, debemos considerar tanto la calidad intrínseca del producto en sí como la calidad percibida, que generalmente es el resultado de una gran cantidad de factores, incluida la reputación de la marca, las interacciones previas, el embalaje, el servicio al cliente y la experiencia general del consumidor.
- **Familiaridad**. Las personas tienden a ir al mismo restaurante y comprar en la misma tienda o marca porque valoran la familiaridad y les gusta estar en una zona de confort. Los clientes se acostumbran a las ofertas, la interfaz de usuario y el servicio al cliente de una marca, todo lo cual puede hacer que las interacciones con la marca sean sencillas e intuitivas. Esta familiaridad crea

1. Salesforce Research, *State of the Connected Customer*, quinta edición, [mayo de 2022], p. 5, https://www.salesforce.com/resources/research-reports/state-of-the-connected-customer/.

una sensación de facilidad y reduce la pérdida de clientes, ya que simplifica la toma de decisiones y acorta el tiempo de transacción.

- **Incentivos**. Muchas marcas hacen un uso exitoso del efectivo esquema de lealtad «earn-and-burn». Los programas de fidelización suelen permitir a los clientes acumular puntos, millas u otras recompensas, que luego pueden canjear por diversos beneficios, como descuentos, productos o servicios gratuitos, ofertas exclusivas o incluso devoluciones de dinero. Estos incentivos fomentan las compras repetidas y refuerzan la lealtad al proporcionar un valor tangible para el compromiso continuo con la marca.

En un mundo posdigital, donde los puntos de contacto proliferan y las tres dimensiones del recorrido del cliente *onlife* requieren una optimización constante, comprender las razones de la pérdida de usuarios es crucial para ayudar a las empresas a identificar áreas de mejora y fidelizar a los clientes a largo plazo. La investigación de Salesforce confirma que «el 71 % de los consumidores cambiaron de marca al menos una vez» en el transcurso de un año (2021).[2] Para un análisis más detallado de algunos de los principales factores que conducen a la deserción y la pérdida de clientes, consulte el texto que figura a continuación.

Tres formas efectivas de perder clientes

- **Experiencia del cliente deficiente o poco atractiva**. Los clientes son más propensos a cambiar de marca si no tienen experiencias positivas con una empresa. A menudo son problemas relacionados con la selección o disponibilidad del producto, la calidad de los artículos, el servicio al cliente, las opciones de entrega y devolución, los procesos ineficientes o la fricción al cambiar de un punto de contacto a otro. O bien, si un cliente presenta una queja que no se responde con prontitud y, en última instancia, no se resuelve de manera efectiva, es probable que no regrese.

2. Salesforce Research, *State of the Connected Customer*, quinta edición, [mayo de 2022], p. 13, https://www.salesforce.com/resources/research-reports/state-of-the-connected-customer/.

Los clientes frustrados pueden buscar alternativas que ofrezcan una mejor experiencia general o, lo que es peor, pueden desahogar su frustración, lo que lleva a un boca a boca negativo. Pero la pérdida de clientes no solo se debe a experiencias negativas, sino que puede ser el resultado de la falta de experiencia positiva. Por ejemplo, a Giuseppe Stigliano le encanta jugar al tenis. Pero como sus raquetas duran unos años, realmente no desarrolla una relación con el minorista que le vendió su última raqueta o le recomendó la marca que eligió, y para cuando necesite una nueva, es posible que compre una marca diferente de otro minorista. Pero, ¿qué pasaría si esa tienda especializada en tenis mantuviera una lista de correo a través de la cual sorteara entradas gratuitas para los partidos de tenis, organizara fiestas para ver partidos durante los torneos de Wimbledon, ofreciera descuentos en libros sobre tenis, etc.? Esa comunicación regular mejoraría su experiencia como cliente, mantendría la tienda en su mente y probablemente ganaría su lealtad. Según la quinta edición del informe *Salesforce State of the Connected Customer,* el 88 % de los consumidores confirman que la experiencia que brinda una empresa es tan importante como los productos o servicios que vende. Salesforce también descubrió que, entre las razones por las que las personas cambian de marca, el 66 % de los participantes clasifican las «mejores ofertas» como el principal impulsor, seguido de la «calidad del producto» (58 %), el «servicio al cliente» (48 %), la «disponibilidad del producto» (46 %) y la «selección del producto» (40 %). Así lo confirma un informe de investigación de Harvard Business Review Analytical Services de 2023 en el que se afirma que el 58 % de los ejecutivos de todo el mundo declararon que la experiencia del cliente es la prioridad empresarial número uno a la que se enfrentan sus empresas.[3]

3. Salesforce Research, *State of the Connected Customer,* quinta edición, [mayo de 2022], pp. 10, 13 y https://www.salesforce.com/resources/research-reports/state-of-the-connected-customer/; *Making Customer Experience the Heart of the Enterprise: How Organizations Are Uniting around the Customer in Order to Thrive,* informe de investigación de Harvard Business Review Analytical Services patrocinado por Salesforce, 2 de julio de 2021, https://www.salesforce.com/resources/research-reports/customer-experience-report/; https://hbr.org/sponsored/2021/07/making-customer-experience-the-heart-of-the-enterprise.

- **Falta de personalización**. Los clientes de hoy en día esperan experiencias y ofertas personalizadas. Si una empresa no adapta sus productos, servicios y comunicaciones a las preferencias y necesidades individuales, los clientes pueden sentirse insatisfechos o infravalorados y buscar alternativas que satisfagan mejor sus expectativas. Por ejemplo, los viajeros frecuentes suelen tener perfiles personales que incluyen detalles como los requisitos dietéticos o el asiento que prefieren. Por lo tanto, si a un cliente leal que intenta reservar un vuelo se le pregunta: «¿Asiento de ventanilla o de pasillo?», es probable que no esté satisfecho. Mientras que, si el sitio de una tienda de comestibles le pregunta si desea volver a comprar los artículos que adquirió la última vez, esa función podría ahorrarle tiempo y esfuerzo. Y dado que el sitio ya tiene su dirección y método de pago, todo lo que tendría que hacer es seleccionar COMPRAR AHORA.

En el capítulo anterior vimos cómo las tecnologías invisibles, como la IA y el IoT, pueden ser utilizados por marcas y minoristas para recopilar datos sobre el comportamiento y las preferencias de los clientes y, en consecuencia, ofrecer recomendaciones y promociones personalizadas relevantes a los clientes mientras compran, en línea, fuera de línea y, pronto, en mundos virtuales. Los datos recopilados también se pueden aprovechar en términos de análisis predictivo para anticipar el comportamiento individual del cliente y personalizar su experiencia. El listón de las expectativas es muy alto: el 66 % de los clientes globales espera que las marcas entiendan sus necesidades y expectativas únicas (personalización); el 68 % espera que las marcas demuestren empatía (comprensión); el 76 % espera interacciones coherentes entre departamentos (integración); y el 65 % seguirá siendo fiel a las empresas si ofrecen una experiencia más personalizada. Según lo escrito por Brian Solís en *Forbes*, las marcas deben desarrollar la «empatía digital», que es «la capacidad de humanizar los comportamientos, preferencias y aspiraciones de los clientes a través de la conexión entre los datos centrados en el ser humano, los conocimientos y el compromiso significativo del cliente impulsado por esos conocimientos». Este punto lo sintetiza magistralmente Seth Godin, quien dijo: «Nadie quiere que nada sea personalizado, quieren que sea personal, y esas son dos cosas totalmente diferentes».[4]

- **Escasa relación calidad-precio**. Si los clientes perciben que un producto, un servicio o una experiencia es demasiado caro o no aporta suficiente valor en comparación con la competencia, es posible que pronto busquen un proveedor mejor. Piense en la frustración que siente cuando la conexión a Internet de su casa no funciona correctamente, o cuando paga por una entrega urgente pero sigue sin recibir su pedido a tiempo. Para las empresas, el costo de la frustración de este cliente es muy alto, porque la inversión necesaria para captar nuevos clientes es generalmente mucho mayor que la inversión requerida para apaciguar a uno existente. Los clientes leales también son los más rentables. Y a medida que se desarrolla el ciclo de vida de la lealtad, estos se convierten en constructores del negocio, ya que tienden a aumentar sus compras, son más propensos a pagar precios más altos y es probable que lo defiendan a través del boca a boca y las críticas positivas. Es por eso que la mayoría de los programas de fidelización tienen como objetivo crear un vínculo con los clientes al ofrecer una variedad de beneficios e incentivos, como las diferentes formas en que puede canjear sus millas aéreas o los puntos ganados en su tarjeta de crédito.

4. Salesforce Research, *State of the Connected Customer*, cuarta edición, 27 de octubre de 2020, disponible en https://tlm-business-2.com/salesforce/7158/1/; Brian Solis, «Learn To Speak Your Customers' Love Language Through Digital Empathy», *Forbes*, 13 de febrero de 2023, https://www.forbes.com/sites/briansolis/2023/02/13/think-relationship-advice-is-only-for-your-love-life-learn-the-love-language-of-digital-empathy-to-innovate-your-customer-experience/?sh=32eb013e4760.

Esta estrategia aumenta la probabilidad de satisfacer a los clientes y minimiza el riesgo de disgustarlos debido a una sola interacción negativa.

- **Competencia agresiva**. Los clientes aprecian a las empresas que innovan continuamente y ofrecen productos, servicios o prestaciones nuevos y mejorados. Si una empresa no logra innovar y adaptarse a las necesidades y preferencias cambiantes de los clientes, estos pueden buscar opciones más innovadoras en otros lugares, especialmente si ya son conscientes de que un competidor ofrece una alternativa atractiva. Esta es la presión competitiva que sufren muchas compañías establecidas cuando las nuevas empresas ágiles lanzan productos y servicios competitivos. También hay algunos casos en los que un competidor agresivo con una oferta equivalente o incluso inferior puede inducir a los clientes a cambiar de marca a través de una estrategia promocional agresiva. Si se enfrentan a esa situación, en lugar de entrar en una guerra de precios, las marcas deberían reforzar otros atributos para defender su participación en el mercado. Lucia Marcuzzo, vicepresidenta sénior y directora general del norte de Europa de Levi Strauss & Co., nos dijo: «Cada vez que ofrecemos un producto, servicio o experiencia, y cada vez que superamos las expectativas del cliente en cualquier punto de contacto, estamos invirtiendo efectivamente en la creación de lealtad a la marca. En mi opinión, la lealtad a la marca es la culminación de todas las interacciones positivas que los clientes tienen con nuestra marca. Es un resultado natural. En lugar de esperar que los clientes sean leales a la marca, creemos que la marca debe ser leal a sus clientes, debe ganarse esa lealtad en todo momento poniendo a sus clientes firmemente en el centro de cada decisión».[5]

5. Lucia Marcuzzo, llamada de Zoom con Giuseppe Stigliano, 14 de agosto de 2023.

- **Contexto alterado**. La pérdida de clientes también puede ocurrir debido a cambios en las circunstancias personales, como traslados, modificaciones del estilo de vida o limitaciones financieras. Estos cambios pueden hacer que un producto o servicio sea menos relevante o asequible, especialmente durante una desaceleración económica, ya que eso activa diferentes dinámicas de mercado que las empresas deben tener en cuenta. Por ejemplo, en tiempos de inflación, los consumidores tienden a gravitar hacia las tiendas de descuento, a menos que los minoristas de gama alta ajusten rápidamente sus estrategias de precios para contrarrestar la disminución del poder adquisitivo. Pero también es cierto que cuando el grupo de compradores del precio sin descuento disminuye, seguir siendo relevante para los clientes que son menos sensibles a los precios puede tener un impacto significativo en el éxito de una tienda.

Lealtad, hábito y comunidades

Es importante reconocer que las personas rara vez se inclinan por la monogamia estricta cuando se trata de lealtad a la marca. Esto es cierto tanto en nuestra vida personal como en nuestra vida como consumidores. Aunque tenemos preferencias únicas en algunas categorías, en muchos otros casos tendemos a preferir una cesta relativamente grande de marcas por costumbre y conveniencia.

Los clientes leales son aquellos que tienen una fuerte conexión emocional y apego a una o varias marcas. Eligen repetir sus compras y comprometerse con las marcas en función de las experiencias positivas, la confianza y la satisfacción. También es más probable que recomienden las marcas a otros y pueden estar dispuestos a pagar precios superiores por los productos o servicios que aman. Su lealtad está impulsada por una combinación de todos los factores descritos anteriormente.

Por otro lado, los clientes habituales son aquellos que pueden comprar repetidamente a una marca, pero por conveniencia o costumbre (o la falta de alternativas) en lugar de por una fuerte conexión emocional. Es posible que no tengan un apego profundo a la marca, pero siguen comprando ya que cumple su propósito. Este es un aspecto de la ecuación que las empresas deben considerar cuidadosamente al construir su estrategia de fidelización para definir los KPI, métricas e incentivos más efectivos.

Un enfoque interesante para estimular la lealtad a la marca más allá del hábito consiste en crear tiendas y comunidades exclusivas para miembros en las que los clientes pagan una tarifa solo por unirse, antes de realizar compras reales. Muchas marcas y minoristas de todo el mundo han desarrollado una versión prémium de su programa a cambio de pagar una tarifa. Un ejemplo muy popular es Amazon Prime, que ofrece a los miembros una amplia gama de beneficios y servicios, que incluyen envío gratuito y rápido, devoluciones fáciles (y a veces gratuitas), servicios de transmisión de video y música, almacenamiento de fotos en la nube y más. En China, la plataforma líder de entrega de alimentos y servicios de estilo de vida, Meituan, ofrece el Programa VIP, a través del cual los miembros pueden acceder a beneficios como descuentos en pedidos de comida, acceso prioritario a reservas de restaurantes y ofertas especiales en servicios de entretenimiento y viajes. Y el minorista estadounidense de artículos deportivos al aire libre REI (Recreational Equipment, Inc.) tiene un programa llamado «REI Co-Op» que recompensa a los miembros por su lealtad con crédito en la tienda para compras adicionales.[6] De acuerdo con McKinsey & Company: «Los programas de fidelización de pago tienen una mayor nivel de exigencia para captar clientes, pero por lo general suelen generar un mayor valor por cliente entre quienes se registran [...]. Cuando se hace bien, los programos de fidelización de pago

6. «Amazon Prime», sitio web de Amazon, sin fecha, https://www.amazon.com/gp/help/customer/display.html?nodeId=G6LDPN7YJHYKH2J6; PZ, «Meituan-Dianping: Amazon of Services», Digital Information and Transformation, Harvard Business School Digital Initiative, 15 de marzo de 2020, https://d3.harvard.edu/platform-digit/submission/meituan-dianping-amazon-of-services/; «How the Co-op Member Reward works», REI Co-op Membership, sin fecha, https://www.rei.com/membership/co-op-member-reward.

elevan la experiencia general del consumidor, brindando recompensas personalizadas de alto valor, al tiempo que atraen al consumidor a una comunidad exclusiva orientada en torno a una promesa u oferta de marca compartida». No hace falta decir que la única forma de convencer a los clientes de que paguen para convertirse en miembros de un programa de fidelización es ofrecer un gran valor a cambio.

Continuando con la investigación de McKinsey & Company, para ser viables, los programas de fidelización de pago deben (1) ofrecer más valor que el precio de la entrada; (2) mantener a los miembros comprometidos; y (3) ofrecer ventajas experienciales. Con respecto a este último punto, para «evitar perder [miembros] en el momento de la renovación, las marcas deben usar las cuotas de los suscriptores para invertir en ofertas exclusivas con más resonancia emocional, como el acceso a experiencias personalizadas o contenido exclusivo para miembros [...] la afinidad hacia la marca y los beneficios experienciales son factores más importantes para impulsar la retención de suscriptores que los beneficios tangibles que los llevaron a registrarse».[7]

Otra forma de construir su base de clientes, establecer una conexión emocional y nutrir la relación, creando así un intercambio de valor relevante, es construir una comunidad, tal vez aprovechando las redes sociales. Dado que somos criaturas sociales, nos sentimos naturalmente atraídos por aquello que estimula nuestro sentido de pertenencia. Las comunidades de marca capitalizan ese hecho creando un bucle de retroalimentación positiva. Cuando los miembros comparten intereses y valores, desarrollan relaciones profundas con sus conocidos y, a su vez, confían cada vez más en la marca. La naturaleza de la relación tiende a ser menos transaccional y más auténtica, allanando el camino para una relación a largo plazo y, potencialmente, un comportamiento leal genuino. Como vimos en el capítulo 3, «La revolución directa al consumidor (D2C)», la marca Glossier, que comenzó como una derivación de un blog, se convirtió en una empresa multimillonaria.

7. Julien Boudet, Jess Huang y Ryter von Difloe, «Coping with the big switch: How paid loyalty programs can help bring consumers back to your brand», McKinsey & Company, 22 de octubre de 2020, https://www.mckinsey.com/capabilities/growth-marketing-and-sales/our-insights/coping-with-the-big-switch-how-paid-loyalty-programs-can-help-bring-consumers-back-to-your-brand.

Otra marca con raíces similares es la empresa canadiense de ropa deportiva Lululemon, creada en 1998 a partir de la comunidad que se formó alrededor del estudio de yoga de su fundador, Chip Wilson. A medida que crecía la comunidad en torno a Yoga West, Wilson se dio cuenta de las pocas opciones que había de ropa cómoda y funcional adecuada para la práctica del yoga (la mayoría de la ropa deportiva en ese momento estaba diseñada principalmente para deportes tradicionales como correr y montar en bicicleta). Inspirándose en los comentarios de la comunidad, Wilson creó su propia línea de ropa deportiva de alta calidad enfocada en el yoga. Con el tiempo, Lululemon se expandió más allá de la comunidad del yoga y se convirtió en una marca popular entre los entusiastas del fitnes y los consumidores de ropa deportiva. En 2011, 13 años después de su fundación, la empresa generó 1 000 millones de dólares en ingresos. Poco más de una década después, esa cifra se disparó a 8 000 millones de dólares (2022), con una capitalización de mercado de más de 45 000 millones de dólares. El éxito de Lululemon se puede atribuir sin duda a su compromiso de interactuar con su comunidad, comprender sus necesidades e incorporar sus comentarios en el desarrollo de productos. Como se indica en su sitio web:

> «Nuestra visión para nuestra tienda era crear algo más que un lugar donde la gente pudiera conseguir equipamiento para hacer ejercicio. Queríamos crear un centro comunitario donde las personas pudieran aprender y conversar sobre los aspectos físicos de una vida saludable, la atención plena y vivir una vida de posibilidades. También era importante para nosotros crear relaciones reales con nuestros usuarios y entender qué les apasionaba, cómo les gustaba entrenar, y ayudarles a celebrar sus logros. Hoy en día, hacemos esto en nuestras tiendas de todo el mundo».

Jono Bacon, experto en estrategia y liderazgo comunitario, establece un paralelismo entre Lululemon y Nike, el líder en su mercado: «Nike se está adentrando en la construcción de comunidades, pero su negocio todavía está anclado, en gran medida, a grandes campañas de marketing y acuerdos remunerados con patrocinadores famosos. Por otro lado, Lululemon ha creado una comunidad mucho más poderosa a través de su programa de embajadores, que cuenta con 1 500 miembros, y su contenido generado por los usuarios».[8] Este enfoque ascendente es una inversión total del modelo tradicional en el que las empresas definen el producto o servicio y la marca, lo anuncian para crear conciencia y consideración, se involucran en las ventas y, solo después, construyen su comunidad.

En la era posdigital, la construcción de una fuerte lealtad a la marca requiere que las empresas comprendan la dinámica de las relaciones humanas y las apliquen a sus interacciones con los clientes. Al igual que en las relaciones personales, la lealtad a la marca es una calle de doble sentido en la que tanto la marca como el cliente deben ser leales entre sí. No se trata solo de beneficios transaccionales. Más bien, consiste en crear una conexión emocional genuina con los clientes basada en valores compartidos, confianza, personalización y entrega constante de valor. Para fomentar la lealtad a la marca, las empresas deben priorizar el recorrido del cliente, asegurándose de que cada punto de contacto contribuya a una experiencia positiva y fluida. Esto incluye estar atento a las necesidades del cliente, proporcionar recomendaciones personalizadas y cumplir o superar constantemente sus expectativas. Las marcas deben aprovechar la tecnología invisible para recopilar datos de los clientes y utilizarlos para adaptar sus ofertas y comunicaciones a las preferencias individuales, creando así una sensación de familiaridad y comodidad. No hace falta decir que esta relación tendrá que ser mutuamente beneficiosa y basada en la confianza. En última instancia, las personas están dispuestas a intercambiar sus datos personales, e incluso a pagar una suscripción, si lo que reciben a cambio se percibe como un valor real.

Sin embargo, fidelizar va más allá de centrarse en los clientes. Las empresas también deben ser leales a sus empleados, proveedores, accionistas y a la comunidad en general en la que operan. Ser leal a

8. Tricia McKinnon, «Lululemon's Strategy for Success: 5 Things to Emulate», *Indigo9 Digital*, 17 de mayo de 2023, https://www.indigo9digital.com/blog/lululemongrowthstrategy.

todos los grupos de interés implica tomar decisiones que prioricen sus mejores intereses y contribuyan a su bienestar. Si bien los programas de fidelización pueden ser eficaces para fomentar las compras recurrentes e incentivar a los clientes, deben ir más allá de los simples esquemas de *earn-and-burn*. Los programas de fidelización y las comunidades de pago ofrecen beneficios únicos y experiencias exclusivas, y fomentan un sentido de pertenencia y apego más profundo a la marca. En última instancia, la lealtad a la marca es la culminación de las interacciones positivas, la confianza, los valores compartidos y la conexión emocional. Si las empresas comprenden los factores que impulsan la lealtad y evitan los escollos comunes que conducen a la pérdida de clientes, pueden crear vínculos duraderos con sus usuarios y prosperar en el panorama siempre cambiante del comercio minorista 5.0.

Preguntas de cierre para la reflexión

- ¿Cómo podemos adaptar nuestra idea de lealtad pasando de un enfoque transaccional centrado en los clientes a un intercambio de valor más holístico con todos los grupos de interés, incluidos los empleados y proveedores?
- ¿Cómo logramos el equilibrio adecuado entre ofrecer incentivos para la fidelización y fomentar conexiones emocionales genuinas con nuestros clientes para impulsar la lealtad a largo plazo?
- ¿Cómo podemos diferenciar entre los clientes leales impulsados por la conexión emocional y los clientes habituales que repiten compras por conveniencia o rutina?
- ¿Qué estrategias podemos emplear para crear y nutrir una comunidad de marca, donde los clientes compartan intereses y valores, fomentando el sentido de pertenencia y lealtad?
- Teniendo en cuenta la importancia de la confianza en la lealtad del cliente, ¿cómo podemos cumplir constantemente nuestras promesas y garantizar prácticas éticas en nuestras operaciones comerciales?

APÉNDICE

La revolución retail iberoamericana: tendencias y los 10 principios BE

Autores: Reynaldo Rivera y Martín Zemborain[1]

Iberoamérica es mucho más que una región geográfica de 22 países. Es una comunidad internacional que comparte una historia y culturas con lenguajes, sistemas políticos y económicos similares. Como afirmó el responsable de la Secretaría General Iberoamericana, es una comunidad que comparte lazos profundos con la península ibérica: «Nuestras empresas, universidades, asociaciones profesionales, periodistas y diversos actores, han creado una compleja red basada en intereses y cooperación que generan la Comunidad Iberoamericana».[2]

Aunque América Latina, Portugal y España representan aproximadamente el 2 % de los ingresos totales de las 250 principales empresas globales de retail, se trata de un área geográfica-cultural que presenta grandes oportunidades de crecimiento:

- Entre 2016 y 2021, los minoristas latinoamericanos lograron la mayor tasa de crecimiento anual compuesto con un 9,8 % y el mayor crecimiento interanual de los ingresos con un 15,2 %.

1. Marcos Bichara y Sol Castellanos colaboraron en la redacción de las secciones: «El retail iberoamericano posdigital» y «Hacia un retail sostenible», respectivamente.
2. Gracia, J. (2014). «Ibero-America, a community based on culture». https://www.uno-magazine.com/number-18/ibero-america-a-community-based-on-culture.

Destacan Brasil, Chile y México, con un crecimiento de los ingresos minoristas del 13,6 %, 18,5 % y 14,1 %, respectivamente.[3]

- México y Perú lideraron la tasa de crecimiento esperado del comercio electrónico (26,8 % y 19,9 %, respectivamente)[4] en una región como las Américas, donde, en promedio, más del 87 % de la población usa Internet. Este alto nivel de penetración del uso de Internet contrasta con el 66 % que observamos en Asia y Pacífico y el 37 % de África.[5]
- Se estima que en los próximos años, el *e-commerce* crecerá en la región alrededor de un 22 % en volumen de operaciones, con un mayor protagonismo de países como Brasil, México, Colombia, Argentina, Chile y Perú.[6]
- Argentina dio origen a unicornios como Mercado Libre y Ualá. Mientras Mercado Libre es la principal plataforma de comercio electrónico de la región, Ualá se destaca como uno de los principales ecosistemas financieros de Latinoamérica: es el octavo unicornio de la región, con un valor de mercado de 2,45 billones de dólares, y la segunda *fintech* solo detrás de C6 Bank (Brasil).[7]
- En España nacieron 4 de las 250 cadenas minoristas más importantes del mundo: Mercadona (puesto 37), El Corte Inglés (puesto 93), Distribuidora Internacional de Alimentación o DIA (puesto 153) y Grupo Eroski (puesto 222). Aunque por detrás de Países Bajos, Alemania y Francia, España supera a otros países europeos en porcentaje de facturación de operaciones internacionales, especialmente en América Latina, en donde ese porcentaje alcanza el 39,5 %.[8]

3. Deloitte (2023). «Global Powers of Retailing 2023 Revenue growth and continued focus on sustainability». Página 58. https://www.deloitte.com/cy/en/Industries/consumer/analysis/retail-across-the-world.html.
4. ECDB (2024). «State of digital retail». Global eCommerce Market 2024.
5. ITU (2023). «Measuring digital Development Facts and Figures 2023». https://www.itu.int/itu-d/reports/statistics/facts-figures-2023/.
6. Americas Market Intelligence (2023). «Latin America E-Commerce Market Projections, 2023-2026». https://americasmi.com/insights/latin-america-e-commerce-market-projections-2024/. El *e-commerce* en la región_ https://paymentscmi.com/e-commerce-data-portrait-latin-america/?utm_source=Website&utm_medium=AMI+site.
7. *Statista* (2024). «Leading unicorn companies based on market value in Latin America in 2024». https://www.statista.com/statistics/1028116/latin-america-unicorn-companies-market-value/.
8. Deloitte (2023). «Global Powers of Retailing 2023: Revenue growth and continued focus on sustainability».

Simultáneamente, el sector del retail iberoamericano se encuentra en un proceso de transformación sin precedentes. Las constantes innovaciones en el terreno de la digitalización, la expansión y la profundización de la utilización e integración de la Inteligencia Artificial (IA), el crecimiento exponencial y la consolidación del *e-commerce*, los cambios en torno a los comportamientos y hábitos de consumo de los individuos, la creciente importancia y preocupación por la sostenibilidad, el potencial de crecimiento de la agricultura y la producción de alimentos de alta calidad y alto poder nutritivo, entre otros fenómenos, son algunos de los componentes que están dando forma a una nueva revolución del retail en la región.

El retail iberoamericano posdigital

La transformación digital, impulsada tanto desde las estrategias corporativas como desde las políticas públicas, permitió a Iberoamérica aumentar el intercambio comercial y la competitividad en los últimos años.[9] Sin embargo, aunque comparte esa característica con otros mercados, los minoristas se enfrentan con otros desafíos.

La inestabilidad económica generalizada (que en algunos casos se transfiere a precios, generando fenómenos inflacionarios) afecta directamente al poder adquisitivo y las preferencias de los consumidores. En un reporte de Kantar (2023, p.3)[10] se destaca que «aunque los *shoppers* están agregando nuevos canales a su cartera, a razón de uno o dos por año, el tamaño del carrito de compra está disminuyendo y se gasta menos en más canales. En los últimos dos años, los consumidores en Latam han perdido el 25 % de su poder adquisitivo. El comprador latinoamericano busca no solo calidad y experiencia, sino también promociones (61 %) y formas de generar ahorros en sus decisiones (74 %)».

9. SEGIB (2023). «Transformar la Industria para el Desarrollo Sostenible e Inclusivo del Comercio». https://www.segib.org/wp-content/uploads/Declaracion-Ministerial-SEGIB-TEXTO-FINAL.pdf.
10. Kantar. (2023). «Omnichannel Report LATAM 2023»: Primera edición. Kantar. https://kantar.turtl.co/story/omnichannel-report-latam-2023-esp-primer-lanzamiento-c/page/1.

Otros estudios recientes identifican cuatro tendencias relevantes (Figura 1), tanto en Latinoamérica como en España[11]:

- Aumento de la sensibilidad al precio en las decisiones de compra de los consumidores españoles.
  - Los compradores eligen por precio en el 52 % de los casos.
  - El 48 % de los consumidores busca activamente promociones a la hora de comprar, mientras que en Alemania ese porcentaje cae al 28 %.
  - En promedio, el 31 % de los compradores prefiere marcas propias de las cadenas minoristas o marcas blancas, que llegan a alcanzar participaciones en las ventas de más del 70 % en algunas cadenas, como DIA o Mercadona.
- Fluidez de canales en Latinoamérica y en España.
  - Mayor importancia de canales físicos en Latinoamérica y de canales digitales en España.
  - En Latinoamérica, los altos costos logísticos y de transporte tienen un impacto negativo en el uso de los canales digitales.
- Consolidación de nuevos estilos de vida especialmente en categorías de alimentos entre los consumidores mayores de 40 años. Las personas buscan un consumo saludable, proteico, y asociado a la sostenibilidad ambiental. Esta consolidación es más relevante en los países de Europa que en los de Latinoamérica.
- La personalización es un componente clave para la fidelización, que se ve influenciada por los siguientes factores:
  - Disponibilidad del consumidor para compartir datos personales que ayuden al diseño de ofertas personalizadas.
  - Características demográficas y canales utilizados para la comercialización y la comunicación con los consumidores.
  - Percepción de la calidad, de la relación costo-beneficio, de la experiencia de compra, y de la variedad de la oferta.

11. McKinsey & Company (2023). «The state of grocery retail in Latin America». https://www.mckinsey.com/industries/retail/our-insights/the-state-of-grocery-retail-in-latin-america. McKinsey & Company (2024). «State of Grocery Europe 2024: Signs of Hope». https://www.mckinsey.com/industries/retail/our-insights/state-of-grocery-europe-2024-signs-of-hope.

FIGURA 1 Tendencias relevantes del retail en Iberoamérica. Fuente: autores.

El sector del consumo masivo en la región está influido por consumidores omnicanal o «camaleónicos». Estos consumidores posdigitales no tienen restricciones espacio-temporales para los momentos de la compra, y representan operaciones por 203 billones de dólares (Kantar, 2024, p.2).[12]

Todo esto supone un cambio en los hábitos de los consumidores, quienes tienden cada vez más a realizar sus compras teniendo en cuenta las mejores opciones con respecto a la relación calidad-precio y a través de diferentes puntos y canales de venta. Los puntos y canales de venta considerados incluyen a tiendas de descuento, tiendas mayoristas, tiendas minoristas y comercio electrónico, entre un sinfín de otras alternativas. Adicionalmente, los *tickets* promedio son cada vez más bajos y las transacciones se realizan con mayor frecuencia, a diferencia de las grandes compras programadas en supermercados e hipermercados que solían realizarse semanal o mensualmente (Kantar, 2023).[13]

En este contexto fragmentado del comercio minorista y con una inflación superior al 15 % en sectores como el alimentario en España, las empresas buscan reforzar la colaboración entre los distintos actores de la cadena de valor para ser más eficientes y proteger los márgenes.

12. Kantar. (2024). «Omnichannel Reporte 2024 LATAM». Kantar https://kantar.turtl.co/story/omnichannel-2024-latam-esp-c/page/1.
13. Kantar. (2023). «Omnichannel Report LATAM 2023»: Primera edición. Kantar. https://kantar.turtl.co/story/omnichannel-report-latam-2023-esp-primer-lanzamiento-c/page/1.

Como afirmó la directora comercial de Eroski: «En este momento inflacionario tan tensionado estamos erosionando nuestros márgenes». Los consumidores «se han puesto en modo ahorro [y las marcas blancas son] el refugio de muchas consumidoras».[14]

Otro imperativo del retail en Iberoamérica es fortalecer la experiencia opticanal: la optimización ideal de todos los canales y puntos de contacto disponibles, de modo que el cliente se sitúe en el centro de una experiencia de marca holística coherente, mientras que la combinación de canales permite a la empresa maximizar las sinergias entre los puntos de contacto. Por ejemplo, en 2024 OXXO y Digital@ FEMSA lanzaron Retina Media, una nueva plataforma para mejorar la conexión con consumidores de México. De acuerdo al director de estrategia del consumidor y analítica de OXXO, Patricio Gil, es una «[...] propuesta de retail media diseñada para ofrecer soluciones integrales que no solo satisfagan las demandas actuales, sino que anticipen y se adapten a las tendencias futuras».[15]

En Chile, Cencosud lanzó CencoPay, una billetera digital que permite a sus clientes almacenar sus tarjetas en un solo lugar y realizar pagos directamente desde sus dispositivos móviles. Leyla Álvarez, gerente de medios de pago de Cencosud, señaló que «el lanzamiento de CencoPay se enmarca en el propósito de la Compañía de consolidar su ecosistema digital y brindar una experiencia más integradora y mejorada a sus clientes, unificando los métodos de pago en un solo lugar. El desarrollo de este nuevo producto permite a Cencosud ingresar al mercado de las billeteras digitales a nivel regional con una solución que facilita el proceso de pago, una etapa fundamental en el proceso de compra en el retail».[16]

Como se explica en el capítulo 5, es clave desarrollar las competencias para convertir los datos en inteligencia de negocios, no solo para tomar

14. Melguizo, J. (2023). «Eroski ajusta márgenes para ofrecer una cesta de 1.000 productos con precios reducidos». https://www.elconfidencial.com/empresas/2023-03-13/eroski-ajusta-margenes-ofrecer-cesta-precios_3591924/.
15. FEMSA (2024). https://www.femsa.com/es/sala-de-prensa/comunicado/oxxo-y-digitalfemsa-lanzan-retina-media-la-nueva-plataforma-de-retail-media-omnicanal-que-revolucionara-la-conexion-entre-las-marcas-y-los-consumidores-mexicanos/.
16. CENCOSUD (2023). https://www.cencosud.com/centro-de-medios/copia-de-cencosud-lanza-cencopay.

decisiones sobre segmentación y *targeting* sino también para mejorar las operaciones y la personalización de la experiencia. Esta última puede aumentar los ingresos y las operaciones de compra de consumidores *premium*, a la vez que reducir significativamente los costos (algunas consultoras afirman que se podría aumentar la eficiencia hasta en un 50 %). Pero la transformación digital impulsa también el liderazgo en el mercado: Almacenes Éxito (Colombia) concentra el 66,4 % de las conversaciones digitales[17], mientras FEMSA (México), Cencosud (Chile) y Falabella (Chile) representan en conjunto aproximadamente el 39 % del volumen en ventas de América Latina.[18] Como afirmó Karim Touma, director regional de Data Insights de Falabella, la orquestación y el análisis de datos «se traduce en mayor eficiencia, mejores experiencias para clientes y *sellers* y creación de productos digitales que generen más valor y rentabilidad. Los esfuerzos de captura de valor se centran en revisar todos los procesos de la empresa, los que están quebrados, los que son muy complejos, lentos, reactivos... entonces, basados en los datos, intentamos cambiar esa realidad. Se parte de datos como servicio y se termina con iniciativas de *machine learning* e inteligencia artificial, aplicadas a esos mismos procesos. Falabella.com se centrará en desarrollar estas capacidades de clientelización dentro del propio sitio web, con base en el perfilamiento de todo el grupo Falabella. La unificación que hemos realizado busca mejorar y profundizar la experiencia de cliente, independientemente de contar o no con cookies».[19]

Finalmente, un último desafío para el comercio minorista de la región es adaptar la oferta e innovar con marcas propias para responder a la demanda de productos más sostenibles y saludables por parte de los consumidores, y de esa manera mejorar la lealtad de sus clientes.

En la era posdigital, la mejora del vínculo con la marca implica que los minoristas sean socios de sus clientes en la gestión financiera y

17. Pradas, B. (2023). «Panorama retail en LATAM». https://blog.digimind.com/es/tendencias/panorama-retail-ranking-principales-supermercados-latam.
18. Deloitte (2021). «Global Powers of Retailing». https://www2.deloitte.com/content/dam/Deloitte/at/Documents/consumer-business/at-global-powers-retailing-2020.pdf. Citado por Statista (2024) https://es.statista.com/estadisticas/1091680/ventas-tiendas-minoristas-america-latina/.
19. Gonzalez, V. (2021). «Las empresas latinoamericanas deben crear más estrategias disruptivas de datos». https://www.analytics10.com/karim-touma-falabella-data-science/.

el ahorro, sin sacrificar calidad. Para ello se requiere adaptar productos propios diferenciados y forjar alianzas con proveedores estratégicos para atender esta demanda, optimizando surtido y precios, aprovisionamiento, organización y modelo operativo. Esta es la estrategia adoptada por Tiendas Coppel (México) y La Anónima (Argentina), que en 2024 lanzó la campaña «Pasadores de Postas» (que significa dato valioso) y que busca transmitir un concepto simple: «[...] cuando descubres la calidad de un producto de marca propia y te das cuenta de que es igual de bueno que las "primeras marcas", sientes la necesidad de compartirlo con los demás. Es ese momento de sorpresa y satisfacción el que la campaña busca capturar y transmitir. "Probálo y después me contás" es el lema que resume esta experiencia compartida de descubrimiento».[20]

Nuevamente se comprueba lo que se explica en las páginas anteriores: la lealtad se construye a través de relaciones de confianza, incentivando a los clientes a que recomienden la cadena a sus conocidos y amigos.

Los 10 principios BE en Iberoamérica

Teniendo en cuenta que los diferentes estudios y las estadísticas del sector confirman, también en Iberoamérica, la necesidad de una transformación para preparar las empresas en la era posdigital y la revolución tecnológica disruptiva (de la que la inteligencia artificial es solo una «punta del iceberg»), en esta sección analizaremos cómo los 10 principios BE de Stigliano y Kotler se aplican en la región.

1. Ser humbicioso

En un entorno tan cambiante como el actual, la humildad se convierte en una virtud esencial para los minoristas. Esto implica reconocer la velocidad del cambio y la incertidumbre del mercado, pero también

20. Gonzalez, V. (20224). «Descubriendo la calidad: La campaña "Pasadores de Postas" de La Anónima». https://america-retail.com/paises/argentina/descubriendo-la-calidad-la-campana-pasadores-de-postas-de-la-anonima/.

aprender constantemente y adaptarse con flexibilidad en contextos tan volátiles como los latinoamericanos.

Grupo Éxito ha demostrado una gran capacidad para adaptarse a los cambios del contexto socioeconómico en Colombia. La empresa ha diversificado su oferta al integrar productos locales y sostenibles, respondiendo a la creciente demanda de los consumidores por opciones más responsables.

Durante la crisis sanitaria de la COVID-19, implementaron estrategias digitales para facilitar las compras en línea y mejorar la experiencia del cliente. Su ambición se manifiesta en su programa «Éxito Sostenible», que busca no solo crecer como negocio, sino también tener un impacto positivo en las comunidades donde opera, promoviendo el desarrollo social y económico.

La compañía ofrece promociones en distintas épocas del año y servicios especiales según los perfiles de los clientes.[21] También apostó por ventas a través de diferentes canales, especialmente los digitales por medio de la aplicación móvil Misurtii (que en 2024 registró un aumento del 101 % en las ventas), las inversiones inmobiliarias y la expansión del portafolio de productos propios.[22]

2. Ser propositivo

En la era posdigital, los consumidores buscan marcas que vayan más allá del beneficio económico y tengan un impacto positivo en la sociedad. Para los minoristas en América Latina y España, esto significa definir un propósito claro que integre la sostenibilidad, la diversidad y la inclusión, alineando todas las operaciones y decisiones con este propósito y comunicando de manera efectiva el propósito a los consumidores y *stakeholders*.

En una entrevista que concedió a los autores, Martín Antola, presidente de Mondelēz International para Cono Sur, aseguró que «Desde

21. Ver: https://www.portafolio.co/economia/finanzas/grupo-exito-capacidad-adaptarse-crisis-220962, https://america-retail.com/paises/colombia/resiliencia-y-adaptacion-el-grupo-exito-en-el-primer-trimestre/.
22. https://america-retail.com/paises/colombia/resiliencia-y-adaptacion-el-grupo-exito-en-el-primer-trimestre/.

Mondelēz International el principio ser propositivo es clave para competir en un mercado que espera que las grandes marcas tengan un propósito definido: nuestra misión es empoderar a las personas para que consuman el *snack* correcto, en el momento correcto y de la manera correcta. Esa misión tiene cuatro pilares: crecimiento, ejecución, cultura y sustentabilidad. En relación al cuidado del medio ambiente, el 100 % de la energía eléctrica de la compañía proviene de energías renovables y nuestro informe de sostenibilidad "Snacking Made Right" muestra cómo la compañía busca minimizar el impacto ambiental y crear valor a largo plazo».

Otro caso que muestra que el modelo «purpose-driven» es fundamental es el de Natura (Brasil). La compañía construye su marca en torno a su compromiso con la sostenibilidad y el desarrollo social, no solo en fase de producción por el uso de ingredientes naturales, sino también en el apoyo a comunidades locales con programas sociales.[23] Su visión 2030 tiene tres pilares: «1) defender los derechos humanos y ser más humanos; 2) abrazar la economía circular y la regeneración; y 3) enfrentar el cambio climático y proteger la Amazonia». Para este último pilar, la empresa financia el programa Amazonía Viva a través del cual se han preservado 1,8 millones de hectáreas de bosque y se han invertido 300 millones de euros para evitar la deforestación y apoyar a las comunidades originarias.[24]

3. Ser ambidiestro

La ambidestreza organizacional se refiere a la capacidad de equilibrar la explotación de las fortalezas existentes con la exploración de nuevas oportunidades. Esto se logra promoviendo una cultura de innovación a través de estructuras organizativas flexibles.

Entrevistada por los autores, Vanina De Martino, gerente de marketing de CCU Argentina[25], ejemplificó la implementación de

23. https://cl.nttdata.com/insights/blog/el-modelo-purpose-driven-companies-va-a-ser-esencial-para-el-desarrollo-de-america-latina.
24. https://www.naturabrasil.fr/es-es/nuestros-valores/desarrollo-sostenible/preservar-el-bosque?srsltid=AfmBOoorFqZVNYBD2caqThjdzRB0cWDhZAlc-6_QYXlYbnKPopY7SBj.
25. CCU es una de las compañías de bebidas más importantes de Argentina, con marcas como Heineken, Schneider, Imperial, Miller y 1888. Para más detalles ver: https://ccu.com.ar/.

este principio al sostener que «CCU es una compañía que compite a nivel regional en Latinoamérica desde la "multicategoría" lo que le da un *upgrade* competitivo para seguir ganando escala y participación de mercado. Mientras que su negocio principal es la elaboración, comercialización y distribución de cervezas, continuamente explora e incorpora nuevas categorías para subir a chasis (vinos, sidras, aguas, gaseosas, jugos, etc.). Esto no solo le asegura mayor penetración en distintas ocasiones de consumo sino también lograr *leverage* en el punto de venta, apalancar su oferta entre distintas marcas y categorías y equilibrar posibles periodos de crisis en algunas categorías con épocas de bonanza en otras».

Grupo Bimbo (México) combina su posicionamiento en el mercado de panificación con la innovación en productos saludables y sostenibles. La empresa ha diversificado su oferta al incluir opciones más saludables y ha explorado nuevos mercados internacionales, mientras optimiza su cadena de suministro y procesos existentes para mejorar la eficiencia. Con ese objetivo lanzó Bimbo Ventures[26], una división dedicada a invertir en innovaciones dentro de cuatro verticales principales: productos y marcas, tecnología alimentaria y de materiales, cadena de suministro inteligente y tecnología comercial. En 2023, el grupo invirtió en Oobli, una *startup* que produce proteínas dulces mediante procesos de fermentación de precisión.

En conversación con los autores sobre este principio, Maximiliano Cardoso, presidente BU Brasil Mondelēz International, afirmó que «para asegurar el liderazgo en el mercado de *snacks*, ser ambidiestro es fundamental para seguir las tendencias de consumo tan cambiantes del mercado. Esto significa que queremos brindar la mejor experiencia de compra, al mismo tiempo que priorizamos el abastecimiento de miles de hogares brasileños con nuestro amplio portafolio, con marcas innovadoras y queridas por nuestros consumidores. Lo esencial para garantizar el liderazgo en el mercado de *snacks* es entender que podemos continuar invirtiendo en lo que conocemos y que suele dar buenos resultados, pero sin dejar de explorar nuevos caminos, de innovar y de comprender la volatilidad del mundo en que vivimos y mejorar

26. https://grupobimbo.com/es/ventures.

cada vez más. La innovación debe estar en el ADN de la empresa para que esto se haga realidad. Por eso, invertimos y buscamos nuevas tecnologías y alianzas estratégicas para estar donde está nuestro consumidor y hacer el retail más digitalizado. Y hoy, en un mundo cada vez más omnicanal, es imprescindible que nuestra actuación sea *onlife*, garantizando una experiencia de compra integrada, tanto en canales *online* como *offline*. Eso es ser *phygital*, estar a la vanguardia de las tendencias y atender las necesidades de cada consumidor».

4. Ser *onlife*

El concepto «onlife» se refiere a la integración fluida entre los mundos físico, digital y virtual. Requiere crear experiencias sin costuras ni fricciones a través del uso eficiente de la tecnología.

Leroy Merlin (España) ofrece herramientas digitales como aplicaciones móviles que permiten a los clientes planificar proyectos de mejora del hogar, visualizar productos en 3D e incluso hacer compras *online* con opción de recogida en tienda. Este enfoque asegura que los clientes tengan acceso a una experiencia integrada y personalizada, combinando lo mejor del mundo físico y digital. Un ejemplo de esta estrategia es el planificador de cocinas en 3D,[27] que ofrece no solo toda la gama de productos, sino también un asistente virtual para brindar ideas, consejos y la posibilidad de la cocreación de los diseños, incluyendo todo tipo de reformas de la vivienda.

Otro caso es el de Mercado Libre, que optimiza las entregas de los productos conectando el canal digital con el físico a través de puntos de entrega en tiendas físicas. Esta práctica ya ha sido imitada por diversas cadenas minoristas.

5. Ser personal

Este concepto se centra en ofrecer experiencias personalizadas y relevantes para los consumidores, adaptándolas a sus necesidades y

27. https://www.leroymerlin.es/tu-planificador-de-cocinas-en-3d/.

preferencias individuales. Entrevistado por los autores de este capítulo, Martin Tolcachir, CEO del grupo DIA, afirmó: «La fidelización y la personalización son cruciales en el panorama minorista actual, en el que construir relaciones sólidas basadas en la confianza y ofrecer experiencias a medida es clave para el éxito a largo plazo. Estos principios hacen hincapié en comprender las necesidades únicas de cada cliente y fomentar conexiones duraderas que vayan más allá de las transacciones. Al centrarse en estos elementos, los minoristas crean un vínculo más profundo con sus consumidores, asegurándose de que se sientan valorados y apoyados en cada interacción. En DIA, nos esforzamos por liderar el sector minorista ofreciendo una experiencia de compra hiperpersonalizada que combina la proximidad con una mezcla equilibrada de marcas propias y globales modernas y asequibles y productos frescos de alta calidad. Nuestro compromiso con la simplicidad y la rentabilidad nos permite entusiasmar a nuestros clientes e impulsar un crecimiento sostenible y rentable».

François Rouzé, Top Management Skills Training HR de Grupo ADEO (Leroy Merlin), sostiene que el minorista es «[...] *human first*, ya que el concepto *human first* lo aplicamos a la triple vertiente de clientes, colaboradores y socios-plataforma».[28] La perspectiva del cliente implica ponerlo en el centro, es decir, considerarlo no solo como un consumidor sino también como una persona que habita, actúa en una comunidad y es un ciudadano.

La inteligencia artificial es una gran aliada para la personalización a escala, ya que mejora la eficiencia de las estrategias de marketing y ventas a través de recomendaciones personalizadas diseñadas con algoritmos que analizan a través de técnicas complejas el comportamiento de los clientes para ofrecer recomendaciones altamente relevantes. El Corte Inglés en España ha implementado un sistema de recomendación basado en IA que ha aumentado las ventas cruzadas en un 25 % en su plataforma de *e-commerce*. Su asistente inteligente de moda sugiere prendas que se ajustan al estilo personal,[29] y el de viajes

28. https://www.revistainforetail.com/noticiadet/grupo-adeo-y-su-estrategia-retailer-human-first/4f09992ad58c22c670ae495222e8fa9e.
29. https://www.foodretail.es/retailers/el-corte-ingles-asistente-inteligente-moda_0_1828017217.html.

ayuda a planificar viajes y vacaciones.[30] Esto le llevó a invertir en el negocio de los centros de datos: en octubre de 2024 anunció la adquisición de Kio Networks España para ofrecer servicios en la nube, de ciberseguridad y transformación digital para empresas.[31]

6. Ser humano

Los minoritas que logren implementar la innovación tecnológica con un enfoque centrado en sus clientes como ser humano estarán mejor posicionados para prosperar en el cambiante panorama del retail, creando valor tanto para sus accionistas como para otros *stakeholders*. A pesar de la creciente digitalización, el toque humano sigue siendo esencial en el retail. Las empresas deben cultivar la empatía, la autenticidad y las conexiones genuinas con los clientes y empleados.

Es el caso del Grupo ADEO antes mencionado. Su posicionamiento respecto a sus colaboradores tiene cuatro pilares: autenticidad, apertura, impacto e interdependencia. En una entrevista reciente François Rouzé, Top Management Skills Training HR, afirmó: «En cuanto a la autenticidad, hay que estar abierto a la diversidad, a la mejora constante y la autoconcienciación. En cuanto a la apertura, es necesario tener un *feedback* práctico y aprender del ecosistema tanto interno como externo. En cuanto al impacto, es preciso que se aplique a resultados, acciones y en la energía hacia los demás. Y, finalmente, en materia de interdependencia, se necesita un sistema interconectado y ser conscientes del impacto del propio trabajo sobre los demás».[32]

Un caso similar es el de Mercadona: esta cadena de supermercados destaca por su enfoque en el bienestar de sus empleados, implementando políticas que priorizan la integración familiar y laboral, la formación continua y la promoción interna. Este planteamiento ha contribuido a la creación de un ambiente laboral positivo y a la

30. https://www.elcorteingles.es/contenidos/tecnologia/inteligencia-artificial-viajes/.
31. Osorio, V. & San Esteban, N. (2024). «El Corte Inglés irrumpe en el negocio de los centros de datos». https://www.expansion.com/empresas/distribucion/2024/10/02/66fc3d28468aeb195b8b457f.html.
32. https://www.revistainforetail.com/noticiadet/grupo-adeo-y-su-estrategia-retailer-human-first/4f09992ad58c22c670ae495222e8fa9e.

fidelización de sus empleados. Emma de Benítez, vicepresidenta de recursos humanos y sostenibilidad de la cadena de tiendas departamentales centroamericana Almacenes Simán considera que: «Si tenemos mejores personas, tenemos mejores empresas».[33] Por esa razón, Simán lleva adelante el Diplomado en Valores, un programa de formación personalizado que tiene como objetivo forjar un carácter íntegro en los colaboradores de la empresa.

7. Ser un destino

Este concepto se refiere a crear experiencias únicas y atractivas que conviertan a las empresas en lugares de referencia para los consumidores. En un mercado saturado, las empresas deben crear experiencias únicas que atraigan a los clientes y los conviertan en lugares a los que «deben ir». Esto implica ir más allá de la simple transacción y ofrecer algo memorable y atractivo.

En Argentina, la bodega Aleanna, que elabora los vinos multipremiados El Enemigo, gestiona en el mismo predio un restaurante (Casa Vigil) que forma parte de la ruta del vino de la provincia de Mendoza. La arquitectura y los servicios de alta cocina ofrecidos hacen del comercio del vino una experiencia difícilmente imitable. Esta estrategia la utilizan otras empresas similares. Es el caso de Salentein, en el Valle de Uco, considerada dentro de las primeras diez bodegas del mundo en 2023. Chile, España, Brasil y otros países apuestan por el turismo enológico o enoturismo para destacar el potencial de una región específica, entrelazando el concepto del viaje con lo gastronómico, lo cultural, y la comercialización de productos de alta gama.

8. Ser exponencial

En la era de la disrupción digital, las empresas deben ser ágiles y escalables para crecer rápidamente. Deben aprovechar los ecosistemas empresariales y las tecnologías emergentes para impulsar un

33. https://www.iae.edu.ar/2023/11/vii-guia-de-buenas-practicas-nuevo-libro-de-rrhh-del-iae-business-school/.

crecimiento exponencial. Ser exponencial en el contexto del retail en Iberoamérica implica adoptar un enfoque que permita a las empresas crecer rápidamente y adaptarse a los cambios del mercado de manera efectiva, aprovechando la tecnología y la innovación.

Ante el desafío del *e-commerce*, Magazine Luiza en Brasil contrató una serie de servicios de nube o *cloud* para acelerar el desarrollo de aplicaciones móviles. Las tecnologías desarrolladas ayudaron a ampliar su estrategia de comercio electrónico a terceros vendedores y a crear un nuevo mercado digital. El minorista implementó un modelo multicanal estructurado en cuatro pilares: logístico, instalando nueve centros de distribución con rutas preestablecidas; comercial, con venta *online* y reposición en tienda física; operativo, para venta de artículos *online* en tienda física; y tecnológico, para venta realizada *online* y recogida en tienda física.

La estrategia digital de Magazine Luiza impactó en cinco frentes: el crecimiento exponencial del *marketplace*; la venta de nuevas categorías; la evolución de la app a una súperapp con otras apps dentro como Netshoes (empresa de comercio electrónico deportivo adquirida por Magazine Luiza en 2019), Época Cosméticos y Zattini; la mejora de la logística, con un 66 % de las ventas entregadas en un máximo de dos días; y Magalu as a Service, una plataforma para digitalizar y conectar el ecosistema minorista. En 2019, la empresa alcanzó un total de 24 millones de clientes, 20 millones de instalaciones de apps y 1 100 tiendas físicas.[34]

9. Ser invisible

La tecnología debe integrarse de manera fluida en la experiencia del cliente, haciéndose «invisible» para facilitar interacciones naturales e intuitivas. Se deben utilizar tecnologías como la IA, la realidad aumentada y los sensores para crear experiencias personalizadas y sin esfuerzo.

34. Castellar, G. B., Querido, M. F. R., & Meirelles, F. de S. (2021). «To the top: the impact of digital transformation on the market value of Magazine Luiza». International Journal of Innovation - IJI, São Paulo, 9(3), 439-473. https://doi.org/10.5585/iji.v9i3.18621.

El Grupo Calleja, que dirige los almacenes Éxito en Colombia, implementó la estrategia «One Stop Shop», es decir, un lugar único en el que los clientes pueden hacer todas sus compras.

También El Corte Inglés y las actualizaciones continuas de su aplicación buscan mejorar la experiencia de usuario, la agilidad en las búsquedas y la visualización y personalización con opciones de promociones que tienen en cuenta el comportamiento del consumidor. El minorista incorporó la tecnología NFC para agilizar los pagos y el modo «En Tienda» para realizar compras y recoger el pedido en tiendas específicas en el lapso de una hora.[35]

10. Ser leal

En un mundo donde los clientes tienen muchas opciones, la lealtad es crucial. Las empresas deben construir relaciones sólidas con sus clientes, basadas en la confianza, el valor y la reciprocidad.

Al igual que en otras regiones, los minoritas iberoamericanos incorporan programas de fidelización. En México, cadenas como Chedraui, Oxxo, Starbucks y Petco obtienen el 43 % de sus ingresos de clientes que participan en algún programa. El valor de mercado de estos programas es de casi 3 billones de dólares, y se espera que crezcan a una tasa anual en torno al 10 %. El programa de mayor penetración es Spin Premia de OXXO, con 21,7 millones de clientes y 4 millones de tickets diarios. En 2024, Walmart y Bodega Aurrera lanzaron una tarjeta de fidelidad conjunta bajo la marca Suma Beneficios. Los precios bajos, la variedad de productos y un enfoque en la comunidad fortalecen la relación de Bodega Aurrera con los consumidores. Es así como logra posicionarse como el minorista más visitado por los mexicanos, con una tasa de lealtad que supera a la de Wallmart.[36]

En el sector del *e-commerce*, Mercado Libre impulsa la fidelización a su ecosistema (que en 2024 incluyó el lanzamiento de contenidos

35. https://www.revistainforetail.com/noticiadet/el-corte-ingles-renueva-su-app/2b899c0f722595bb936b62c237eebc41.
36. https://www.elfinanciero.com.mx/empresas/2024/06/19/vinculan-comercios-40-de-sus-ventas-a-programas-de-lealtad/ y https://www.marketersbyadlatina.com/articulo/12136_bodega-aurrera-es-el-retailer-mas-visitado-por-los-mexicanos.

audiovisuales), a través del programa «Mercado Puntos», con el que recompensa a los compradores frecuentes con beneficios adicionales, incentivando de esta manera la lealtad hacia la plataforma. Además, su enfoque en mejorar continuamente la experiencia del usuario a través de innovaciones tecnológicas fortalece el vínculo emocional con sus clientes.

El futuro del retail posdigital iberoamericano

Está claro que los 10 principios presentados por Stigliano y Kotler pueden orientar a las empresas de Iberoamérica para prepararse a la nueva revolución del retail. Willard Manrique, CEO del Grupo Crosland y director de la Asociación Automotriz del Perú, compartió con los autores unas reflexiones al respecto, sintetizando con palabras de un líder regional todo lo expuesto: «En el entorno minorista actual, equilibrar la humildad con la ambición es fundamental. Reconocer nuestras limitaciones nos mantiene abiertos a nuevas ideas y colaboraciones, mientras que la ambición nos impulsa a innovar y liderar en nuestro mercado. Además de ser "humbicioso" es necesario ser propositivo y determinado: tener un propósito claro es esencial para guiar nuestras decisiones estratégicas e inspirar a nuestros colaboradores. Equilibrar la explotación del negocio actual y la exploración de nuevas oportunidades es crítico para el éxito sostenido. Para ello, enfatizar la humanidad en las prácticas comerciales mejora la cultura corporativa y la percepción de los clientes. Es claro que la lealtad es bidireccional; debemos ser leales a nuestros clientes para ganarnos su lealtad. Apoyamos a nuestros clientes ofreciendo excelente soporte posventa y servicio receptivo».

Para implementar los 10 principios, los minoristas deben adaptarse comprendiendo de qué manera han cambiado (y están cambiando) los viajes de los consumidores y reducir al máximo los puntos de dolor asociados a estos. También deben utilizar distintos canales de compra para los diferentes tipos de compra y consumo, pasando de una estrategia multicanal a otra opticanal, con el menor grado posible de fricciones, mejorando la orientación y la personalización, así como reduciendo también la complejidad del proceso de compra. Estas consideraciones son fundamentales a la hora de ofrecer promociones y alternativas de financiación a los clientes.

Desde esta perspectiva, en lugar de estar presentes en todos los canales y puntos de contacto posibles con los usuarios, una estrategia opticanal sin fricciones supone que las empresas deben dejar de lado los canales con peores rendimientos, y en su lugar enfocar sus esfuerzos en los canales que rinden mejor, tanto para la organización como para la experiencia del consumidor. Este enfoque prioriza la profundidad del contacto con el cliente, teniendo en cuenta la información que se obtiene a través de los *customer journeys*. Esta información incluye datos demográficos, patrones de comportamiento y consumo e historiales de compra, entre otros, y facilita a las empresas tomar decisiones enfocadas en lograr interacciones significativas, duraderas y, por lo tanto, más rentables con los clientes.

En ese proceso, es clave el desarrollo de soluciones con base en inteligencia artificial, que aceleran los procesos de análisis descriptivos y predictivos de datos. Carrefour Argentina, que cuenta en el país con más de 600 puntos de venta, apuesta por herramientas digitales como la inteligencia artificial generativa y el *machine learning* para mejorar la experiencia de compra, el asesoramiento individualizado y los procesos internos. En una entrevista reciente, Juan Nesis, Chief Data Officer de la empresa, afirmaba: «Hoy, los modelos de lenguaje nos sirvieron mucho para procesar la gran cantidad de información que proviene de los clientes y sacar *insights* que antes no podíamos ver. Con lo cual, nuestra experiencia en el armado de chatbots internos fue superpositiva y estamos ahora armando un chatbot externo para los clientes a través de WhatsApp para que sea el canal principal».[37]

Como mencionamos anteriormente, el *e-commerce* y las compras en línea tienen un rol preponderante en la configuración del sector en la región. En particular, una práctica que está tomando mayor relevancia es la del retail media. Esta práctica permite a los minoristas

37. Deza, S. (2024) «Carrefour Argentina: ¿Cómo utilizar la inteligencia artificial para potenciar las ventas en supermercados?». América Economía. https://www.americaeconomia.com/negocios-e-industrias/carrefour-argentina-como-utilizar-la-inteligencia-artificial-para-potenciar.

monetizar sus espacios físicos y digitales mediante la venta de espacios publicitarios a marcas o empresas, lo cual se complementa con la utilización de la *first-party data* capturada directamente de sus usuarios durante el proceso de la compra. De esta manera, la información obtenida es sumamente valiosa para la elaboración de estrategias publicitarias precisas y personalizadas.

Los mercados de Brasil y México serán los de mayor influencia en las tendencias en relación al retail media. A pesar de que Estados Unidos y China lideran las inversiones, Brasil es el mercado de retail media de crecimiento más rápido en todo el mundo, con un aumento de las inversiones en retail media ads en 2024 del 42,3 %, alcanzando una cifra de 777,8 millones de dólares (Emarketer, 2024, p.4).[38]

Como se puede observar, el sector del retail en Hispanoamérica está atravesando una transformación significativa impulsada por la digitalización, el crecimiento del *e-commerce* y la evolución de los hábitos de consumo de las personas. A medida que los consumidores adoptan un enfoque opticanal, las empresas deben adaptarse a estas nuevas dinámicas, priorizando la calidad y el valor en sus ofertas. En este sentido, es clave introducir un aspecto que para la región tiene gran impacto: la sostenibilidad.

La conciencia ambiental y social está en aumento entre los consumidores de la región. Esto se traduce en una mayor demanda de productos y prácticas empresariales sostenibles. Los minoristas deben responder a esta demanda implementando iniciativas de economía circular y regeneración, adoptando prácticas más responsables en toda su cadena de suministro. En la región se observa no solo el crecimiento del sistema B y estilos de vida saludables, sino también tendencias emergentes como el consumo consciente, que incluye la compra de productos sostenibles, de segunda mano y el alquiler de ropa. Los clientes iberoamericanos, especialmente las generaciones más jóvenes, se preocupan cada vez más por el impacto ambiental y social de sus compras, y ellos representan el futuro del consumo regional.

38. Ceurvels, M. (2024). Latin America Retail Media Trends 2024. EMARKETER Inc.

Hacia un retail sostenible

La sostenibilidad ya no es opcional: el 50 % de los consumidores en América Latina busca activamente empresas que ofrezcan opciones para mitigar su impacto en el medio ambiente y la biodiversidad, mientras que el 44 % ha dejado de comprar productos debido a su impacto ambiental negativo.[39]

Esta tendencia representa una oportunidad para el sector de retail. *Boston Consulting Group* estima que hasta un 70 % de los consumidores de la región está dispuesto a pagar más por productos sostenibles, creando un mercado de 15 mil millones de dólares; y que este mercado continúa creciendo, como lo señaló Mercado Libre, donde su consumo en el 2023 creció un 30 %, siendo la generación Z el grupo generacional con mayor aumento.[40] [41] [42]

En España, los consumidores muestran una tendencia similar, impulsada en parte por políticas y campañas de sostenibilidad que afectan tanto a la percepción pública como a la toma de decisiones en el ámbito de consumo.

La Ley de Información no Financiera y Diversidad, alineada con los Objetivos de Desarrollo Sostenible (ODS), exige a las empresas reportar sus prácticas de sostenibilidad, promoviendo la transparencia en sus impactos sociales y ambientales.[43]

Además, un informe reciente de Deloitte destaca que un 95 % de los directivos en España han incrementado sus inversiones en sostenibilidad, reflejando una prioridad clara hacia modelos de negocio más

39. Kantar (2023, 9 noviembre). «Sustainable shopping is on the rise again in Latin America after a two-year decline». Kantar.com. https://www.kantar.com/inspiration/sustainability/sustainable-shopping-is-on-the-rise-again-in-latin-america-after-a-two-year-decline.
40. *Boston Consulting Group*. (2022, 23 junio). «Más de la mitad de los consumidores dicen estar dispuestos a pagar más por un producto o servicio más sustentable». https://www.bcg.com/press/23june2022-mas-de-la-mitad-de-los-consumidores-dicen-estar-dispuestos-a-pagar-mas-por-un-producto-o-servicio-mas-sustentable.
41. Arteaga, J. R. (2023, 23 octubre). «La sustentabilidad representa un mercado de 15,000 mdd en Latinoamérica». *Forbes* México. https://forbes.com.mx/la-sustentabilidad-representa-un-mercado-de-15000-mdd-en-latinoamerica/.
42. Mercado Libre. (2023). «Crece un 30 % el consumo de productos sustentables dentro de Mercado Libre en América Latina». Sustentabilidad Mercado Libre. https://sustentabilidadmercadolibre.com/blog/crece-30percent-el-consumo-de-productos-sustentables-dentro-de-mercado-libre-en-america-latina.
43. ICEX. (2020). «Sostenibilidad en España». https://www.investinspain.org/es/sostenibilidad.

responsables.[44] Para las empresas que adoptan prácticas sostenibles, los beneficios van más allá del impacto ambiental y político: la sostenibilidad también impulsa la competitividad y reduce los costos operativos. La digitalización, por ejemplo, permite optimizar procesos y acortar gastos, y, asimismo, el modelo de economía circular rediseña los negocios para minimizar el desperdicio, extiende la vida útil de los productos y fomenta el reciclaje. Estas estrategias recortan los gastos en materias primas y gestión de residuos, beneficiando al medio ambiente y a la rentabilidad.

La transparencia en la cadena de suministro, cada vez más valorada, es otro activo del retail. Los consumidores desean conocer el origen de los productos, las condiciones laborales y el impacto ambiental de las marcas. Esta transparencia no solo mejora la reputación de la empresa, sino que también incrementa la lealtad de los consumidores, fortalece la confianza en la marca y, además, atrae talentos.

En esta misma línea, surge un concepto más ambicioso: la regeneración. Este enfoque responde a la crisis climática y aboga por reconstruir sistemas completos para el bien común.[45]

A pesar de todo lo anterior, los desafíos son claros: implementar sostenibilidad en América Latina implica altos costos en tecnología y materiales, lo que encarece la producción. Además, el *greenwashing* —empresas que proyectan una falsa imagen de sostenibilidad— mina la confianza del consumidor y hace urgente la necesidad de regulaciones más estrictas. La logística inversa, que incluye el reciclaje de productos devueltos, añade complejidad y costos.

A pesar de estos obstáculos, la presión de consumidores ecoactivos, que representan más del 60 % en países como Argentina, Chile y Colombia, impulsa el cambio en el sector.[46] Natura, un ejemplo destacado de

44. Deloitte. (2024, 2 octubre). «El 95 % de las grandes empresas españolas aumenta su inversión en sostenibilidad». OG_SITE_NAME. https://www.deloitte.com/es/es/about/press-room/cxo-sustainability-report-nota-prensa.html.

45. «Regeneration or Extinction?»: A DISCUSSION with PHILIP KOTLER, CHRISTIAN SARKAR, and ENRICO FOGLIA. (2023). *The Marketing Journal*. https://www.regenerationjournal.org/wp-content/uploads/2023/07/REGENERATION-DISCUSSION-MARKETINGJOURNAL.pd.

46. Kantar. (2023, 12 diciembre). «Buen momento para las empresas comprometidas con el medio ambiente». https://www.kantar.com/latin-america/inspiracion/consumidor/empresas-comprometidas-con-el-medio-ambiente-en-2023.

sostenibilidad, ha implementado políticas de reducción de carbono y programas de economía circular para recolectar y reutilizar envases.[47]

Por último, existe una brecha entre las actividades sostenibles realizadas por las empresas y la percepción que tienen los consumidores sobre ellas. Eric Tourtel, CEO de Teads Latinoamérica, destaca que «no se perciben los esfuerzos que están haciendo las empresas sobre el medio ambiente».[48] Por ello, resulta crucial que las compañías comuniquen de manera efectiva su compromiso con la sostenibilidad.

En definitiva, el retail en Iberoamérica tiene la oportunidad de liderar prácticas sostenibles que no solo aumenten su competitividad, sino que también impulsen un futuro más verde y justo para la región.

Navegar la complejidad liderando la disrupción

Los datos, casos y testimonios que exponemos en este capítulo confirman que el retail iberoamericano presenta oportunidades y desafíos acelerados por las mismas transformaciones que experimenta el sector a nivel global.

Los 10 principios BE propuestos por Stigliano y Kotler ofrecen un nuevo paradigma y una guía para la planificación estratégica y la implementación de innovaciones disruptivas en el retail posdigital de Iberoamérica. En este sentido, incluimos en el Anexo 1 una herramienta de autoanálisis que puede ayudar a poner en práctica lo presentado en este libro. En línea con lo que proponemos en las páginas anteriores, queriendo vivir lo que predican, sus autores están disponibles para comenzar una conversación personalizada al respecto. Basta un email para comenzar a transitar una experiencia *onlife* de retail disruptivo[49].

En Iberoamérica, la innovación disruptiva del retail exige mucho más que la transformación digital. Implica diseñar, implementar y evaluar un enfoque holístico y humanístico, orientado a la regeneración

47. CAIRPLAS. (2023). «Natura celebra 30 años en Argentina con un avance en la producción local de su línea Tododia». Cámara de la Industria de Reciclados Plásticos. https://cairplas.org.ar/2024/09/18/economia-circular-en-argentina-con-envases-reciclados/.
48. Redacción. (2023, 30 abril). «Latinoamericanos: la sustentabilidad es importante en la vida del 90 %». *Marketing Insider Review*. https://marketinginsiderreview.com/sustentabilidad-es-importante-90-por-ciento-latinoamericanos/.
49. Giuseppe Stigliano: info@giuseppestigliano.com; Reynaldo Rivera: rrivera@austral.edu.ar.

de los ecosistemas, que integren tecnología, humanidad y sostenibilidad, y que pongan a las personas y el medio ambiente en el centro de todo el proceso. En esta región geográfico-cultural, atravesada por historias, tradiciones, instituciones y realidades propias, resulta trascendental construir redes de confianza con los públicos de las organizaciones, atendiendo a la calidad de los productos y servicios con el objetivo de brindar experiencias cuidadas, sin comprometer la calidad de vida y la reducción de los impactos ambientales, sociales y éticos. Las empresas que demuestran un compromiso real con su misión y valores, y que comunican de forma honesta y abierta, están mejor posicionadas para construir relaciones duraderas y significativas.

Al integrar los 10 principios BE en la estrategia, los minoristas de Iberoamérica no solo pueden mejorar su desempeño comercial, sino también contribuir a un futuro más sostenible y humano en el comercio. En este ecosistema, la conexión emocional y la autenticidad serán los pilares sobre los que se construirán las marcas del futuro. La clave está en ser proactivo, innovador y auténtico en cada paso del camino.

«Las empresas deben buscar *problemas perversos* (*wicked problems*) para abordar, poniendo las necesidades y los deseos humanos en el centro de la atención. Los clientes reconocerán y remunerarán a las empresas que se centren en ayudar a la sociedad y permitirán que las empresas prosperen con la confianza que ganan en el camino».[50]

50. Kotler, P., Pfoertsch, W., & Sponholz, U. (2024). *Marketing humanístico: La génesis del marketing*. LID Editorial Empresarial; Universidad Austral. P. 140.

Retail disruptivo - Los 10 principios guía comparados con el paradigma tradicional										
	Principio guía	Paradigma tradicional	Ranking							Paradigma posdigital (propuesto en el libro)
1	SER HUMBICIOSO	Los líderes se centran en objetivos prudentes y predecibles que minimizan el riesgo y pretenden mantener un crecimiento constante.	1	2	3	4	5	6	7	Los líderes equilibran la humildad con ambiciones audaces, asumiendo riesgos y buscando un impacto transformador.
2	SER PROPOSITIVO	El objetivo principal son los beneficios y el valor para el accionista, mientras que la responsabilidad social suele quedar relegada a un segundo plano.	1	2	3	4	5	6	7	La empresa opera con un firme propósito que impulsa tanto la rentabilidad como el impacto social positivo.
3	SER AMBIDIESTRO	Equipos separados gestionan la innovación y las operaciones básicas, lo que crea silos y ralentiza la adaptabilidad.	1	2	3	4	5	6	7	La organización integra la exploración y la explotación dentro de los equipos, fomentando la agilidad y la resistencia.
4	SER *ONLIFE*	Los canales digitales y físicos se gestionan de forma independiente, lo que da lugar a una experiencia de servicio incoherente.	1	2	3	4	5	6	7	Una integración perfecta de las experiencias en línea y fuera de línea crea un viaje unificado del cliente «onlife».
5	SER PERSONAL	El marketing masivo es la norma, con mensajes genéricos dirigidos a amplios grupos demográficos.	1	2	3	4	5	6	7	El marketing está profundamente personalizado, creando experiencias a medida para cada cliente en cada punto de contacto.

ANEXO 1. Herramienta para el autoanálisis del nivel de disrupción *(continúa)*.

6	SER HUMANO	La decisión de qué actividades son gestionadas por humanos frente a las que son automatizadas o digitalizadas se toma de forma oportunista, impulsada por consideraciones tácticas.	1	2	3	4	5	6	7	Existe una estrategia clara para determinar qué actividades deben automatizarse o digitalizarse y cuáles deben ser realizadas por seres humanos.
7	SER UN DESTINO	Las tiendas se ven principalmente como puntos de transacción, diseñados para optimizar la eficiencia y el rendimiento, sin un papel claramente definido dentro del recorrido del cliente.	1	2	3	4	5	6	7	Las tiendas desempeñan un papel muy claro en el recorrido del cliente y complementan estratégicamente otros canales y puntos de contacto.
8	SER EXPONENCIAL	El crecimiento se persigue mediante estrategias lineales y mejoras incrementales dentro de las operaciones actuales.	1	2	3	4	5	6	7	El crecimiento está impulsado por asociaciones, ecosistemas y redes de colaboración para lograr un impacto exponencial.
9	SER INVISIBLE	Los procesos tecnológicos requieren una curva de aprendizaje y no son adaptables. A menudo llaman la atención sobre sí mismos, distrayendo potencialmente a los usuarios de la interacción principal.	1	2	3	4	5	6	7	La tecnología se integra a la perfección en todos los procesos y experiencias sin llamar la atención innecesariamente.
10	SER LEAL	La fidelización del cliente se basa en descuentos, recompensas y tácticas de retención centradas en las transacciones.	1	2	3	4	5	6	7	La lealtad se construye sobre valores compartidos y sobre un intercambio justo de valor con todas las partes interesadas.

ANEXO 1. Herramienta para el autoanálisis del nivel de disrupción.

CONCLUSIÓN

Abrazar el viaje posdigital del retail 5.0

Al concluir nuestro viaje en el mundo posdigital y su impacto en el comercio minorista, nos encontramos en un momento crucial en el que el cambio no solo es constante, sino que no tiene precedentes. Hemos dicho que el concepto mismo de retail debe ser redefinido por dos razones principales: (1) debido a las líneas difuminadas entre B2B y B2C, que causaron un terremoto en la frontera que alguna vez fue nítida entre los dos mundos, y (2) debido a la enorme presión ejercida por la disrupción tecnológica.

La convergencia de tecnologías de propósito general, la madurez de los habilitadores clave y la rápida adopción de tecnologías críticas como la IA, el IoT, la realidad aumentada, la realidad virtual, el aprendizaje automático, la robótica y el *blockchain* han marcado el comienzo de una nueva era del comercio que llamamos «retail 5.0». En esta era, la tecnología será menos visible pero mucho más presente, lo que hará que cada interacción sea sencilla, adecuada al contexto y personalizada para cada cliente individual. El procesamiento del lenguaje natural, los sensores y las interfaces de voz permitirán a las personas participar en interacciones aparentemente naturales con las nuevas tecnologías. Interactuaremos sin problemas con una plétora de «cosas», y esas cosas interactuarán entre sí sin problemas en los mundos físico, digital y virtual.

En particular, el aumento de las aplicaciones de IA generativa está impulsando innovaciones emocionantes y superando las expectativas tanto de la organización como de los clientes, pero también inquieta a muchos que están preocupados por la privacidad de los datos. Las empresas de consumo se sentirán atraídas por la oportunidad de combinar los modelos tradicionales de IA y aprendizaje automático con la IA generativa para enviar mensajes y ofertas personalizados a los clientes, ya que esto representa una oportunidad tentadora para aumentar la eficiencia operativa, maximizar el retorno de la inversión publicitaria (ROAS) y minimizar los costos de personal. Otras empresas verán la oportunidad de aprovechar estas tecnologías para sacar el máximo provecho de su esfuerzo directo al consumidor. De hecho, se puede crear una ventaja competitiva significativa sin pasar por intermediarios en el proceso de ventas, obteniendo acceso directo a los datos de los clientes y luego dirigiéndose a los más prometedores con la eficiencia y eficacia del software. Otras empresas encontrarán formas de fortalecer las conexiones con los clientes, aumentando con IA las capacidades de sus asociados de ventas para ofrecer personalización a escala, incluida la recomendación de la siguiente mejor acción con un cliente específico.

Las oportunidades son infinitas en prácticamente todos los sectores. Por ejemplo, los chatbots impulsados por IA podrán interactuar progresivamente con los clientes utilizando el lenguaje natural, empatizando y aprendiendo de la experiencia y recordando interacciones anteriores. Por lo tanto, con el tiempo se sentirán más humanos: serán más personales. Responderán más rápidamente a las consultas de los clientes, sugiriendo productos adecuados, brindando asesoramiento personalizado y resolviendo inquietudes de manera proactiva, todo en tiempo real, las 24 horas del día, los 7 días de la semana, los 365 días del año. Este mayor compromiso con el cliente y estas experiencias personalizadas fomentarán un sentido de confianza entre los clientes y los minoristas/marcas. Si se aprovecha de manera efectiva, la sinergia de la IA, el aprendizaje automático (ML) y el procesamiento del lenguaje natural (NLP) puede fortalecer significativamente la lealtad a la marca. Otra aplicación relevante para los minoristas es el uso de IoT combinado con sistemas basados en visión por ordenador para monitorizar la rotación de productos y discernir el comportamiento del consumidor en la tienda en tiempo real. Esto optimizará los procesos de reabastecimiento, el tiempo de permanencia (el tiempo que una persona pasa frente a un estante) y el tiempo de consideración (el tiempo dedicado a examinar un artículo), lo que impulsará la tendencia de los medios minoristas a nuevos niveles.

Sin embargo, el requisito previo esencial para que todas estas oportunidades se materialicen es una gestión meticulosa de los datos, lo que conlleva una gran responsabilidad. Requiere inversiones sustanciales para garantizar que se implementen medidas de ciberseguridad sólidas. De hecho, a medida que avanzamos hacia la era posdigital, los clientes se volverán aún más sensibles a la forma en que se tratan sus datos personales, especialmente teniendo en cuenta que estas tecnologías a menudo pueden imitar el comportamiento humano. Los líderes expertos de las organizaciones dedicarán grandes esfuerzos a la elaboración de una propuesta de valor basada en una inteligencia humana auténtica —que abarca empatía, emociones y habilidades sociales—, combinada a la perfección con la enorme capacidad de cálculo de los ordenadores, en un esfuerzo por mejorar la vida de sus clientes.

Al final de este viaje por el mundo posdigital del comercio, queda una pregunta crucial para los minoristas y las marcas: ¿podrán las tiendas físicas sobrevivir y prosperar en el mundo posdigital? Nuestra opinión es que, en un mundo en el que las personas están constantemente inmersas en un denso desorden digital y virtual, las interacciones cara a cara siempre tendrán un papel que desempeñar. Por lo tanto, es primordial que las marcas redoblen sus esfuerzos para optimizar el recorrido tridimensional del cliente, creando su alquimia única de físico, digital y virtual y asignando a cada punto de contacto un papel relevante. De este modo, las empresas seguirán atrayendo clientes, y esto a su vez fomentará un círculo virtuoso de opticanal gracias a los datos y conocimientos de primera mano que los responsables de tienda podrán recopilar en las interacciones cara a cara en sus espacios físicos.

En la primera parte del libro hablamos de la B2Cización o de cómo la antigua distinción entre B2B y B2C se ha quedado obsoleta en un mundo en el que (1) los puntos de referencia experienciales están contaminando todos los sectores en todos los ámbitos y (2) la democratización de la tecnología permite a todo el mundo ser minorista. En los próximos años, esperamos que este fenómeno experimente otra evolución que muy probablemente encuentre desprevenidos a los líderes de marcas minoristas y de consumo. A medida que deleguemos partes cada vez mayores del proceso de compra a agentes de inteligencia artificial que actuarán como nuestros asistentes e interactuarán de forma autónoma con los comerciantes, surgirán preguntas para los especialistas en marketing sobre cómo hacer lo que podríamos definir como B2AI o B2R, donde la R significa robots. ¿Cómo podríamos influir en un cliente que recorre algunos de los pasos del viaje en un mundo virtual? ¿Cuál es la siguiente mejor acción ideal para un cliente joven que ha descubierto una marca en una plataforma de juegos en línea o en un metaverso? ¿Podemos hacer que se convierta en cliente de la marca también en el mundo real? ¿Deberían canalizarse hacia un canal de redes sociales? Y en caso afirmativo, ¿cuál? Teniendo en cuenta las tres dimensiones del viaje, esto provocará una multiplicación de puntos de contacto, lo que hará que la adopción opticanal sea aún más vital. Pero, ¿quién sabe cómo optimizar un recorrido tridimensional del cliente *onlife* teniendo en cuenta que algunos de los puntos de contacto a considerar se están creando mientras hablamos? Estas son algunas de las preguntas a las que tendrán que enfrentarse los líderes de marcas minoristas y de consumo en los próximos años.

Además, dada la creciente manifestación de los daños producidos por el cóctel tóxico del capitalismo, el consumismo, el consumo excesivo y el mal marketing en nuestro planeta, predecimos que la búsqueda de la sostenibilidad y las iniciativas impulsadas por un propósito moldearán el comportamiento de los consumidores e influirán fuertemente en los gobiernos y las empresas. Los líderes empresariales posdigitales exitosos son aquellos que entienden que la rentabilidad es esencial para la sostenibilidad y el crecimiento de su organización, pero no es la única fuerza impulsora. Los líderes posdigitales exitosos priorizarán la creación de valor para todas las partes interesadas, incluidos los clientes, los empleados, los proveedores, las comunidades y el medio ambiente. Se comprometerán a realizar negocios de manera ética, transparente y responsable, asegurando que su organización contribuya positivamente al mundo que los rodea. Reconocerán que el éxito a largo plazo depende de fomentar relaciones positivas y tener un impacto significativo en la sociedad. Al alinear sus estrategias comerciales con un propósito claro, podrán inspirar a sus equipos, atraer nuevos talentos e involucrar a los clientes a un nivel más profundo.

Al considerar la posible evolución de las marcas minoristas y de consumo, vemos un mundo en el que las empresas deben adaptarse y evolucionar continuamente para satisfacer las necesidades y preferencias cambiantes de los consumidores. La era posdigital será testigo de una mayor integración de las tecnologías avanzadas en el tejido del comercio. Los mundos físico, digital y virtual serán cada vez más reales e interconectados, difuminando las líneas en un recorrido tridimensional del cliente *onlife*. Para navegar por la complejidad y la incertidumbre de este mundo posdigital, hemos propuesto un marco estratégico de diez principios rectores: los 10 SER del retail 5.0. Estos principios abarcan posturas mentales generales y prioridades específicas que los líderes y gerentes empresariales harían bien en adoptar si quieren prosperar en el panorama posdigital. Todos los principios están diseñados para inspirar más que para explicar, ya que somos muy conscientes de que, en escenarios tan complejos, sería poco realista prescribir reglas detalladas a seguir. No puede haber un enfoque único para todos.

El viaje hacia el retail 5.0 exige un compromiso inquebrantable con la innovación, la adaptabilidad y las estrategias centradas en el ser humano, así como una comprensión profunda de la interacción dinámica entre la tecnología y la naturaleza humana. Adoptar los 10 SER del retail 5.0 y una cultura de aprendizaje y colaboración continuos permitirá a las empresas trazar su rumbo con éxito en esta era transformadora.

A medida que avanzamos, es crucial reconocer que el viaje acaba de comenzar. En un panorama tan cambiante, los minoristas y los líderes de las marcas de consumo deben mantenerse ágiles y receptivos al cambio, adaptarse continuamente y estar dispuestos a desafiar el *statu quo*, para evitar el riesgo de encontrarse con una propuesta de valor obsoleta. El mundo posdigital ofrece oportunidades ilimitadas para aquellos que pueden navegar por sus complejidades con visión, propósito, ambición, humildad, agilidad y un compromiso genuino con las necesidades del cliente.

El camino hacia el éxito pasa por adoptar los 10 SER del retail 5.0. Juntos, estos principios rectores permitirán a las empresas redefinir el comercio minorista y prosperar en un mundo en el que el cambio es la única constante. Al embarcarse en este camino transformador, los directivos de las marcas minoristas y de consumo pueden crear una nueva era de comercio personalizado centrado en el cliente, y marcar el comienzo de un futuro en el que la innovación, la sostenibilidad y la conexión humana se entrelazan para dar forma a un mundo mejor para todos nosotros, como clientes y como seres humanos.

Per aspera ad astra.

Agradecimientos

En primer lugar, agradezco a mi coautor, Philip Kotler, por ser una vez más un socio tan excepcional en este libro, que marca nuestra tercera colaboración desde 2018.

También queremos transmitir nuestro más profundo agradecimiento a nuestra increíble editora, Kirsten Janene-Nelson. Su arduo trabajo en la edición e investigación ha jugado un papel indispensable para poner este libro en sus manos. Extendemos un agradecimiento especial a Annie Knight, Richard Narramore y Susan Cerra del equipo de Wiley por su inquebrantable creencia en este proyecto y su flexibilidad durante todo el proceso. Este libro se asienta sobre la base del éxito global alcanzado por *Retail 4.0*, nuestro anterior trabajo colaborativo sobre este tema. Desde el lanzamiento de ese libro, hemos impartido más de 300 charlas y conferencias sobre este contenido, lo que nos ha permitido refinar los conceptos originales, reconocer las ideas más relevantes e identificar principios rectores viables. Ciertamente, el mundo ha evolucionado significativamente desde entonces, y la mayor parte de lo que estás a punto de leer aquí no se incluyó en el libro anterior. Los conceptos que se presentan para su análisis se han extraído de innumerables reuniones, proyectos y conversaciones con ejecutivos de negocios de todo el mundo. Si bien no es factible enumerar individualmente a cada colaborador, expresamos nuestro sincero agradecimiento a todos por su importante contribución para dar forma al contenido de este libro y servir de inspiración para nuestros 10 SER del retail 5.0 (descritos en la Parte II). Numerosas personas han participado en la revisión final del contenido, y sus aportaciones han sido inestimables. Por lo tanto, expresamos nuestro más sincero agradecimiento a Daniele Cazzani por su revisión por pares, y a Nicola Di Francesco por sus aportaciones sobre el propósito de la marca. Agradecemos a Sir Rocco Forte y Aldo Melpignano por sus perspectivas sobre la hostelería, a Salvatore

Calabrese, Agostino Perrone y Giorgio Bargiani por sus conocimientos de la automoción. También queremos agradecer a Jacopo Sebastio y Enrico Casati por su visión del negocio del calzado, y a Andrea Dorigo por sus valiosas ideas sobre la dinámica de la integración de las tiendas físicas y el comercio electrónico. Extendemos nuestro agradecimiento a Paolo De Cesare, Luigi Di Gregorio, Peter Falks, Lucio Lamberti, Paolo Mascio, Giuseppe Mayer, Giuliano Noci, Firdaus Nagree, Roberto Olivi, Frank Pagano, Stefano Potortì, Nick Rosa, Stefano Sala, Nicola Spagnuolo, Walter Susini, Max Volpe y al equipo de Spring Studios por sus ideas que invitan a la reflexión y por abrir numerosas oportunidades. Nuestro agradecimiento a Luciano Floridi por inspirar el principio rector «Ser *onlife*» y por las valiosas ideas compartidas a lo largo de los años. Agradecemos a Sandro, Maria, Michele y a toda la familia Adeo por sus ideas inspiradoras sobre la opticanalidad y la experiencia del cliente. A Eva, André, Ilaria y al equipo de Adobe; Katia y el equipo Seminarium Perú; Valerio, Benedetta y el equipo de Ambrosetti de la Casa Europea; y al equipo del Retail Institute. Estamos agradecidos por las numerosas oportunidades de compartir nuestros puntos de vista sobre la innovación en marketing.

En la etapa inicial en la que el marco estratégico descrito en este libro estaba tomando forma, tuvimos el privilegio de compartirlo con los estudiantes del profesor Thomaï Serdari en el máster Fashion & Luxury Digital Solutions en NYU Stern durante el otoño de 2022. Sus comentarios resultaron fundamentales para afinar algunas de las ideas presentadas en la versión final. Nuestro más sincero agradecimiento a Manuel Arroyo, Andrea Baldo, Holger Blecker, Francesca Bellettini, Penny Brook, Alejandro Camino, Hans Carpels, Carlo Colpo, Cristiano Fagnani, Stéphane de La Faverie, Simon Fox, Paolo Gallo, Greg Hoffman, Michael G. Jacobides, Nikos Koumettis, Martin Lindsdrom, Federico Marchetti, Lucia Marcuzzo, Selvane Mohandas du Ménil, Vasiliki Petrou, Mauro Porcini, Stefano Portu, Riccardo Stefanelli, Federico Turconi, Giovanni Valentini, Sandro Veronesi, Michael Ward y Nicola Zotta. Finalmente, nuestro profundo agradecimiento a nuestras familias, cuya paciencia, comprensión y apoyo han sido cruciales para realizar un proyecto tan ambicioso. Nancy y Gaia: vuestro apoyo ha impulsado la creación de este libro. Ginevra y Carlo, ojalá algún día os encontréis con este manuscrito y perdonéis generosamente a vuestro padre por tomar prestadas horas preciosas de nuestros fines de semana juntos...

www.ingramcontent.com/pod-product-compliance
Lightning Source LLC
LaVergne TN
LVHW010419230826
846092LV00003BA/980

* 9 7 9 1 2 5 4 9 9 0 7 1 1 *